# Vers une utilisation durable des terres

## ALIGNER LES POLITIQUES EN MATIÈRE DE BIODIVERSITÉ, DE CLIMAT ET D'ALIMENTATION

OCDE
DES POLITIQUES MEILLEURES POUR UNE VIE MEILLEURE

Ce document, ainsi que les données et cartes qu'il peut comprendre, sont sans préjudice du statut de tout territoire, de la souveraineté s'exerçant sur ce dernier, du tracé des frontières et limites internationales, et du nom de tout territoire, ville ou région.

Les données statistiques concernant Israël sont fournies par et sous la responsabilité des autorités israéliennes compétentes. L'utilisation de ces données par l'OCDE est sans préjudice du statut des hauteurs du Golan, de Jérusalem-Est et des colonies de peuplement israéliennes en Cisjordanie aux termes du droit international.

Note de la Turquie
Les informations figurant dans ce document qui font référence à « Chypre » concernent la partie méridionale de l'Ile. Il n'y a pas d'autorité unique représentant à la fois les Chypriotes turcs et grecs sur l'Ile. La Turquie reconnaît la République Turque de Chypre Nord (RTCN). Jusqu'à ce qu'une solution durable et équitable soit trouvée dans le cadre des Nations Unies, la Turquie maintiendra sa position sur la « question chypriote ».

Note de tous les États de l'Union européenne membres de l'OCDE et de l'Union européenne
La République de Chypre est reconnue par tous les membres des Nations Unies sauf la Turquie. Les informations figurant dans ce document concernent la zone sous le contrôle effectif du gouvernement de la République de Chypre.

**Merci de citer cet ouvrage comme suit :**
OCDE (2020), *Vers une utilisation durable des terres : Aligner les politiques en matière de biodiversité, de climat et d'alimentation*, Éditions OCDE, Paris, *https://doi.org/10.1787/9a64358a-fr*.

ISBN 978-92-64-63635-4 (imprimé)
ISBN 978-92-64-57772-5 (pdf)

**Crédits photo :** Cover © Sunday Stock/Shutterstock.com.

Les corrigenda des publications sont disponibles sur : *www.oecd.org/about/publishing/corrigenda.htm*.

# Avant-propos

L'utilisation des terres est au centre de nombre des problèmes socioéconomiques et environnementaux auxquels la société est confrontée aujourd'hui. La production de biens agricoles et forestiers, indispensables au bien-être des humains, a de profondes répercussions sur la biodiversité et le climat. Par exemple, d'après l'évaluation mondiale réalisée par l'IPBES, 25 % des espèces animales et végétales sont menacées d'extinction, en partie à cause de la disparition ou de la dégradation d'écosystèmes, et le GIEC estime que 23 % des émissions anthropiques mondiales étaient imputables à l'agriculture et à l'utilisation des terres entre 2007 et 2016. De plus, on s'attend à ce que l'accroissement de la population mondiale et une évolution des modes de consommation se traduisant par une alimentation plus intensive en carbone soumettent les systèmes d'utilisation des terres à des contraintes croissantes partout dans le monde.

Il faut s'employer en même temps à inverser l'apauvrissement de la diversité et à atténuer le changement climatique – tout en produisant assez d'aliments pour que personne n'ait faim. Pour atteindre ces Objectifs de développement durable, entre autres, il est essentiel de faire en sorte que les systèmes d'utilisation des terres soient durables.

Le présent rapport, *Pour une utilisation durable des terres - Aligner les politiques en matière de biodiversité, de climat et d'alimentation*, apporte des éclairages sur les bonnes pratiques pouvant aider les pays à rendre les systèmes d'utilisation des terres plus durables. Il s'appuie sur l'expérience et les enseignements dégagés d'études de cas sur six pays caractérisés par un vaste secteur agricole et forestier et des émissions de gaz à effet de serre à l'avenant, et dont beaucoup sont le foyer d'une biodiversité importante pour la planète. Dans ces pays, à savoir le Brésil, la France, l'Indonésie, l'Irlande, le Mexique et la Nouvelle-Zélande, les émissions de gaz à effet de serre de l'agriculture représentaient en 2016 de 13 à 49 % du total (non compris l'utilisation des terres, le changement d'affectation des terres et la foresterie). Le rapport montre que les pouvoirs publics peuvent faciliter la formulation de politiques cohérentes en faveur d'une utilisation durable des terres à trois stades importants au cours du processus de gouvernance : élaboration des stratégies et plans d'action nationaux ; coordination institutionnelle ; et conception et mise en œuvre des instruments d'actions (dont un aménagement global de l'espace).

Il nous faut mieux comprendre et mieux gérer les synergies et les hiatus qui caractérisent les systèmes d'utilisation des terres, de manière à ce que la société et la nature tirent profit de leurs multiples bienfaits. Le présent rapport s'adresse aux responsables de l'élaboration de l'action publique et aux acteurs qui opèrent à la croisée de l'utilisation des terres, de la biodiversité, du climat et de l'alimentation. Je crois qu'il apporte un éclairage précieux sur l'action à mener pour contribuer à atteindre ces objectifs difficiles à poursuivre, et néanmoins déterminants.

Rodolfo Lacy

Directeur de la Direction de l'environnement de l'OCDE

# Remerciements

Cette publication a été établie par la Direction de l'environnement de l'OCDE, sous la conduite de Rodolfo Lacy, son directeur, et par sa Division du climat, de la biodiversité et de l'eau, dirigée par Simon Buckle. Les chefs du projet sont Katia Karousakis et Jane Ellis. Les auteurs sont William Symes, Katia Karousakis et Jane Ellis, et Janek Toepper et David Gawith (tous deux anciens membres de la division ENV/CBW), ont apporté des éléments de fond.

Les travaux se sont appuyés sur des exposés et des réflexions qui ont eu pour cadre un atelier de l'OCDE intitulé Biodiversité, changement climatique et agriculture : vers des approches cohérentes, tenu le 25 octobre 2017.

Les auteurs souhaitent remercier leurs collègues de l'OCDE pour les précieux commentaires et suggestions qu'ils ont formulés au cours de la rédaction de cette publication: Guillaume Gruère, Gwendolyn DeBoe, Santiago Gurrero, Ben Henderson, Jussi Lankoski, Morvarid Bagherzadeh, Urzula Ziebinska (TAD/ARP), Gregoire Garsous (TAD/EPI), Shunta Yamaguchi, Peter Borkey (ENV/EEI), Rob Youngman, Xavier Leflaive, Gérard Bonnis, Hélène Blake, Lisa Danielson, Edward Perry et Simon Buckle (ENV/CBW). Nous sommes très reconnaissants aux délégués auprès des Groupes de travail sur le climat, l'investissement et le développement (GTCID) et sur la biodiversité, l'eau et les écosystèmes (GTBEE) pour leurs réactions et leurs commentaires, ainsi qu'au Groupe de travail mixte sur l'agriculture et l'environnement (GTMAE) et au Groupe de travail conjoint sur les échanges et l'environnement (GTCEE). Nassera Belkhiter, Élodie Prata-Leal et Innes Reale ont apporté leur soutien administratif à la préparation de cette publication.

L'OCDE est très reconnaissante au ministère de l'Agriculture, de l'Alimentation et de la Mer et à l'Agence de protection de l'environnement de l'Irlande pour leur soutien financier et leur révision attentive. Les auteurs souhaitent aussi remercier le ministère français de la Transition écologique et solidaire pour les informations qu'il a fournies dans le cadre de l'étude de cas. Les opinions exprimées dans le présent ouvrage ne peuvent en aucun cas être considérées comme reflétant le point de vue officiel du ministère irlandais de l'Agriculture, de l'Alimentation et de la Mer ou du ministère français de la Transition écologique et solidaire.

# Table des matières

## Tableaux



## Graphiques

## Encadrés

# Liste des sigles et abréviations

| | |
|---|---|
| ABC | Agricultura de Baixa Emissão de Carbono (Programme pour une agriculture bas carbone, Brésil) |
| PAE | Programmes agro-environnementaux (UE) |
| AFB | Agence française pour la biodiversité (France) |
| AFAT | Agriculture, foresterie et autres affectations des terres |
| ZCN | Zones soumises à des contraintes naturelles (UE) |
| BDGP | Beef Data and Genomics Programme (Programme de collecte de données et de recherche génomique sur les bovins à viande, Irlande |
| BECSC | Bioénergie avec captage et stockage du carbone |
| BRG | Badan Restorasi Gambut (Agence de restauration des tourbières, Indonésie) |
| RBA | Rapport biennal actualisé |
| PAC | Politique agricole commune |
| CAR | Cadastro Ambiental Rural (Registre environnemental rural, Brésil) |
| CDB | Convention sur la diversité biologique |
| CCICCCH | Comisión de Coordinación Intersecretarial de Cambio Climático del Estado de Chiapas (Commission de coordination interministérielle sur le changement climatique de l'État du Chiapas, Mexique) |
| CCI-LC | Climate Change Initiative-Land Cover (Initiative sur le changement climatique - Couverture des sols) |
| CSC | Captage et stockage du carbone |
| CIM | Comitê Interministerial sobre Mudança do Clima (Comité interministériel sur le changement climatique, Brésil) |
| CONABIO | Comisión Nacional para el Conocimiento y Uso de la Biodiversidad (Commission nationale pour la connaissance et l'utilisation de la biodiversité, Mexique) |
| CONAMA | Conselho Nacional do Meio Ambiente (Conseil national de l'environnement, Brésil) |
| CUSTF | Programa de Compensación por Cambio de Uso de Suelo en Terrenos Forestales (Programme de compensation du changement d'affectation des terres dans les zones forestières, Mexique) |
| DETER | Detecção de Desmatamento em Tempo Real (Détection en temps réel de la déforestation, Brésil) |
| DGF | Dotation globale de fonctionnement (système de transferts budgétaires, France) |
| DoC | Department of Conservation (Ministère de la Préservation, Nouvelle-Zélande) |
| CE | Commission européenne |
| EFESE | L'Évaluation française des écosystèmes et des services écosystémiques (France) |
| EIE | Étude d'impact sur l'environnement |
| SE | Services écosystémiques |
| SEDE | Système d'échange de droits d'émission |
| EUR | Euro |

| | |
|---|---|
| PGA | Pertes et gaspillages alimentaires |
| FAT | Foresterie et autres affectations des terres |
| FSC | Forest Stewardship Council |
| PIB | Produit intérieur brut |
| RAB | Revenu agricole brut |
| GES | Gaz à effet de serre |
| GIMGC | Comissão Interministerial de Mudança Global do Clima (Commission interministérielle sur le changement climatique, Brésil) |
| GLAS | Green and Low carbon Agri-environment Scheme (Programme agro-environnemental vert et bas carbone, UE) |
| GLOBIOM | Global Biosphere Management Model (Modèle de gestion de la biosphère mondiale) |
| GNFT | Groupe national des forêts tropicales (France) |
| HVC | Haute valeur pour la conservation |
| IBSAP | Indonesian Biodiversity Strategy and Action Plan (Stratégie et plan d'action de l'Indonésie pour la biodiversité) |
| ICMS-E | Imposto Sobre Circulação de Mercadorias e Serviços – Ecológico (Taxe sur la valeur ajoutée écologique, Brésil) |
| AIE | Agence internationale de l'énergie |
| TBI | Transferts budgétaires interadministrations |
| GIEC | Groupe d'experts intergouvernemental sur l'évolution du climat |
| ACV | Analyse du cycle de vie |
| SDFE | Stratégie de développement à faibles émissions |
| LUCC | Land Use and Land Cover Change |
| UTCATF | Utilisation des terres, changement d'affectation des terres et foresterie |
| MAA | Ministère de l'Agriculture et de l'Alimentation (France) |
| MAES | Mapping and Assessment of Ecosystems and their Services (Cartographie et évaluation des écosystèmes et de leurs services, UE) |
| SCEFORMEX | Système mexicain de certification forestière |
| MPI | Ministry for Primary Industries (Ministère des Industries primaires, Nouvelle-Zélande) |
| SNV | Suivi, notification et vérification |
| MTES | Ministère de la Transition écologique et solidaire (France) |
| MXN | Peso mexicain |
| SNB | Stratégie nationale pour la biodiversité |
| SPANB | Stratégie et plan d'action nationaux pour la biodiversité |
| CN | Communication nationale |
| NDP | National Development Plan (Plan national de développement, Irlande) |
| NRS | Natural Resources Sector (Secteur des ressources naturelles, Nouvelle-Zélande) |
| NSO | National Strategic Outcome (Résultat stratégique national) |
| OG | Origin Green (Irlande) |
| AP | Aires protégées |
| PCET | Plan climat-air-énergie territorial (France) |
| PECC | Programa Especial de Cambio Climático (Programme spécial sur le changement climatique, Mexique) |
| PEFC | Programme for the Endorsement of Forest Certification (« Programme de reconnaissance des certifications forestières ») |
| PSE | Paiements pour services écosystémiques |
| PPA | Plano Plurianual (plan pluriannuel de développement, Brésil) |
| PRODES | Programa de Cálculo do Desflorestamento da Amazônia (Programme de suivi de la déforestation de l'Amazonie, Brésil) |
| PSAH | Programa de Servicios Ambientales Hidrológicos (Paiements pour services environnementaux hydrologiques, Mexique) |

| | |
|---|---|
| ESP | Estimation du soutien aux producteurs |
| RAN-GRK | Rencana Aksi Nasional Penurunan Emisi Gas Rumah Kaca (Plan national d'action pour la réduction des émissions de gaz à effet de serre, Indonésie) |
| REDD+ | Réduction des émissions imputables à la déforestation et à la dégradation des forêts et rôle de la conservation, de la gestion durable des forêts et de l'augmentation des stocks de carbone forestier dans les pays en développement |
| REFIT | Renewable Energy Feed-in Tariff scheme (Système de prix de rachat des énergies renouvelables, Irlande) |
| RPJMN | Rencana Pembangunan Jangka Menengah Nasional (Plan national de développement à moyen terme, Indonésie) |
| RSPO | Round Table on Sustainable Palm Oil (Table-ronde pour une huile de palme durable) |
| SAGARPA | Secretaría de Agricultura, Ganadería, Desarrollo Rural, Pesca y Alimentación (Ministère de l'Agriculture, de l'Élevage, du Développement rural, de la Pêche et de l'Alimentation, Mexique) |
| ODD | Objectifs de développement durable |
| EES | Évaluation environnementale stratégique |
| SCEE | Système de comptabilité économique et environnementale |
| SGAE | Secrétariat général des affaires européennes (France) |
| SISNERLING | Système intégré de comptabilité économique et environnementale (Indonésie) |
| SMART | Specific, Measurable, Actionable, Realistic and Time-bound (« précis, mesurables, réalisables, réalistes et assortis de délais ») |
| SNBC | Stratégie nationale bas-carbone (France |
| SNUC | Sistema Nacional de Unidades de Conservação (Système national d'unités de conservation, Brésil) |
| TSP | Trajectoires socioéconomiques partagées |
| TORA | Tanah Objek Reforma Agraria (Programme de réforme agraire, Indonésie) |
| TVB | Trames vertes et bleues (France) |
| CCNUCC | Convention-cadre des Nations Unies sur les changements climatiques |
| FNUF | Forum des Nations Unies sur les forêts |
| USD | Dollar des États-Unis |
| TVA | Taxe sur la valeur ajoutée |
| ENV | Examen national volontaire |
| WAVES | Wealth Accounting and the Value of Ecosystem Services (Comptabilité patrimoniale et valeur des services écosystémiques) |

# Résumé

L'utilisation des terres est au centre de nombre des problèmes socioéconomiques et environnementaux auxquels la société est confrontée. À l'échelle mondiale, les émissions de gaz à effet de serre imputables au secteur agricole et à l'utilisation des terres représentent 23 % des émissions anthropiques, et la disparition et la dégradation d'écosystèmes terrestres menacent d'extinction 25 % des espèces animales et végétales. D'après les projections, la population mondiale atteindra près de 10 milliards d'habitants en 2050, aussi la production alimentaire devra-t-elle s'accroître sensiblement. Par ailleurs, l'action mondiale contre le changement climatique suscitera probablement une augmentation notable de la production d'énergie avec de la biomasse – d'où des pressions encore plus fortes sur les systèmes d'utilisation des terres à l'échelle mondiale. Compte tenu de l'interdépendance de ces enjeux liés à la biodiversité, au climat, aux ressources foncières et à l'alimentation, la coordination et la cohérence des différentes politiques publiques ayant des répercussions sur l'utilisation des terres dans ses différentes dimensions revêtent une importance cruciale.

Le présent rapport examine les difficultés rencontrées pour mettre en conformité la politique d'utilisation des terres avec les objectifs en matière de biodiversité, de climat et d'alimentation, ainsi que les possibilités d'amélioration de la durabilité des systèmes d'utilisation des terres. Ce rapport examine six pays dont les secteurs agricoles et forestiers sont relativement grands et sont à l'origine d'émissions de gaz à effet de serre à l'avenant, et dont beaucoup abritent une biodiversité importante pour la planète. Il s'agit du Brésil, de la France, de l'Indonésie, de l'Irlande, du Mexique et de la Nouvelle-Zélande. Le rapport met tout d'abord en lumière quelques données essentielles relatives à l'utilisation des terres. Il examine ensuite les possibilités qui s'offrent et les obstacles à surmonter dans trois domaines : la cohérence entre les stratégies et plans nationaux concernés, la coordination institutionnelle, et les instruments d'action relevant du domaine de l'utilisation des terres.

## Principaux résultats

### *Cohérence entre les stratégies et plans nationaux*

Dans les six pays étudiés, l'utilisation des terres est traitée séparément dans les différents plans nationaux – sur le développement, le climat, la biodiversité, l'agriculture, etc. La place donnée aux enjeux qui se rapportent à cette problématique dans les stratégies nationales concernées varie sensiblement d'un pays à l'autre, de même que le degré de cohérence entre ces stratégies. Globalement, parmi les stratégies et plans nationaux analysés, un très petit nombre sont suffisamment précises pour faciliter la cohérence des actions menées en la matière par les différents ministères (et les autres parties prenantes) concernés. En outre, alors qu'il existe des décalages entre les différentes stratégies d'un pays, rares sont celles qui en font état explicitement.

*Recommandations*

- Élaborer les stratégies et plans nationaux de façon concertée et coordonnée, en faisant participer tous les ministères concernés et les autres acteurs essentiels. Cette manière de faire est indispensable pour repérer les éventuels synergies et décalages entre les objectifs généraux. À cet égard, le cadre de planification nationale de l'Irlande offre un exemple de bonne pratique : élaboré sous la direction d'un groupe de pilotage interministériel, il a fait l'objet d'une consultation nationale.
- Veiller à ce que les stratégies et plans d'action fixent des objectifs spécifiques, mesurables, accessibles, réalisables et temporellement définis (SMART). Le fait d'avoir des objectifs plus

spécifiques et mesurables permet en particulier d'évaluer plus facilement leur cohérence. De plus, la mise au point d'indicateurs permettant de suivre les progrés réalisés renforcerait la transparence et l'obligation de rendre des comptes.

- Identifier et évaluer les éventuels impacts transnationaux des stratégies nationales touchant à la problématique de l'utilisation des terres, et étudier les moyens d'y remédier (en France par exemple, la Stratégie de lutte contre la déforestation importée).

## *Coordination et cohérence institutionnelles*

Tant le manque de coordination des institutions que la complexité excessive des dispositifs institutionnels contribuent à créer des décalages entre les politiques publiques. Les pouvoirs de décision dans la sphère de l'utilisation des terres sont dispersés entre plusieurs institutions relevant d'administrations nationales ou infranationales et acteurs privés, notamment ceux qui produisent, achètent ou revendent dans différents pays des produits qui lui sont liés. Cette dispersion complique la mise en œuvre de l'action publique en raison d'une coordination horizontale et verticale insuffisante et des différences existant dans les priorités et les capacités des institutions. Plusieurs des six pays étudiés s'emploient à améliorer la coordination des politiques touchant à l'utilisation des terres, notamment en renforçant la coordination entre les administrations nationales et infranationales.

*Recommandations*

- Renforcer la coordination institutionnelle entre les différents ministères chargés des questions d'utilisation des terres touchant au climat, à la biodiversité et à l'alimentation, à la fois horizontalement (au niveau national) et verticalement (entre les différents niveaux de gouvernement). L'impulsion donnée au sommet (c'est-à-dire par la présidence, le premier ministre ou le conseil des ministres) est déterminante pour concevoir des politiques cohérentes et coordonnées en faveur d'une utilisation durable des terres. Les autorités nationales doivent clairement définir les fonctions et missions des différentes institutions pour ce qui se rapporte à l'utilisation des terres.
- Améliorer les mécanismes de coordination de l'action publique. La création d'un organe transversal, par exemple pour assurer la mise en œuvre des Objectifs de développement durable ou des stratégies à long terme de développement à faibles émissions, ou bien l'institutionnalisation des procédures de coordination, par exemple au moyen de comités interministériels, peuvent permettre d'améliorer la cohérence (par exemple, en France, entre le ministère de l'Agriculture et de l'Alimentation et le ministère de la Transition écologique et solidaire).

## *Instruments d'action dans la sphère de l'utilisation des terres*

L'éventail des instruments d'action utilisés dans la sphère de l'utilisation des terres est étendu, et leurs interactions mutuelles et avec les systèmes de gouvernance au sens large présentent de multiples facettes. Malgré leur variété, ces instruments ont certains points communs. Premièrement, la mise en œuvre efficace d'instruments d'action en faveur d'une utilisation durable des terres exige que les droits fonciers soient clairement définis et leur respect assuré. Deuxièmement, dans les pays étudiés, une grande partie des externalités négatives dues à certains types d'utilisation des terres ne sont pas payantes ou sont sous-estimées – ce qui signifie que, sauf dans le cas de la production alimentaire, les avantages procurés à la société par les écosystèmes ne sont généralement pas pris en compte dans la politique d'utilisation des terres.

Par contre, la production agricole bénéficie d'un soutien public non négligeable (sauf en Nouvelle-Zélande). Ce soutien prend notamment la forme de subventions susceptibles d'encourager des pratiques non durables et l'expansion de l'agriculture. Troisièmement, aucun objectif quantitatif ni aucune politique n'ont été adoptés au niveau national en vue de réduire les impacts sur l'utilisation des terres attribuables aux pertes et gaspillages alimentaires et aux échanges internationaux de produits agricoles et forestiers (sauf en France).

*Recommandations*

- Soutenir et intensifier les efforts de réforme foncière (plus particulièrement au Brésil et en Indonésie) afin de garantir la sécurité des droits fonciers, notamment pour les populations indigènes et les autres catégories vulnérables, ainsi qu'une utilisation des terres durable et inclusive.
- Mieux tenir compte des données spatiales dans les décisions d'utilisation des terres (initiative *One Map* de l'Indonésie, par exemple). La conception et la mise en œuvre de la vaste panoplie d'instruments d'action nécessaire à la gestion des systèmes d'utilisation des terres (zones protégées, études d'impact sur l'environnement et aménagement de l'espace, par exemple) s'en trouve facilitée.
- Avoir plus largement recours aux instruments économiques, tels que les taxes, droits et redevances, pour mettre un prix sur les pratiques préjudiciables pour l'environnement. Les instruments économiques peuvent renforcer l'efficacité des approches réglementaires existantes en incitant les parties prenantes à investir dans des pratiques plus durables (à l'instar des taxes sur les pesticides au Mexique et en France).
- Réévaluer la répartition du soutien accordé aux différents services écosystémiques procurés par les terres (alimentation, carbone, biodiversité, eau, etc.). La réforme des mesures de soutien à l'agriculture susceptibles de fausser le marché et de nuire à l'environnement est un premier pas dans le bon sens, qui a été franchi par la Nouvelle-Zélande.

  Contrôler et imposer le respect des réglementations de manière cohérente et régulière. Dans le cas contraire, les politiques d'utilisation des terres risquent de ne plus remplir efficacement leur rôle et les améliorations précédemment enregistrés dans l'environnement peuvent être remises en cause.

# 1 Vers une utilisation durable des terres : principaux enjeux, interactions et hiatus dans la sphère de l'utilisation des terres

Pour que les différents pans de l'action publique soient en phase, il faut savoir où et comment interagissent les divers éléments du complexe que composent l'utilisation des terres, la biodiversité, le climat et l'alimentation (la « sphère de l'utilisation des terres »). Le présent chapitre est consacré aux enjeux, interactions, hiatus et synergies qui doivent être pris en compte. Il met en lumière les interactions biophysiques et leurs implications ainsi que les approches économiques de la prise de décisions dans la sphère de l'utilisation des terres, et plaide en faveur de la cohérence des politiques. Il synthétise en outre les principaux résultats de l'étude pour ce qui est de l'action à mener en vue de favoriser la cohérence des stratégies et plans nationaux, des institutions et des instruments d'action.

L'utilisation qui est faite aujourd'hui des terres sur notre planète n'est pas viable. La croissance démographique mondiale et le développement des économies vont solliciter encore davantage les systèmes d'utilisation des terres. Vouloir produire suffisamment de nourriture, atténuer les émissions de gaz à effet de serre (GES), stocker du carbone dans les écosystèmes et lutter contre l'érosion de la biodiversité est donc un véritable défi. Dans l'histoire de l'humanité, les changements d'affectation des terres, dus principalement à l'expansion et à l'intensification de l'agriculture, se sont traduits par des baisses massives de la biodiversité (25 % des espèces animales et végétales sont actuellement menacées d'extinction) (Díaz et al., 2019[1]), la dégradation de 74 % de la surface terrestre du globe (Díaz et al., 2019[1]), et d'importantes émissions de GES.

Cette augmentation des pressions sur les systèmes d'utilisation des terres rend de plus en plus nécessaire une évolution radicale des pratiques afin de les rendre durables. Les impacts présents et à venir de nos modes de consommation sont de mieux en mieux documentés (voir par exemple (Willett et al., 2019[2]) et (Économie des écosystèmes et de la biodiversité (TEEB), 2018[3])), mais l'on n'a pas encore une bonne compréhension de ce qui constitue un système d'utilisation des terres durable, ni des institutions, des stratégies et des mesures requises pour le créer au niveau mondial, national et régional.

## De multiples enjeux interdépendants, qui demandent des actions cohérentes et coordonnées

Les États sont confrontés à des enjeux à la fois nombreux et imbriqués : améliorer les conditions de vie des populations, gérer le changement climatique, atténuer la diminution de la biodiversité et remédier à l'insécurité alimentaire, aux pénuries et au gaspillage, entre autres. Pour faire face à ces défis interconnectés, les pays gagneraient à avoir des stratégies et plans d'action nationaux, des institutions et des politiques publiques qui assurent une cohérence entre ces différents domaines. À travers ces trois éléments, le présent rapport analyse les interactions, les synergies possibles et les hiatus entre l'atténuation du changement climatique, la gestion durable des écosystèmes et la sécurité alimentaire dans le secteur des terres[1]. Se fondant sur les expériences et les données de six pays, le rapport examine à la fois les politiques axées sur l'offre et celles axées sur la demande, dans le but de repérer les meilleures pratiques et solutions permettant de concilier ces enjeux dans le secteur des terres.

Les systèmes d'utilisation des terres et leur gestion jouent un rôle vital dans la réalisation des Objectifs de développement durable (ODD), notamment ceux relatifs à l'élimination de la faim (ODD 2), une eau propre (ODD 6), une énergie propre (ODD 7), la lutte contre les changements climatiques (ODD 13) et la vie terrestre (ODD 15). Une bonne gestion de l'utilisation des terres est également essentielle pour atteindre les objectifs climatiques définis dans l'Accord de Paris de la CCNUCC ainsi que les objectifs d'Aichi pour la biodiversité fixés dans le cadre de Convention sur la diversité biologique (CDB). Le secteur des terres émet de grandes quantités de GES – il représentait 17 % du total des émissions anthropiques de GES en 2014 (Graphique 1.1) (CAIT Climate Data Explorer, 2017[4]). Par ailleurs, quelque 80 % des espèces menacées d'oiseaux et de mammifères terrestres sont exposées à un risque de disparition d'habitats du fait d'activités agricoles (Tilman et al., 2017[5]). L'agriculture est une source majeure d'émissions de protoxyde d'azote, qui est un gaz à effet de serre et la première cause anthropique d'appauvrissement de la couche d'ozone (Ravishankara, Daniel et Portmann, 2009[6]). L'agriculture serait aussi responsable de 70 % des prélèvements d'eau douce de la planète (OCDE, 2018[7]) et est une importante source de pollution phosphorée et azotée.

Plus précisément, les émissions de $CO_2$ (et dans une moindre mesure de $N_2O$) doivent impérativement plafonner dès que possible avant de chuter fortement si l'on veut atteindre les objectifs de l'Accord de Paris. Ce dernier appelle expressément tous les pays à « prendre des mesures pour conserver et, le cas échéant, renforcer les puits et réservoirs de gaz à effet de serre comme le prévoit l'alinéa d) du paragraphe 1 de l'article 4 de la Convention, notamment les forêts », et à « appliquer et étayer » les mesures REDD+. L'Accord de Paris prend également acte de l'importance de protéger la sécurité alimentaire, et de la vulnérabilité des systèmes de production alimentaire aux changements climatiques. Même en tenant compte des contraintes de sécurité alimentaire, les mesures REDD+ et le déboisement peuvent contribuer de façon très importante à atténuer les émissions de $CO_2$ imputables à l'utilisation des terres (Griscom et al., 2017[8]). Selon Grassi et al. (2017[9]), la mise en œuvre complète des contributions (prévues) déterminées au niveau national (C[P]DN) soumises par les pays pour la COP21 de la CCNUCC permettrait de faire en sorte que le secteur des terres, source anthropique nette au niveau mondial entre 1990 et 2010 (1.3 +/- 1.1 Gt éq.$CO_2$/an), devienne un puits de carbone net d'ici 2030 (jusqu'à -1.1 +/- 0.5 Gt éq.$CO_2$/an).

Pour atteindre les objectifs à long terme de l'Accord de Paris, il faudra vraisemblablement aussi avoir recours à d'immenses quantités de biomasse pour produire de l'énergie, et séquestrer du carbone dans des puits terrestres. À titre d'exemple, l'AIE prévoit un triplement de la consommation d'énergie issue de la biomasse entre 2015 et 2060, ce qui doublerait sa part dans le mix énergétique total qui atteindrait 22 % dans un scénario où les hausses des températures seraient limitées à deux degrés au-dessus des niveaux préindustriels (AIE, 2017[10]). Les incidences sur l'utilisation des terres sont encore plus importantes dans les scénarios du GIEC prévoyant de maintenir le réchauffement climatique en dessous de 1.5 degrés, puisqu'ils estiment que les superficies supplémentaires qui devraient dans ce cas être consacrées aux cultures énergétiques pourraient aller jusqu'à 600 millions d'hectares d'ici 2050 par rapport à 2010 (GIEC, 2018[11]). Cette augmentation devrait se traduire par une réduction des surfaces de prairies et entraînera une transformation importante des systèmes d'utilisation des terres. Le degré de contribution des cultures énergétiques à ces scénarios dépend dans une certaine mesure du niveau d'utilisation de la technologie BECSC (bioénergie avec captage et stockage du carbone). Mais en cas de recours accru aux bioénergies, celles-ci auront sans doute une incidence importante sur l'utilisation des terres (Creutzig et al., 2014[12])[2], et pourraient accentuer la pression sur les sols, l'eau, les systèmes alimentaires, la biodiversité et les écosystèmes. Le GIEC note toutefois que « le niveau de consensus sur ces interactions est encore faible », et, dans certains contextes locaux, il est possible de concilier différents objectifs (de Coninck, 2018, p. 324[13]).

### Graphique 1.1. Émissions de gaz à effet de serre par secteur (2014)

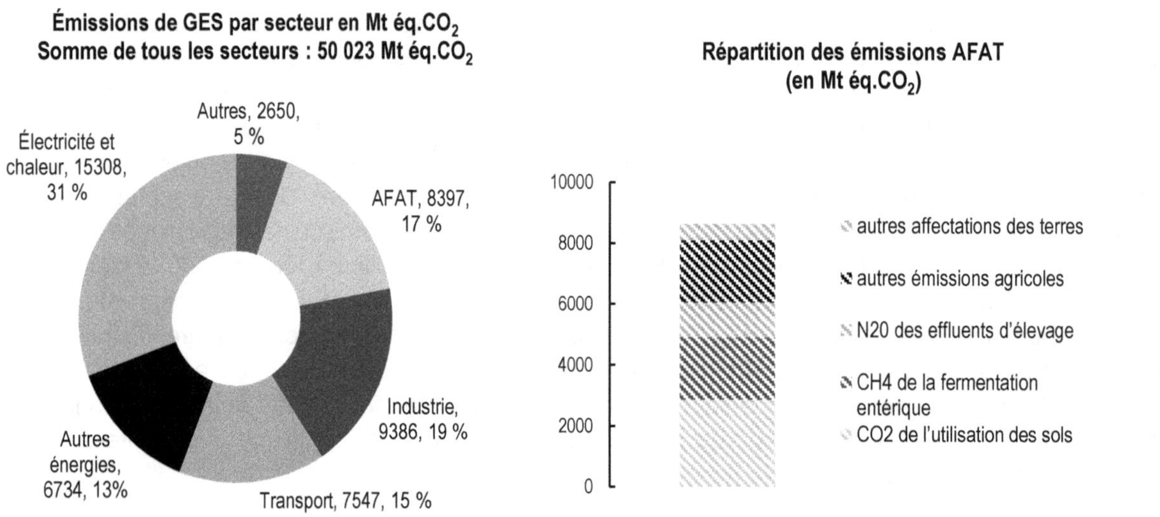


Source : CAIT (2017[4]), *Country Greenhouse Gas Emissions* (base de données), http://cait.wri.org/, et FAOSTAT (2018[14]), *Données de l'alimentation et de l'agriculture* (base de données), http://www.fao.org/faostat/fr/#home.

L'utilisation des terres, l'agriculture et les forêts sont également essentielles pour atteindre plusieurs des Objectifs d'Aichi pour la biodiversité au titre de la CDB, et resteront certainement importantes dans le cadre de la biodiversité pour l'après-2020 de la CDB. L'Objectif 5 d'Aichi énonce par exemple que : « D'ici à 2020, le rythme d'appauvrissement de tous les habitats naturels, y compris les forêts, est réduit de moitié au moins et si possible ramené à près de zéro, et la dégradation et la fragmentation des habitats sont sensiblement réduites » et l'Objectif 7 est le suivant : « D'ici à 2020, les zones consacrées à l'agriculture, l'aquaculture et la sylviculture sont gérées d'une manière durable, afin d'assurer la conservation de la diversité biologique ».

Plus généralement, les écosystèmes fournissent tout un ensemble de biens et de services qui contribuent au bien-être humain. Les choix d'utilisation des terres modifient les écosystèmes, et les changements induits vont d'évolutions mineures et réversibles à des transformations complètes et irréversibles de paysages naturels ou dominés par l'homme (Adams, Pressey et Álvarez-Romero, 2016[15]). Les écosystèmes fournissent des services tels que la production de denrées alimentaires, de fourrage et de bioénergie, et contribuent en cela à nos moyens de subsistance. Les écosystèmes procurent d'autres services, dont le recyclage des nutriments, la qualité de l'eau, l'apport d'habitats favorisant la biodiversité, et la séquestration du carbone. Les bénéfices apportés par ces derniers services sont plus difficiles à quantifier sur le plan monétaire et ils sont donc souvent sous-estimés, bien que les valeurs en question puissent être très élevées. Le changement climatique a aussi des répercussions sur les écosystèmes, pouvant se traduire de différentes manières : déplacement géographique, modification de leur composition, ou encore perturbation de leur fonctionnement.

Les mesures prises pour garantir une utilisation durable des terres doivent donc prendre en compte – et être en synergie avec – les autres objectifs définis au niveau national et international dans les domaines de la sécurité alimentaire, du climat, de la biodiversité et des forêts, entre autres, et contribuer aux objectifs de développement nationaux. Le changement climatique lui-même aura des conséquences sur la capacité des sols à stocker le carbone, sur la productivité des terres (en particulier, l'évolution des disponibilités en eau devrait avoir des effets majeurs sur la production agricole) et sur la résilience des écosystèmes. Et l'augmentation anticipée des niveaux d'azote réactif (composés favorisant la croissance des plantes) influera sur le stockage du carbone par les écosystèmes.

Outre la concurrence entre différentes utilisations des terres, des conflits peuvent apparaître entre les objectifs d'atténuation du changement climatique et de lutte contre l'érosion de la biodiversité. Certaines monocultures, par exemple, absorbent plus de carbone à l'hectare qu'une forêt mixte. En revanche, les monocultures peuvent avoir des effets locaux négatifs, notamment en réduisant la biodiversité, ou en perturbant le cycle de l'azote (Smith et al., 2014[16]). Si des plantations remplacent les forêts tropicales, elles peuvent amener d'importantes pertes de carbone, en particulier à court terme (par exemple du fait de la diminution du carbone stocké dans le sol), alors qu'une grande partie du $CO_2$ émis reste dans l'atmosphère pendant des milliers d'années (Archer et al., 2009[17]).

Les changements d'affectation des terres et les émissions associées, ainsi que les facteurs responsables, évoluent de manière extrêmement diverse d'une région et d'un pays à l'autre (voir le chapitre 2). La demande de terres agricoles (majoritairement pour des cultures alimentaires ou fourragères) pèse lourdement sur les forêts, spécialement dans les pays en développement. Si la demande de bioénergie augmente aussi, la concurrence pour les terres pourrait être encore plus vive. Entre 2000 et 2010, 7 millions d'hectares nets de forêts ont disparu chaque année (environ la taille de la Belgique et des Pays-Bas réunis), et la superficie de terres agricoles a progressé de 6 millions d'hectares nets par an (FAO, 2016[18]). En effet, malgré l'intensification continue de la production agricole au cours des dernières décennies (FAO, 2011[19]), les grandes exploitations agricoles et l'agriculture de subsistance ont été responsables de la majorité de la déforestation enregistrée entre 2000 et 2010 (pour 40 % et 33 %, respectivement) (OCDE, 2016[20]). Toutefois, selon la FAO (2018[21]), le recul des forêts s'est ralenti entre 2010 et 2015.

La quasi-totalité des forêts défrichées entre 2000 et 2010 se trouvaient dans les tropiques, tandis que les superficies boisées des régions tempérées ont en réalité augmenté (FAO, 2016[18]). Le recul de la forêt tropicale est un phénomène d'importance car la biodiversité de ces forêts est proportionnellement supérieure à celle des forêts tempérées. Ainsi, alors qu'elles ne couvrent que 7 % de la surface du globe, les forêts tropicales abritent environ 50 % des espèces animales et végétales. Dans certains pays (comme la Corée et le Portugal), la superficie tant des terres agricoles que des forêts s'est effondrée depuis 2000. À l'inverse, elle a augmenté dans d'autres (dont le Royaume-Uni ou le Chili) (FAO, 2016[18] ; UCS, 2014[22]). Lorsque les pays ont étendu à la fois leurs surfaces agricoles et leurs surfaces boisées, c'est souvent en transformant des prairies ou des terres nues – une conversion susceptible d'avoir des conséquences négatives sur la biodiversité (Haščič et Mackie, 2018[23]).

La concurrence entre la forêt et l'agriculture sera exacerbée par la croissance anticipée de la population mondiale, qui devrait atteindre 9.7 milliards d'habitants en 2050, la hausse de la demande alimentaire qui s'ensuivra et l'évolution des modes de consommation vers des régimes à plus grande empreinte carbone (OCDE, 2016[24] ; Département des affaires économiques et sociales, 2019[25]). D'après les prévisions de l'OCDE (2012[26]), la surface de forêts primaires devrait continuer à diminuer à l'horizon 2050 (Graphique 1.2), même si la superficie boisée totale devrait légèrement augmenter[3]. Un déclin des forêts primaires aurait des effets négatifs sur la biodiversité et le stockage du carbone, entraînerait d'importantes émissions, et serait préjudiciable aux populations locales qui dépendent des forêts pour leur consommation primaire et d'autres ressources.

La concurrence pour l'utilisation des terres sera encore plus rude si des terres sont nécessaires pour produire des biocarburants ou d'autres produits énergétiques nécessitant de la biomasse. L'intensité de cette concurrence sera extrêmement variable en fonction du type de bioénergie (GIEC, 2018[11]). Ainsi, l'utilisation de terres sera beaucoup plus importante s'il s'agit de bioénergie de première génération (produite à partir de cultures), que s'il s'agit de bioénergie de seconde génération (produite à partir de résidus et de déchets agricoles ou de résidus forestiers) ou de troisième génération (produite à partir de végétaux modifiés, comme les algues).

Graphique 1.2. Variation de la superficie forestière mondiale : *scénario de référence*, 2010-2050

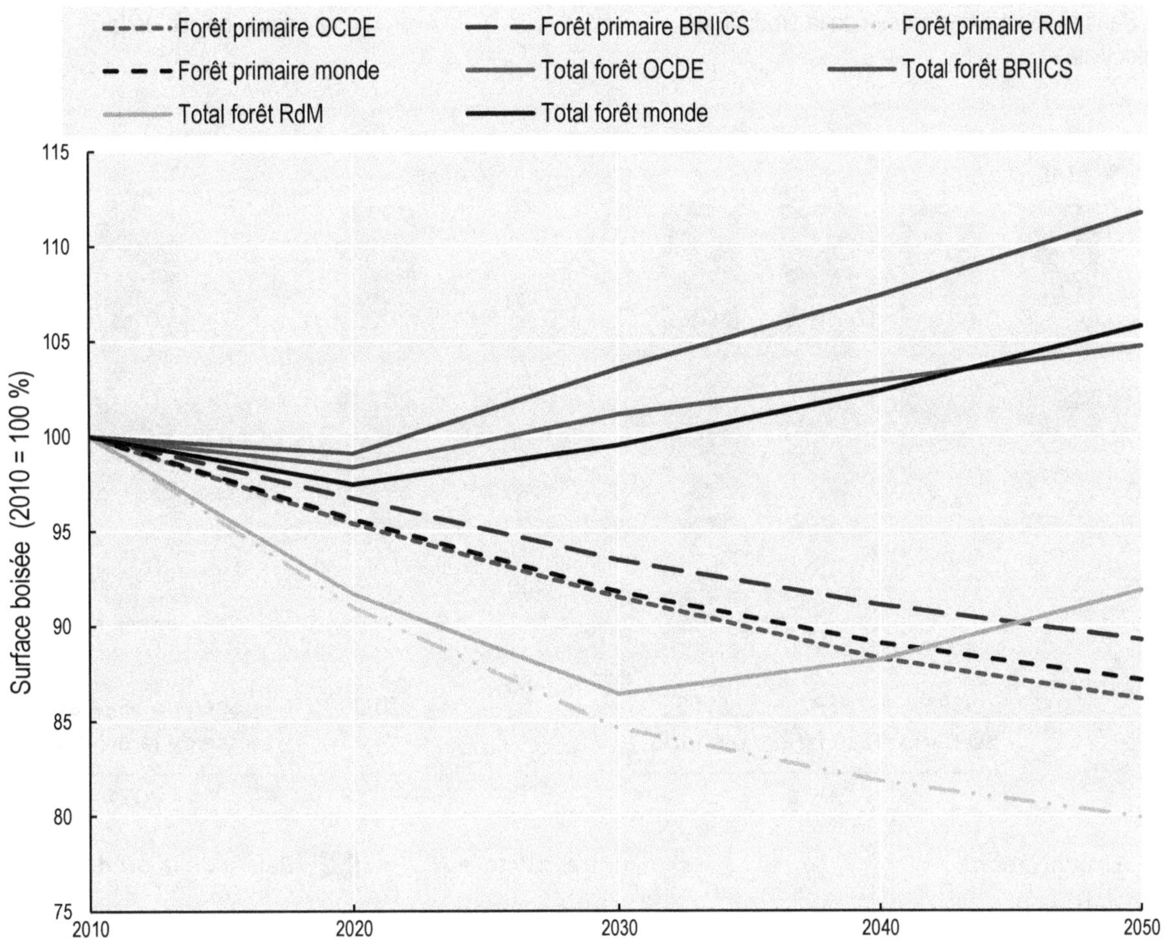


Source : OCDE (2012[27]). *Perspectives de l'environnement de l'OCDE à l'horizon 2050*, https://doi.org/10.1787/env_outlook-2012-fr.

Les émissions provenant de l'utilisation des terres, du changement d'affectation des terres et de la foresterie (UTCATF) jouent un rôle beaucoup plus important dans certains pays (voir le chapitre 2). Le secteur UTCATF a particulièrement pesé dans le total des émissions nationales de certains pays, dont l'Indonésie et le Brésil.

Au sein de l'OCDE, le volume de la production agricole a augmenté en moyenne de 1.6 % par an entre 1990 et 2010, tandis que l'intensité des émissions de GES agricoles a baissé en moyenne de 2 % par an au cours de la même période (OCDE, 2015[28]). Ce résultat a été obtenu par l'adoption de pratiques présentant un bon rapport coût-efficacité, par exemple l'utilisation plus efficiente d'engrais et d'intrants permettant de réduire les émissions de protoxyde d'azote. Des solutions techniques existent pour contrer les risques de baisse des rendements agricoles que le changement climatique pourrait provoquer, mais des efforts supplémentaires seront nécessaires au niveau national, sectoriel et des exploitations pour avoir une agriculture productive et résiliente (OCDE, 2015[28]). Des projections sur la biodiversité terrestre, mesurées en abondance moyenne des espèces (AME)[4], ont été établies jusqu'en 2050 pour un scénario de statu quo. Elles tendent à montrer que la diminution de l'abondance moyenne des espèces passera de 34 % en 2010 à 38 %, 43 % et 46 % en 2050 selon trois scénarios d'évolution socio-économique (SSP) différents (graphique 1.3).

Graphique 1.3. Pression sur la diversité mondiale dans différents scénarios, par rapport aux conditions naturelles

Sans l'impact d'une baisse de la productivité productivité

Avec l'impact d'une baisse de la

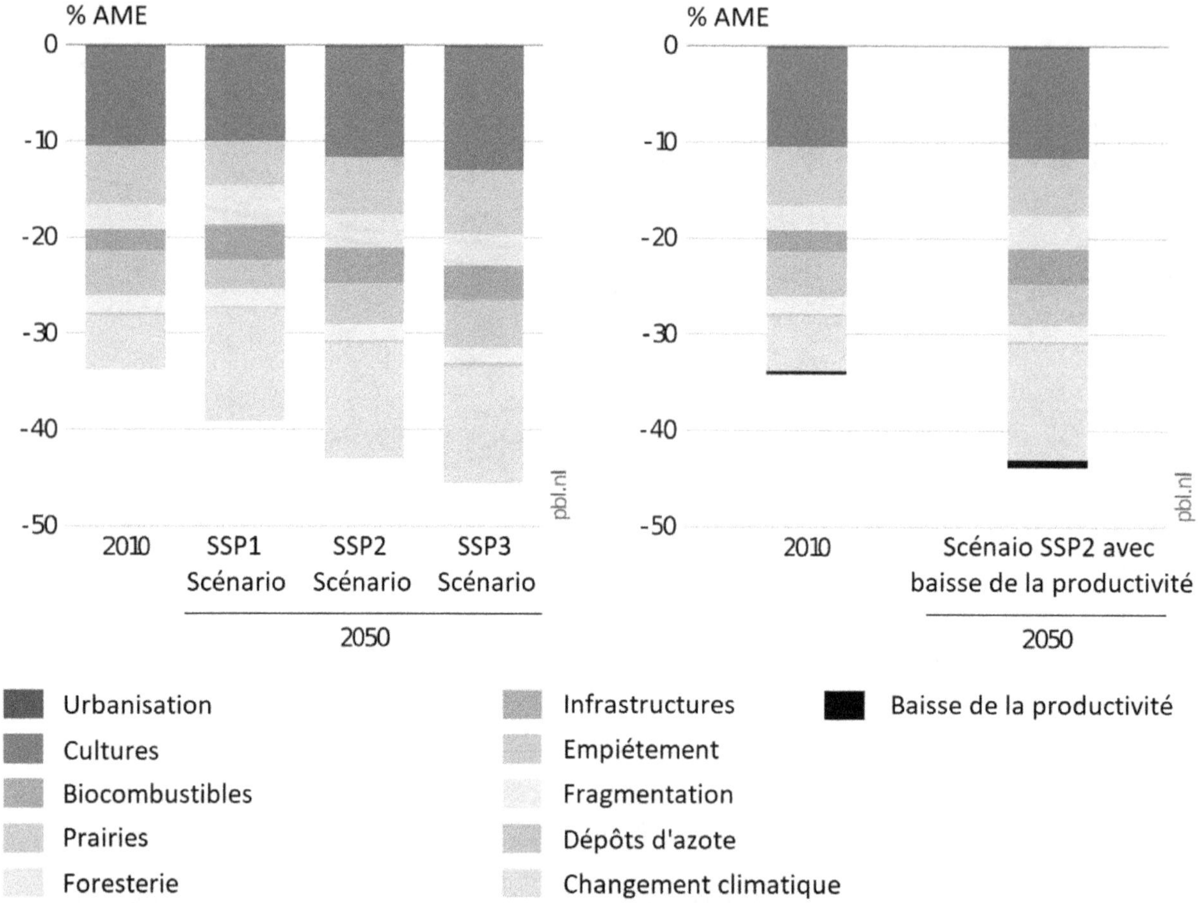


Source : Van der Esch et al (2017[29]), *Exploring future changes in land use and land condition and the impacts on food, water, climate change and biodiversity: Scenarios for the Global Land Outlook*, https://www.pbl.nl/sites/default/files/cms/publicaties/pbl-2017-exploring-future-changes-in-land-use-and-land-condition-2076b.pdf

Note : L'AME est un indicateur de naturalité ou de préservation de la biodiversité. Elle se définit comme étant l'abondance moyenne des espèces originales par rapport à leur abondance dans des écosystèmes non perturbés. Une AME de 0 % correspond à un écosystème totalement détruit, où ne subsiste aucune espèce originale.

## Les interactions biophysiques et leurs incidences

Il est essentiel d'évaluer les synergies et hiatus potentiels entre l'atténuation du changement climatique, la gestion des écosystèmes et la sécurité alimentaire[5] dans le secteur des terres pour pouvoir agir de manière cohérente et aider les responsables publics, tant au niveau national qu'infranational, à faire des choix plus éclairés. À cette fin, il convient tout d'abord de mettre en évidence les interactions biophysiques entre les différentes composantes de cette problématique.

Des études récentes (par exemple (Bustamante et al., 2014[30] ; Power, 2010[31] ; Munaretto et Witmer, 2017[32] ; The Royal Society, 2007[33] ; Cramer et al., 2017[34] ; Delzeit et al., 2016[35] ; CIUS, 2017[36])) ont montré que, du point de vue biophysique, les synergies et les hiatus n'avaient pas toujours la même ampleur et que cette ampleur variait en fonction du contexte. Munaretto et Witmer (2017[32]) et l'ICSU (2017[36]) ont attribué des notes estimant le sens et l'intensité de diverses interactions, d'après des avis d'expert. Dans certains domaines, les interactions sont nulles ou minimes. À titre d'exemple, une action sur l'offre comme l'amélioration de l'efficience avec laquelle les ressources sont utilisées a peu de chances de se répercuter sur une action sur la demande comme la réduction du gaspillage alimentaire. Dans d'autres domaines en revanche, les interactions peuvent être importantes – et soit positives, soit négatives (voir ci-dessous et Tableau 1.1). Leur intensité peut être influencée par des circonstances locales particulières, mais aussi par les politiques publiques.

Pour les besoins de cette analyse, ces interactions sont qualifiées de :

- Synergies fortes. Par exemple, la préservation ou l'expansion du couvert forestier naturel, dans certaines régions[6], maintiendra ou augmentera les stocks de carbone et donc atténuera les émissions de GES, évitera une baisse de qualité du sol (dégradation du sol), et protégera ou améliorera la biodiversité et les autres services écosystémiques fournis par les forêts.
- Synergies ou hiatus selon la manière dont un problème est traité[7]. Par exemple, l'intensification de la production alimentaire peut soit renforcer, soit contrecarrer les actions d'atténuation des émissions de GES. L'intensification de l'élevage peut contribuer à réduire les émissions de GES dues au bétail en permettant la mise en place de systèmes de gestion des effluents d'élevage[8]. À l'inverse, certaines mesures prises pour intensifier la production alimentaire sont susceptibles d'amplifier les émissions de GES, notamment du fait de l'augmentation de la consommation d'engrais et des émissions de $N_2O$ associées, ou de la hausse des émissions de GES d'origine énergétique dues à l'emploi plus important de machines agricoles.

Les principales synergies et hiatus sont présentées dans le Tableau 1.1. Celui-ci permet de constater qu'il existe de nombreuses synergies « gagnant-gagnant » dans la sphère de l'utilisation des terres (c'est-à-dire des notes positives). Il montre également que, dans certains domaines, les impacts d'une action peuvent être soit positifs, soit négatifs (selon la manière de procéder), ou uniquement négatifs (hiatus).

Les impacts peuvent être positifs ou négatifs, par exemple dans le cas de mesures visant à répondre à la demande croissante de nourriture. Si l'on choisit pour cela de défricher des forêts afin d'étendre les surfaces agricoles, on risque d'augmenter les émissions de GES et la dégradation des sols et de diminuer la biodiversité. On peut aussi décider de répondre à la demande alimentaire accrue en intensifiant la production agricole, c'est-à-dire en réduisant encore l'écart de rendement. Cet écart peut être considérable pour la production de cultures essentielles dans certaines zones (Fischer, Byerlee et Esmeades, 2014[37]), et le réduire peut diminuer la demande de conversion de terres, et avoir ainsi des effets positifs sur la biodiversité (bien que cet aspect reste très controversé – voir (Phalan et al., 2011[38])).

## Tableau 1.1. Exemples de synergies et hiatus dans la sphère de l'utilisation des terres, de la biodiversité, du climat et de l'alimentation

| | Incidence de | | | | | | | | |
|---|---|---|---|---|---|---|---|---|---|
| sur | Atténuer les émissions de GES | Augmenter la production de bio-carburants | Éviter la dégradation des sols | Maintenir et étendre les surfaces boisées | Éviter l'expansion des terres agricoles | Améliorer l'efficience des ressources agricoles | Intensifier la production agricole | Réduire les pertes et le gaspillage alimentaires | Protéger la biodiversité et les écosystèmes[1] |
| Atténuer les émissions de GES | | **2/-1** | **2** | **3** | **2** | **2/-1** | **-2/1** | **2** | **2/3** |
| Augmenter la production de biocarburants | **2/-1** | | | **1/-1** | **-1** | | | | **-1** |
| Éviter la dégradation des sols | **2** | **0/-1** | | **2** | **2** | **1** | **-1/0** | | **2** |
| Maintenir et étendre les surfaces boisées | **2** | **0/-2** | **2/-1** | | **3** | | **2** | | **2** |
| Éviter l'expansion des terres agricoles | **2/0** | **0/-2** | **2/-1** | **2/-1** | | **1** | **2** | **1/2** | **2** |
| Améliorer l'efficience des ressources agricoles | **2** | | **2** | **2/0** | | | **-1/2** | **0/2** | **-1/1** |
| Intensifier la production agricole | | **0/-1** | **-1** | | | **2/0** | | | **-1/1** |
| Réduire les pertes et le gaspillage alimentaires | | | | | **1/2** | | | | **2/3** |
| Protéger la biodiversité et les écosystèmes | **3/-1** | **-1** | **2** | **3** | **3** | **1** | **-2** | **1** | |

Note : Le barème de notation de l'ICSU est le suivant :

+3 : Indivisibilité : un objectif est inextricablement lié à la réalisation d'un autre.

+2 : Renforcement : un objectif crée directement les conditions conduisant à la réalisation d'un autre objectif.

+1 : Facilitation : la poursuite d'un objectif favorise la réalisation d'un autre objectif.

0 : Neutralité : absence d'interaction significative, ou les interactions ne sont ni positives, ni négatives.

-1 : Limitation : la poursuite d'un objectif pose une condition ou une contrainte à la réalisation d'un autre.

-2 : Conflit : la poursuite d'un objectif contrecarre la réalisation d'un autre.

-3 : Annulation : la progression vers un objectif rend impossible la réalisation d'un autre objectif.

Ce tableau est une compilation du barème de notation à sept niveaux de l'ICSU, qui met en évidence les relations causales et fonctionnelles entre des enjeux précis. Une case vide indique une interaction nulle ou minime.

1. Cette catégorie comprend les mesures de protection de la biodiversité et des écosystèmes autres que le maintien et l'expansion des surfaces boisées.

Source : Les auteurs se sont fondés sur Munaretto et Witmer (2017[32]), *Water-land-energy-food-climate nexus: policies and policy coherence at European and international scales*, https://www.pbl.nl/sites/default/files/cms/publicaties/WP2_Deliverable%202.1_15nov17_FINAL.pdf et sur ICSU (2017[36]), *A Framework for Understanding Sustainable Development Goal Interactions*, https://sustainabledevelopment.un.org/?menu=1300. .

Il est indispensable de prendre en compte la dépendance spatiale des impacts si l'on veut obtenir les résultats « gagnant-gagnant » souhaités. Cette dépendance spatiale apparaît clairement, par exemple, lorsque l'on veut agir à la fois sur le changement climatique et sur la biodiversité. En effet, l'utilité d'un habitat sur le plan de la biodiversité n'est pas proportionnelle à sa superficie : une surface étendue contiguë d'habitat est plus intéressante en termes de biodiversité qu'une superficie équivalente constituée de parcelles discontinues, en raison des effets de lisière et d'autres effets dus à la fragmentation (forêts, savanes, zones humides, par exemple) (Haddad et al., 2015[39]). En revanche, la configuration spatiale n'intervient généralement pas dans la séquestration du carbone : de petites parcelles de terres gérées pour séquestrer du carbone (par exemple une forêt) peuvent piéger la même quantité de carbone qu'une grande surface contiguë ayant la même superficie et le même type de couverture du sol, mais sans procurer les mêmes bénéfices sur le plan de la biodiversité (Nelson et al., 2008[40]). Par conséquent, gérer des terres de manière à améliorer la biodiversité aura des effets bénéfiques connexes sur les émissions de GES, tandis que gérer des terres dans l'optique d'atténuer les émissions de GES pourra ne pas produire de cobénéfices en termes de biodiversité (ou bien ces bénéfices seront minimes) si le résultat est d'augmenter le nombre de petites parcelles de forêt.

## Aspects économiques d'une utilisation des terres optimale

De très bonnes raisons économiques, sociales et environnementales appellent à optimiser l'utilisation des terres. À l'échelle mondiale, les services écosystémiques ont été évalués entre 125 000 et 140 000 milliards USD (en 2011) (Costanza et al., 2014[41]), c'est-à-dire plus que le PIB total estimé pour la même année. Les coûts potentiels d'une mauvaise gestion du secteur des terres sont donc élevés. Le nombre d'habitants de la planète touchés aujourd'hui par la dégradation des terres[9] est estimé à 3.2 milliards de personnes (IPBES, 2018[42]). Les estimations des coûts mondiaux de la dégradation des terres varient beaucoup[10]. Lorsque l'on prend en compte les coûts associés à la diminution induite de la production agricole, des moyens de subsistance et de la valeur des services écosystémiques (eau et air propres, prévention de l'érosion et cycle des nutriments, par exemple)[11], elles atteignent 10 600 milliards USD chaque année (ELD Initiative, 2013[43]). Ce montant équivaut à 17 % du produit intérieur brut mondial.

Les paysages sont des systèmes non pas statiques mais dynamiques dans lesquels les interactions entre l'homme et l'environnement sont importantes. À ce titre, les systèmes d'utilisation des terres doivent produire des effets à la fois socialement souhaitables et écologiquement durables. Il n'est pas simple de savoir quelle est la meilleure configuration d'utilisation des terres dans un paysage donné, tant du point de vue technique que stratégique. L'utilisation des terres devrait viser à maximiser la fourniture de services écosystémiques, afin de maximiser également les bénéfices sociétaux et environnementaux procurés par ledit paysage. Néanmoins, les hiatus entre les utilisations nécessaires pour fournir différents services impliquent de faire des choix quant aux services à obtenir les plus prioritaires (IPBES, 2018[42]). Ainsi, maximiser la production alimentaire peut avoir un impact négatif sur les habitats (et la biodiversité), ou bien maximiser la séquestration du carbone peut modifier la disponibilité de l'eau. Bien qu'il soit important de maintenir et d'améliorer les flux de services écosystémiques, il est essentiel aussi de comprendre comment utiliser les terres de manière à maintenir les stocks de ressources naturelles qui rendent ces flux possibles (Cowie et al., 2018[44]). Étant donné l'impact croissant du changement climatique sur les systèmes tant environnementaux qu'humains, ce qui constitue l'utilisation optimale des terres dans un paysage donné évolue dans le temps, d'où la nécessité impérative d'une gestion adaptative pour garantir la durabilité des choix opérés.

D'un point de vue économique, une utilisation des terres optimale suppose de maximiser la valeur actuelle nette des bénéfices sociaux aux échelons mondial, régional et local. En pratique toutefois, mesurer cette valeur actuelle nette est compliqué car il est difficile de comparer des valeurs marchandes (la production alimentaire, par exemple) et non marchandes (les loisirs, la fourniture d'habitats, etc.). De plus, la valeur des bénéfices sociaux retirés de l'utilisation des terres dépend de l'échelle à laquelle ils sont mesurés : les utilisations des terres procurant les bénéfices sociaux maximaux au niveau local ne sont pas forcément les mêmes que celles permettant de maximiser les bénéfices sociaux à l'échelle mondiale (et vice-versa). L'intégration de valeurs non marchandes dans les outils de décision économique – par exemple l'analyse coûts-bénéfices – a bien progressé (voir (OCDE, 2019[45]) pour plus de détails). Mais l'évaluation de biens non marchands demeure compliquée et les modèles économiques fondés sur des valeurs monétaires ne prennent pas toujours suffisamment en compte l'utilité sociétale et culturelle de certains services écosystémiques.

Pour remédier au problème de comparabilité, une analyse décisionnelle multicritères (AMC) a été élaborée afin d'inclure des données de diverses sources (économiques, écologiques, avis de parties prenantes) dans des modèles décisionnels quantitatifs et a été appliquée largement à l'utilisation des terres (Kaim, Cord et Volk, 2018[46]). Les techniques d'AMC sont plus souples que les méthodes classiques d'aide à la décision économique et peuvent servir à trouver des solutions avantageuses à tous points de vue, permettant de concilier des objectifs économiques, sociaux et environnementaux (par exemple (Dwyer et al., 2009[47])) ou d'améliorer les plans d'occupation des sols actuels (Kennedy et al., 2016[48]). Mais avant d'utiliser les AMC, il importe de déterminer les résultats attendus de l'utilisation des terres sur le plan social, économique et environnemental (notamment les services écosystémiques et le capital naturel) et comment ils influent les uns sur les autres au niveau national et local (Kaim, Cord et Volk, 2018[46]).

Beaucoup d'analyses estiment l'impact de l'évolution attendue de l'utilisation des terres et de l'occupation des sols, à l'échelle mondiale, sur l'environnement ou sur le bien-être humain (par exemple (IPBES, 2018[42])). Si elles sont intéressantes pour identifier des possibilités d'optimisation de l'utilisation des terres sur une vaste échelle, ces évaluations ne tiennent souvent pas compte de la diversité des usages des terres ni des conditions biophysiques et économiques locales à l'intérieur des pays, et ne correspondent donc sans doute pas aux réalités de l'utilisation des terres au niveau local et des paysages. Le modèle de gestion de la biosphère mondiale (GLOBIOM) (Havlik et al., 2014[49]) est un modèle complet d'équilibre partiel qui couvre les secteurs de l'agriculture et de la foresterie, y compris la bioénergie. D'autres outils sont en cours de perfectionnement également, comme InVEST (Integrated Valuation of Ecosystem Services and Trade-offs), développé dans le cadre du Natural Capital Project, qui permet d'évaluer les hiatus dans les services écosystémiques à une échelle plus locale[12].

## Échanges internationaux

Les échanges internationaux de biens et de services ont une influence primordiale sur l'utilisation des terres, l'atténuation du changement climatique, les écosystèmes et l'alimentation à l'échelon mondial. Au niveau macro, ils peuvent, en théorie, contribuer par différents mécanismes aux effets positifs de l'usage fait des terres. En permettant la production de produits forestiers et agricoles dans les régions les plus propices, par exemple, ils seraient susceptibles d'accroître l'efficience de la production mondiale. Par le biais de l'efficience allocative, d'une concurrence accrue et des incitations stimulant la R-D, ils peuvent, théoriquement, contribuer à réduire l'impact environnemental net d'un niveau de production donné (Blanco G. et al., 2014[50]), et améliorer ainsi l'efficience d'utilisation des ressources et la transition vers une économie circulaire. Par ailleurs, les échanges internationaux jouent un rôle important sur le plan de la sécurité alimentaire mondiale (Tallard, Liapis et Pilgrim, 2016[51]).

Dans la pratique cependant, en déplaçant les sites de production et en modifiant les modes de production, les échanges internationaux peuvent alimenter une dynamique conduisant à des effets néfastes au niveau local, au moins dans certaines des dimensions de la sphère utilisation des terres-biodiversité-climat-alimentation (ci-après appelée « sphère de l'utilisation des terres »). Les échanges influent sur l'utilisation des terres dans les pays étudiés en augmentant la demande internationale de produits agricoles et forestiers (ou de tout autre produit lié à la terre) que ces pays sont capables de produire. Les politiques destinées à augmenter l'offre pour répondre à la demande croissante se traduisent par une expansion des terres agricoles (au Brésil et en Indonésie, par exemple) ou une intensification de l'agriculture (en France, au Mexique, en Nouvelle-Zélande et en Irlande, par exemple). Les pays doivent gérer intelligemment l'utilisation de leurs terres pour éviter que des mesures de stimulation de l'offre n'entraînent une hausse des émissions de GES, une érosion de la biodiversité et une pollution accrue. Ces effets sont souvent dus à une tarification incorrecte des externalités, qui empêche de maximiser les bénéfices sociaux mondiaux. Les changements observés dans la production de biens agricoles du fait des échanges internationaux se traduisent par le déplacement d'une partie des répercussions de la production sur l'environnement du monde développé vers le monde en développement (Krausmann et Langthaler, 2019[52]).

À moins d'être gérés avec soin au niveau national, les hiatus naturels entre la limitation des impacts sur l'environnement et la promotion de produits destinés à l'exportation peuvent se traduire par des décalages entre les politiques publiques. En outre, le fait de comptabiliser systématiquement les émissions de GES au point de production (et non de consommation) – méthode généralisée au niveau international – peut masquer certaines conséquences climatiques de systèmes de production et de choix de consommation qui ne sont pas rationnels sur le plan des émissions de GES, en particulier celles dues au changement d'affectation des terres qui en découle. À titre d'exemple, parce que les émissions contenues dans les intrants intermédiaires importés (par exemple des aliments pour animaux) ne sont pas associées aux produits finals (comme la viande bovine ou les produits laitiers), les systèmes de production générant d'importantes émissions en amont peuvent apparaître moins émetteurs qu'ils ne le sont en réalité (voir aussi l'encadré 2.1)[13]. Dans le même temps, il y a une prise de conscience croissante de la responsabilité des pays consommateurs dans la situation de la sphère de l'utilisation des terres dans les pays producteurs, et des répercussions que leurs choix de consommation et de politique publique peuvent avoir en dehors de leur territoire. Cela est particulièrement vrai pour les politiques nationales relatives à des biens mondiaux tels que l'atténuation du changement climatique et la protection de la biodiversité.

## Besoin de cadres cohérents

Il est essentiel d'avoir des cadres cohérents en matière d'utilisation des terres afin d'éclairer les décisions des pouvoirs publics, des entreprises et de la société. La mise en place de cadres cohérents peut être facilitée à différentes étapes du processus décisionnel. Une possibilité consiste à établir des stratégies ou des plans nationaux visant à définir une ambition et des objectifs communs quant à la direction dans laquelle le pays souhaite s'engager. Le cadre institutionnel existant dans le pays, ainsi que le degré de supervision, de collaboration et d'interaction dans les secteurs ou les domaines de la politique publique ayant des impacts les uns sur les autres, influeront aussi certainement sur la manière dont les décisions sont prises. Ces deux éléments, les stratégies nationales et la coordination institutionnelle, auront également, en bout de chaîne, des effets sur le processus d'élaboration des politiques publiques et sur les instruments d'action adoptés à l'issue de ce processus, ou sur la façon dont les instruments d'action existants sont révisés, pour tenir compte des hiatus et faire en sorte de maximiser les synergies.

Les politiques publiques en rapport avec l'utilisation des terres, la biodiversité, le climat et l'alimentation peuvent avoir des répercussions sur bien d'autres domaines, tels que le développement économique, la santé, l'élimination de la pauvreté ou encore les échanges. Beaucoup de pays reconnaissent expressément ces interactions, par exemple dans les « rapports nationaux volontaires » (RNV) (DAES, 2017[53]) sur la mise en œuvre des ODD, et s'emploient donc à renforcer la coordination institutionnelle.

Les RNV de nombreux pays font aussi état des difficultés, entre autres institutionnelles, financières et environnementales, qu'ils rencontrent à cet égard.

Différents types de mesures peuvent être prises pour améliorer les résultats environnementaux et la cohérence des politiques publiques dans la sphère de l'utilisation des terres. Du point de vue biophysique, la manière précise dont les mesures sont conçues et mises en œuvre peut exacerber ou atténuer les hiatus. Par exemple, un pays peut mettre en place à la fois des incitations encourageant certaines cultures alimentaires, et d'autres favorisant le maintien ou l'expansion de la foresterie. L'impact de ces incitations dépendra de leur importance relative, de leur périmètre et de leur accessibilité.

Cependant, les hiatus et les synergies existant dans la sphère de l'utilisation des terres ne sont pas seulement d'ordre biophysique. On en trouve en effet dans diverses autres dimensions parfois combinées, notamment :

- au niveau d'une exploitation individuelle : par exemple, le développement de systèmes agroforestiers (dans lesquels des arbres sont plantés en association avec des cultures) peut améliorer la résilience aux impacts climatiques, comme la sécheresse ou les fortes chaleurs, grâce à l'ombre procurée par les arbres. Mais cette ombre peut aussi réduire les rendements des cultures ;
- entre différentes échelles spatiales (notamment impacts infranationaux et transfrontières) : par exemple, l'augmentation de la consommation d'eau pour l'agriculture en amont peut accroître les rendements agricoles en amont mais diminuer les disponibilités hydriques et les rendements agricoles en aval ;
- dans le temps : par exemple, laisser les résidus de récolte sur place réduit le potentiel de production bioénergétique à court terme, mais peut éviter une baisse de fertilité des sols à plus longue échéance ;
- entre différents groupes de parties prenantes : par exemple, si l'intensification de la production alimentaire entraîne une augmentation de la pollution des eaux de surface par les nitrates, la qualité de l'eau peut s'en trouver dégradée pour les populations et les écosystèmes en aval. En revanche, l'effet pourrait être positif pour l'ensemble de la population du fait de l'augmentation de la production alimentaire, qui limiterait également la hausse des prix alimentaires ;
- entre différents objectifs de politique publique : par exemple, une volonté d'augmenter la production de produits laitiers pour l'exportation peut provoquer une hausse des émissions absolues de GES, allant à l'encontre d'un engagement national de réduire les émissions en vertu de l'Accord de Paris.

Les pouvoirs publics doivent être conscients des dimensions multiples des synergies et des hiatus en jeu afin de définir et mettre en œuvre des actions appropriées. Les choix des gouvernants doivent donc concilier différents enjeux environnementaux (l'atténuation du changement climatique et la biodiversité, par exemple), différents types de parties prenantes (agriculteurs et consommateurs, par exemple), différents lieux (par exemple à l'intérieur d'un pays, ou au niveau transfrontière), et différentes échelles de temps.

Les effets secondaires (c'est-à-dire indirects) des politiques publiques peuvent aussi être importants. Ainsi, la production d'huile de palme en Indonésie a augmenté les émissions de GES du fait du changement d'affectation des terres lié à l'expansion des palmeraies à huile. Mais d'un autre côté, l'introduction d'une taxe sur les exportations d'huile de palme et de ses produits dérivés a également contribué à renforcer le marché indonésien du biodiesel, et donc à remplacer une partie de la consommation d'énergie fossile (Wright, Rahmanulloh et Abdi, 2017[54]) (voir le chapitre 5)[14]. Il est difficile de savoir si ce remplacement, en Indonésie, a entraîné une réduction ou, au contraire, une augmentation des émissions de GES, du fait d'un changement d'affectation des terres plus important.

Ainsi, les interactions (ou l'absence d'interaction) entre les mesures touchant à l'utilisation des terres peuvent influer sur leur efficacité. Il est important de repérer les interactions potentielles car l'intervention de nombreuses parties prenantes sera nécessaire pour atteindre différents objectifs. Des mesures d'atténuation devront être prises par exemple au niveau des exploitations agricoles pour que l'UE puisse honorer son engagement d'atténuation des émissions de GES, mais ces mesures auront un impact sur la production alimentaire (Parlement européen, 2014[55]). Il importe également de veiller à ce que les messages soient clairs pour les différentes parties prenantes. Or, ce n'est pas toujours le cas. Au Mato Grosso par exemple (un État brésilien très important par la taille de son agriculture, responsable de 31.3 % de la production de soja du Brésil en 2009 (Arvor et al., 2012[56]) et où 89 % des zones forestières ont été déboisées depuis 2004 (OBT, 2017[57])), on a recensé au moins huit mécanismes distincts de concertation sur la déforestation impliquant les agriculteurs (Nepstad et al., 2013[58]).

Il est possible d'agir aussi bien sur l'offre que sur la demande pour réduire les émissions de GES dues à l'utilisation des terres (voir par exemple Smith et al., (2014[16]) ; Bryngelsson et al., (2016[59]) ; Kiff Wilkes et Tennigkeit, (2016[60])), chaque solution présentant des difficultés diverses. Certaines mesures techniques axées sur l'offre pourraient aussi aider à réduire les émissions du secteur agricole. Par exemple, certaines pratiques rizicoles, comme l'alternance d'humidification et d'assèchement, peuvent permettre d'intensifier la production tout en diminuant les émissions de méthane (CTA, 2013[61]).

Agir sur la demande offre aussi certainement d'importantes possibilités d'atténuation dans le secteur agricole (Smith et al., 2014[16]). Cela s'explique en partie par le manque d'efficience actuel du système agricole, qui entraîne des niveaux élevés de gaspillage alimentaire (Teuber et Jensen, 2016[62]). De plus, certaines sources de protéines (la viande bovine et les produits laitiers, par exemple) sont infiniment plus émettrices de GES que d'autres (comme la volaille) (Smith et al., 2014[16] ; Popp, Lotze-Campen et Bodirsky, 2010[63]).

Un certain nombre de freins liés aux politiques publiques ont été mis en évidence, qui pèsent sur la capacité du secteur des terres à contrer le changement climatique et la diminution de la biodiversité. Ces freins ont à voir avec (Wreford, Ignaciuk et Gruère, 2017[64]) :

- la structure et la coordination des institutions : le manque d'intégration entre les politiques agricole, forestière et d'utilisation des terres, et des politiques en matière de climat et de biodiversité (par exemple, certaines stratégies d'atténuation sur le long terme soumises à la CCNUCC ne parlent pas de la biodiversité et/ou des écosystèmes), l'absence de droits fonciers (ou de contrôle en la matière) pouvant encourager des pratiques préjudiciables à l'environnement, l'absence d'obligation de gérer les petites parcelles, l'absence de cadre d'investissement pour le secteur AFAT, l'absence d'approche axée sur le paysage dans la gestion des terres[15] ;
- l'évaluation des écosystèmes : il est important de comprendre la vraie valeur des bénéfices procurés par les écosystèmes et de renforcer les mesures prises pour prendre en compte les externalités positives et négatives ;
- les décalages entre les politiques publiques : par exemple, les subventions agricoles qui conditionnent les aides à l'utilisation d'intrants ou à certains niveaux de production (Henderson et Lankoski, 2019[65]) ;
- le comportement des consommateurs : par exemple, le comportement actuel peut se traduire par de grands volumes de gaspillage de la part des consommateurs, et par une préférence des consommateurs pour des sources alimentaires très émettrices de GES ;
- l'information/sensibilisation : les parties prenantes (administrations publiques infranationales, financiers, agriculteurs, etc.) ont un rôle important à jouer dans la mise en œuvre d'interventions respectueuses de l'environnement dans l'agriculture et la foresterie. Mais ces acteurs ne connaissent pas forcément les solutions possibles, ou n'ont pas conscience des conséquences de leurs actions sur l'environnement.

La suppression de ces freins pourrait contribuer de façon importante à la transition vers une utilisation des terres et des pratiques agricoles plus durables. Des politiques publiques mieux harmonisées et des décisions mieux étayées pourraient aider à réduire les hiatus dans les domaines de la foresterie, de l'agriculture, du climat et de la biodiversité. Par ailleurs, même s'il existe quelques exemples d'initiatives privées relatives à la responsabilité sociale des entreprises dans le contexte de l'utilisation durable des terres, des efforts doivent être faits pour encourager davantage le secteur privé à se mobiliser. Le Guide OCDE-FAO pour des filières agricoles responsables (2016[66]) publié récemment décrit les conditions à respecter pour que les filières agricoles soient responsables.

La communauté internationale a déjà pris acte de la nécessité d'avoir un cadre cohérent d'action publique en matière de développement durable afin de tenir compte des interactions entre secteurs et de concilier des objectifs divergents. La cible 17.14 de l'ODD 17 appelle tous les gouvernements et toutes les parties prenantes à renforcer la cohérence des politiques de développement durable. La chose peut néanmoins se révéler complexe en pratique dans la sphère de l'utilisation des terres, étant donné les nombreuses interactions en jeu (Graphique 1.4 ). Par exemple, d'après le système de notation de l'ICSU, les mesures visant à atteindre la cible 2.4 sur la mise en œuvre de pratiques agricoles viables et résilientes contribuant à protéger les écosystèmes renforceraient la préservation, la restauration et l'utilisation durable des écosystèmes terrestres et dulcicoles continentaux. À l'inverse, la cible 2.1 de l'ODD 2, qui prévoit que chaque être humain ait accès à une alimentation suffisante, pourrait aller à l'encontre de la cible 7.2 de l'ODD 7, à savoir accroître la part des énergies renouvelables, si les cultures alimentaires et la production de bioénergie sont en concurrence pour l'utilisation des mêmes ressources foncières ou hydriques (OCDE, 2017[67]).

## Graphique 1.4 Interactions entre quelques ODD

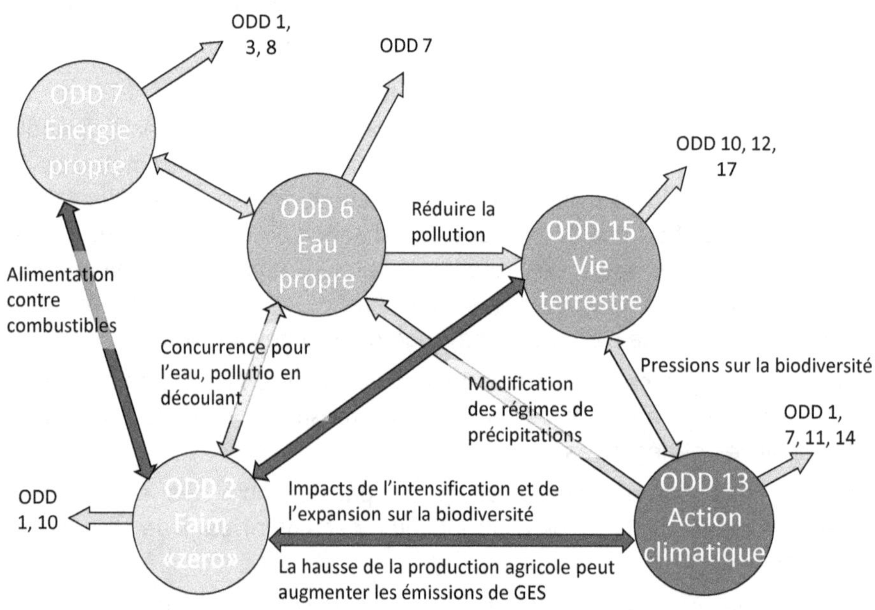


Source : Auteurs

Dans le cadre de ces efforts de renforcement de la cohérence entre les politiques publiques, l'OCDE a élaboré un outil dans le contexte de la sécurité alimentaire (OCDE, 2016[24]). Il se compose d'une liste en six points visant à aider les gouvernants à remédier aux incohérences et à favoriser les synergies entre les secteurs dans la poursuite de l'ODD 2. Les six grands points sont généralisés ci-dessous afin de les rendre applicables aux ODD les plus concernés par la problématique de l'utilisation des terres (c'est-à-dire les ODD 2, 6, 7, 13 et 15) :

- analyser la manière dont les politiques publiques du pays influent sur le changement climatique, la biodiversité, l'agriculture et la sécurité alimentaire dans le contexte de l'utilisation de terres ;
- identifier les interactions entre les mesures prises dans ces domaines (cohérence horizontale) ;
- réformer ou supprimer les mesures ayant des effets secondaires négatifs ;
- veiller à ce que les mesures prises à un même niveau et entre différents niveaux de l'administration publique soient cohérentes (cohérence verticale) ;
- envisager diverses sources de financement pour renforcer la sécurité alimentaire, atténuer davantage le changement climatique et accroître la biodiversité, et veiller à leur complémentarité ;
- examiner les facteurs contextuels tels que les circonstances socio-économiques et mettre en place des conditions favorables.

L'application de ce cadre supposerait de vérifier si les intérêts (politiques) nationaux et les priorités définies par certains objectifs et cibles sont en phase, et si les autorités ont une bonne compréhension des nombreux hiatus et synergies existant entre les objectifs relatifs à la sécurité alimentaire, à l'amélioration de l'action climatique et à la préservation et à l'utilisation durable des écosystèmes. Cela impliquerait de réfléchir à certains sujets tels que les subventions aux intrants agricoles ou à la consommation d'énergie, les terres disponibles et la fonction de puits de carbone des forêts, les disponibilités en eau, les droits de douane, les transferts de technologie, les obligations d'incorporation de biocarburants, et la lutte biologique contre les nuisibles. Par exemple, l'article 16 de la loi n° 39 adoptée par l'Indonésie en 2014 sur les plantations (Gouvernement indonésien, 2014[68]) stipule qu'une entreprise à qui l'on a délivré des droits fonciers doit cultiver toute la superficie dans un délai de six ans, sous peine de sanctions. Ce type de disposition encourage certes la mise en valeur des terres, mais elle empêche les planteurs de laisser en réserve une partie de leurs terres dans une optique de préservation. Et dans beaucoup de pays, les mesures prises pour améliorer la sécurité alimentaire, entre autres, pourraient avoir besoin d'être complétées par un renforcement des services de protection sociale, en particulier au bénéfice des groupes vulnérables (les pauvres, les femmes et les enfants) (OCDE, 2016[24]).

Les approches axées sur le paysage s'efforcent de concilier les objectifs sociaux, environnementaux et de productivité dans des régions où existe une concurrence entre plusieurs usages des terres. Dans ce type d'approche, les fonctions sociales, économiques et écologiques d'une zone sont examinées de manière globale afin d'élaborer des plans de développement et d'aménagement territorial qui s'efforcent d'éviter, au sens large, un manque à gagner socio-économique et environnemental. Les approches axées sur le paysage sont généralement définies comme un ensemble de principes d'organisation plutôt que de règles normatives, et sont de ce fait suffisamment souples pour être applicables dans des contextes socio-économiques et environnementaux très variés (Sayer et al., 2019[69]). C'est pourquoi les approches axées sur le paysage sont de plus en plus employées – elles constituent par exemple un principe fondamental du Plan d'action 2016-2020 pour les forêts de la Banque mondiale (Banque mondiale, 2016[70]) et du Défi de Bonn[16].

Toutefois, malgré l'émergence des approches axées sur le paysage, l'intégration à haut niveau des objectifs relatifs au climat et à la biodiversité n'est, en règle générale, pas systématique. À titre d'exemple, seulement un tiers des contributions déterminées au niveau national déposées par les pays au titre de l'Accord de Paris, qui portent sur l'action climatique, mentionnent la biodiversité et l'alimentation – bien que 78 % reconnaissent l'importance du secteur agricole (FAO, 2016[71]). En outre, d'après (OCDE, 2018[72]), même si la biodiversité est à l'ordre du jour d'autres stratégies et programmes nationaux (par exemple les plans nationaux de développement), les mesures concrètes ne sont pas toujours là, ni le suivi correspondant.

## Principaux constats du rapport

Une bonne gestion de l'utilisation des terres est essentielle pour réaliser de nombreux objectifs et engagements nationaux et internationaux comme les Objectifs de développement durable, l'Accord de Paris et les Objectifs d'Aichi pour la biodiversité. Elle implique d'améliorer la coordination et la cohérence entre différents domaines de l'action publique compte tenu des interconnexions, des synergies et des hiatus qui leur sont associés. Ce rapport cherche à déterminer quels sont les outils et les institutions les mieux adaptés pour assurer une bonne gestion de l'utilisation des terres, compatible avec la réalisation des engagements pris en faveur de l'environnement au niveau national et international. Il examine le cas de six pays afin de faire ressortir les difficultés communes et les solutions possibles pour mettre en phase les cadres d'action touchant à l'utilisation des terres. Le rapport analyse les concordances et les décalages existant entre différentes stratégies, institutions et interventions, qui peuvent influer sur l'efficacité des actions menées sur le terrain. Les thèmes explorés sont la cohérence des stratégies et plans d'action nationaux, la coordination et la cohérence des institutions, et les instruments d'action applicables à la sphère de l'utilisation des terres.

Les pays étudiés dans ce rapport sont le Brésil, la France, l'Indonésie, l'Irlande, le Mexique et la Nouvelle-Zélande. Ces pays ont été sélectionnés en raison du niveau élevé de leurs émissions de gaz à effet de serre imputables aux secteurs de l'agriculture et/ou de la foresterie (en valeur absolue ou relative) et parce qu'ils abritent presque tous une biodiversité importante sur le plan mondial. Ce groupe de pays, membres de l'OCDE ou partenaires importants de l'Organisation, rassemble en outre deux des trois premiers émetteurs mondiaux de GES dus au secteur « changement d'affectation des terres et foresterie », et deux des quatre premiers émetteurs de GES dus à l'agriculture au sein de l'OCDE (CAIT Climate Data Explorer, 2017[4]).

Pour évaluer la cohérence des **stratégies et plans nationaux**, pris à la fois individuellement et ensemble, les documents suivants ont été analysés pour les six pays : contributions déterminées au niveau national, stratégies à long terme de développement à faibles émissions, stratégies et plans d'action nationaux pour la biodiversité (SPANB), programmes de développement agricole, plans d'échanges commerciaux ou d'exportations, et plans nationaux de développement. Il en ressort que :

- L'importance donnée aux questions d'utilisation des terres dans les différentes stratégies nationales se rapportant à leur sphère varie sensiblement, de même que le degré de cohérence entre les stratégies. Globalement, peu de stratégies et plans nationaux, parmi ceux examinés, sont suffisamment explicites pour permettre aux différents ministères (et aux autres parties prenantes) concernés de prendre des mesures cohérentes. En outre, seule une minorité des stratégies et plans nationaux examinés (dont le SPANB irlandais) indiquent qui est chargé de faire quoi ou d'atteindre quel objectif.
- Dans l'idéal, les stratégies et plans nationaux devraient être préparés de manière concertée, avec la participation de tous les ministères dont les actions sont susceptibles d'avoir des répercussions sur la stratégie nationale en question, ainsi que des autres principales parties prenantes. Bien que les parties prenantes soient davantage impliquées qu'autrefois, des progrès restent à faire pour qu'elles le soient systématiquement dans toutes les stratégies nationales.
- Les gouvernements peuvent favoriser une plus grande cohérence des politiques publiques en veillant à ce que les stratégies et plans nationaux à moyen terme (c'est-à-dire entre 5 et 10 ans) spécifient des objectifs, des actions et des cibles clairs. Les décalages pourraient ainsi être repérés plus facilement. La mise au point d'indicateurs permettant d'évaluer les progrès réalisés en direction des objectifs augmente également la transparence et l'obligation de rendre des comptes. Dans la mesure du possible, les objectifs doivent être spécifiques, mesurables, accessibles, réalisables, et temporellement définis (SMART). Ce n'est pourtant pas le cas dans la plupart des stratégies et des plans examinés.

- Les stratégies nationales existantes mentionnent rarement les décalages entre les différentes politiques nationales dans un pays donné, malgré les demandes faites en ce sens au niveau international. Par exemple, la CCNUCC fait obligation aux Parties de signaler les mesures qui augmentent les émissions de GES, et les Objectifs d'Aichi pour la biodiversité définis dans le cadre de la CDB comprennent des objectifs spécifiques sur le recensement et l'élimination des incitations néfastes (Objectif 3).
- Les stratégies et plans nationaux touchant aux échanges pourraient reconnaître expressément et si possible quantifier les interactions entre la politique commerciale et la problématique de l'utilisation des terres. C'est le cas notamment des stratégies et plans nationaux de développement, qui chapeautent les autres. Parmi les bonnes pratiques à suivre, on peut citer la France, qui a commencé à élaborer une Stratégie nationale de lutte contre la déforestation importée (c'est-à-dire de pays étrangers), et l'Irlande, dont le SPANB comprend un objectif particulier sur l'identification et l'atténuation des impacts négatifs des échanges sur la biodiversité. La prise en compte systématique des incidences sur l'utilisation des terres dans les politiques commerciales générales contribuerait à améliorer la cohérence des actions publiques.

La sphère de l'utilisation des terres suscite des enjeux multiples et touche de nombreux acteurs, tant publics que privés, et ce aux niveaux supranational, national et infranational. L'analyse des **structures institutionnelles** en place dans les six pays étudiés apporte les enseignements suivants sur la coordination et la cohérence des institutions :

- Il est nécessaire de renforcer la coordination des institutions au niveau horizontal (entre différents ministères) et vertical (entre administrations nationales et infranationales, par exemple) pour assurer le degré d'interaction requis entre des entités cloisonnées et faciliter la conception et la mise en œuvre cohérentes des politiques publiques. La création de comités interministériels mais aussi l'impulsion donnée par le haut du pouvoir (la Présidence, le Premier ministre ou le Conseil des ministres) sont indispensables pour encourager les différentes parties prenantes à élaborer des politiques cohérentes et coordonnées dans la sphère de l'utilisation des terres.
- Les fonctions et missions des institutions doivent être clairement définies afin d'améliorer la cohérence horizontale de la politique d'utilisation des terres. On constate encore un manque de coordination entre les institutions et des lourdeurs excessives dans les dispositifs institutionnels, qui peuvent contribuer aux décalages observés entre les politiques publiques. En Indonésie par exemple, au moins huit ministères nationaux interviennent dans les décisions relatives à l'utilisation des terres, les missions de différentes institutions se recoupent, et celle qui est chargée de réglementer l'utilisation des tourbières n'a pas d'autorité directe sur les zones où elles se trouvent. Cependant, même si une bonne coordination des institutions est cruciale pour favoriser la cohérence des politiques publiques dans la sphère de l'utilisation des terres, elle ne suffit pas à la garantir en pratique.
- Les pays s'emploient de plus en plus à coordonner leurs politiques, notamment en renforçant les mécanismes de coordination nécessaires. Cet effort passe, entre autres, par la mise en place d'une instance fédératrice, souvent dans le cadre des actions menées au niveau national pour atteindre les Objectifs de développement durable. L'institutionnalisation de ce type de processus peut contribuer à améliorer la cohérence et la coordination (comme en France entre le ministère de l'Agriculture et de l'Alimentation et celui de la Transition écologique et solidaire).
- La cohérence verticale dans l'élaboration des politiques publiques peut être compliquée car les pouvoirs de décision dans la sphère de l'utilisation des terres sont souvent dispersés entre plusieurs administrations publiques nationales ou infranationales et des acteurs privés. Cette décentralisation peut nuire à la mise en œuvre des politiques en la matière si la coordination verticale des objectifs est insuffisante. Les différences entre les priorités et les capacités des institutions, et le risque de corruption locale faute de supervision, peuvent aussi être une source de problèmes. Cependant, la décentralisation peut être l'occasion de développer des solutions

innovantes adaptées au contexte (en particulier dans les pays très étendus et hétérogènes), par exemple les fonds internationaux de préservation propres aux États fédérés (au Brésil).

- Des partenariats réunissant de nombreux acteurs publics et privés à l'échelon national et infranational ont démontré leur capacité à infléchir les incidences des chaînes d'approvisionnement mondiales sur l'utilisation des terres. Les institutions gouvernementales doivent trouver le moyen de se rapprocher de ces initiatives et de se coordonner avec elles afin qu'elles soient en phase avec la politique nationale et donnent les meilleurs résultats possibles.

L'évaluation des **cadres et instruments d'action** permet de tirer les conclusions suivantes :

- Un régime foncier clairement défini et appliqué est une condition préalable à la mise en œuvre effective des politiques publiques dans la sphère de l'utilisation des terres. Le fait de ne pas savoir avec certitude qui possède quelles terres ou a le droit de les gérer fragilise les mesures encourageant leur utilisation durable et complique beaucoup l'application des politiques publiques. Un flou sur les droits fonciers peut aussi entraîner des activités illicites d'abattage, d'extraction, de culture ou d'élevage, des problèmes encore particulièrement présents au Brésil, au Mexique et en Indonésie. Pour que les politiques touchant à l'utilisation des terres portent leurs fruits, il est essentiel de soutenir et d'amplifier les efforts de réforme foncière engagés (exemples : la foresterie sociale et l'initiative One Map en Indonésie).
- Les externalités environnementales négatives associées à l'utilisation des terres ne sont, pour une grande part, pas encore tarifées dans l'ensemble des pays étudiés, ou le sont insuffisamment. Par exemple, les taxes environnementales sont sous-employées dans la sphère de l'utilisation des terres par rapport à d'autres instruments (comme les subventions). Le fait de taxer davantage les pratiques néfastes pour l'environnement, telles que la pollution due aux intrants agrochimiques (engrais et pesticides, par exemple), pourrait rendre les moyens réglementaires actuels plus efficaces en envoyant un signal-prix susceptible de diminuer les activités portant atteinte à l'environnement.
- Les dispositifs de paiements pour services écosystémiques et les programmes agro-environnementaux dédommagent certes les propriétaires fonciers pour la fourniture de certains services (eau, carbone et biodiversité, en général) dans certaines régions[17]. Mais le soutien qu'ils apportent est inférieur à celui qui bénéficie à la production agricole, et les programmes ont souvent une portée géographique trop restreinte (à l'exception notable du Mexique) pour améliorer la durabilité des systèmes nationaux d'utilisation des terres, car la participation est limitée. La répartition du soutien entre les différents services écosystémiques procurés par les terres (nourriture, carbone, eau, habitats, par exemple) devrait garantir que l'augmentation de la production agricole – nécessaire pour répondre à la demande mondiale croissante – ne compromet pas la fourniture des autres services. Rétribuer ceux qui s'occupent des terres pour chaque service écosystémique fourni par une même parcelle (principe du « cumul des paiements ») est un moyen prometteur d'améliorer les incitations en faveur d'une gestion durable.
- En revanche, le soutien public à la production agricole est plus élevé que celui dont bénéficient les autres usages des terres (sauf en Nouvelle-Zélande). Malgré des progrès récents, les soutiens potentiellement générateurs de distorsions du marché, quoique très variables, restent très répandus dans les six pays étudiés et peuvent à la fois entraîner des pratiques non durables et encourager l'expansion de l'agriculture. Dans tous les pays étudiés (hormis la Nouvelle-Zélande), il faut travailler davantage à réformer les soutiens agricoles susceptibles de fausser le marché et d'avoir des effets néfastes sur l'environnement. De plus, les subventions à la production de biocarburants et les obligations d'incorporation de biocarburants peuvent entraîner une hausse des émissions dues au changement d'affectation des terres et une dégradation des écosystèmes, et peser sur la production alimentaire (en particulier pour les biocarburants de première génération), mais ces effets dépendent du contexte et des cultures.

- Bien que les ODD comprennent des cibles relatives à la réduction des pertes et du gaspillage alimentaires, aucun objectif quantitatif national n'a été défini en la matière (sauf en France). Il y a un intérêt économique et écologique évident à s'attaquer au problème des pertes et du gaspillage alimentaires, et de nombreuses synergies existent avec d'autres enjeux nationaux majeurs comme le changement climatique et la biodiversité. Un meilleur suivi à l'échelon national et infranational, plus systématique, des pertes et du gaspillage alimentaires est recommandé, sans quoi il n'est pas possible de définir des objectifs appropriés et de vérifier les progrès accomplis.
- Les échanges internationaux de produits agricoles et forestiers entraînent l'importation et l'exportation de produits générant des externalités négatives non prises en compte dans les politiques nationales (en matière d'atténuation du changement climatique et de protection de la biodiversité, par exemple). Il est indispensable de mieux évaluer les répercussions des échanges et des chaînes d'approvisionnement sur l'utilisation des terres et de rendre publiques les informations dans ce domaine pour que l'action publique soit efficace et cohérente. Pour ce faire, les services écosystémiques devraient être mieux évalués et intégrés dans les analyses coûts-avantages, et les méthodes d'analyse du cycle de vie (ACV) devraient être appliquées plus largement.
- Différents instruments d'action existent pour gérer les interactions entre les échanges et l'utilisation des terres. Les mécanismes propres à un produit, notamment les mémorandums d'accord et les accords commerciaux sur un produit particulier, peuvent être des outils efficaces, spécialement s'ils portent sur des produits ayant des incidences importantes sur l'utilisation des terres et s'ils comportent des dispositions environnementales appliquées strictement. Par exemple, l'UE a conclu des accords de partenariat volontaire (APV) sur les échanges de produits forestiers avec un certain nombre de pays, dont un avec l'Indonésie. Les mesures encourageant et facilitant la conduite responsable des entreprises peuvent aussi permettre d'améliorer l'utilisation des terres.
- L'arsenal des moyens d'action employés dans la sphère de l'utilisation des terres est vaste et la manière dont ils interagissent entre eux et avec les autres mécanismes de gouvernance est complexe. La gestion de la problématique de l'utilisation des terres demande de disposer de toute une panoplie de mesures car, du fait de la nature dynamique, complexe et contextuelle des systèmes d'utilisation des terres, la combinaison de mesures qui convient ne sera probablement pas la même selon le pays ou le paysage. Pour parvenir à un bon équilibre des résultats obtenus dans cette sphère, il est nécessaire d'appliquer et de maintenir de manière cohérente de nombreux éléments différents – mécanismes de suivi, organismes d'exécution, processus de participation des parties prenantes, etc. – faute de quoi les mesures adoptées cesseront de fonctionner correctement, et les gains environnementaux enregistrés risquent d'être annulés. Par exemple, l'augmentation de la déforestation dans l'Amazonie brésilienne en 2018 montre combien un changement politique à l'intérieur d'un pays peut saper des efforts qui avaient porté leurs fruits.

## Références

Adams, V., R. Pressey et J. Álvarez-Romero (2016), « Using Optimal Land-Use Scenarios to Assess Trade-Offs between Conservation, Development, and Social Values », *PLOS ONE*, vol. 11/6, http://dx.doi.org/10.1371/journal.pone.0158350. [15]

AIE (2017), *Energy Technology Perspectives 2017*, Agence internationale de l'énergie, Paris. [10]

Alkama, R. et A. Cescatti (2016), « Biophysical climate impacts of recent changes in global forest cover », *Science (New York, N.Y.)*, vol. 351/6273, pp. 600-4, http://dx.doi.org/10.1126/science.aac8083. [79]

Archer, D. et al. (2009), « Atmospheric Lifetime of Fossil Fuel Carbon Dioxide », *Annual Review of Earth and Planetary Sciences*, vol. 37/1, pp. 117-134. [17]

Arvor, D. et al. (2012), « Analyzing the agricultural transition in Mato Grosso, Brazil, using satellite-derived indices », *Applied Geography*, vol. 32/2, pp. 702-713, http://dx.doi.org/10.1016/j.apgeog.2011.08.007. [56]

Banque mondiale (2016), *World Bank Group Forest Action Plan FY16-20*, Banque mondiale, Washington, D.C. [70]

Blanco G., R. et al. (2014), « Drivers, Trends and Mitigation », dans *Climate Change 2014 : Mitigation of Climate Change*, Groupe d'experts intergouvernemental sur l'évolution du climat, Cambridge, R.-U. [50]

Bonan, G. (2008), « Forests and Climate Change: Forcings, Feedbacks, and the Climate Benefits of Forests », *Science*, vol. 320/5882, pp. 1444-1449, http://dx.doi.org/10.1126/science.1155121. [77]

Bryngelsson, D. et al. (2016), « How can the EU climate targets be met? A combined analysis of technological and demand-side changes in food and agriculture », *Food Policy*, vol. 59, pp. 152-164, http://dx.doi.org/10.1016/j.foodpol.2015.12.012. [59]

Bustamante, M. et al. (2014), « Co-benefits, trade-offs, barriers and policies for greenhouse gas mitigation in the agriculture, forestry and other land use (AFOLU) sector », *Global Change Biology*, vol. 20/10, pp. 3270-3290, http://dx.doi.org/10.1111/gcb.12591. [30]

CAIT Climate Data Explorer (2017), *Country Greenhouse Gas Emissions*, World Resources Institute, Washington, D.C., http://cait.wri.org (consulté le 31 janvier 2019). [4]

CIUS (2017), *Introduction: A Framework for Understanding Sustainable Development Goal Interactions*, CIUS, http://www.ifpri.org/publication/end-hunger-achieve-food-security-and-improved-nutrition-and-promote-sustainable. [36]

CNUCLD (2013), *A Stronger UNCCD for a Land-Degradation Neutral World.* [78]

Costanza, R. et al. (2014), « Changes in the global value of ecosystem services », *Global Environmental Change*, vol. 26, pp. 152-158, http://dx.doi.org/10.1016/j.gloenvcha.2014.04.002. [41]

Cowie, A. et al. (2018), « Land in balance: The scientific conceptual framework for Land Degradation Neutrality », *Environmental Science & Policy*, vol. 79, pp. 25-35, http://dx.doi.org/10.1016/j.envsci.2017.10.011. [44]

Cramer, W. et al. (2017), « Biodiversity and food security: from trade-offs to synergies », *Regional Environmental Change*, vol. 17/5, pp. 1257-1259, http://dx.doi.org/10.1007/s10113-017-1147-z. [34]

Creutzig, F. et al. (2014), « Bioenergy and climate change mitigation: an assessment », *GCB Bioenergy*, vol. 7/5, pp. 916-944, http://dx.doi.org/10.1111/gcbb.12205. [12]

CTA (2013), *Climate-smart agriculture success stories from farming communities around the world*, ELD Initiative, http://www.eld-initiative.org. [61]

DAES (2017), *Synthesis of Voluntary National Reviews 2017*, Organisation des Nations Unies, Division du développement durable, Département des affaires économiques et sociales, https://sustainabledevelopment.un.org/content/documents/17109Synthesis_Report_VNRs_2017.pdf. [53]

de Coninck, H. (2018), *Strengthening and implementing the global response*, V. Masson-Delmotte et al. (dir.pub.). [13]

de Wit, H. et al. (2014), « Climate warming feedback from mountain birch forest expansion: reduced albedo dominates carbon uptake », *Global Change Biology*, vol. 20/7, pp. 2344-2355, http://dx.doi.org/10.1111/gcb.12483. [76]

Delzeit, R. et al. (2016), « Addressing future trade-offs between biodiversity and cropland expansion to improve food security », *Regional Environmental Change*, vol. 17/5, pp. 1429-1441, http://dx.doi.org/10.1007/s10113-016-0927-1. [35]

Département des affaires économiques et sociales (2019), *World Population Prospects 2019: Highlights*, Organisation des Nations Unies, Division de la population. [25]

Díaz, S. et al. (2019), *Summary for policymakers of the global assessment report on biodiversity and ecosystem services of the Intergovernmental Science-Policy Platform on Biodiversity and Ecosystem Services - advance unedited version*, https://www.ipbes.net/system/tdf/spm_global_unedited_advance.pdf?file=1&type=node&id=35245 (consulté le 20 mai 2019). [1]

Dwyer, J. et al. (2009), « Carbon for conservation: Assessing the potential for win–win investment in an extensive Australian regrowth ecosystem », *Agriculture, Ecosystems & Environment*, vol. 134/1-2, pp. 1-7, http://dx.doi.org/10.1016/j.agee.2009.06.003. [47]

Économie des écosystèmes et de la biodiversité (TEEB) (2018), *Measuring what matters in agriculture and food systems: a synthesis of the results and recommendations of TEEB for Agriculture and Food's Scientific and Economic Foundations report*, ONU Environnement, Genève, http://www.teebweb.org/agrifood/home/scientific-and-economic-foundations-report (consulté le 20 mai 2019). [3]

ELD Initiative (2013), *The value of land: Prosperous lands and positive rewards through sustainable land management.* [43]

FAO (2018), *FAOSTAT*, Organisation des Nations Unies pour l'alimentation et l'agriculture, http://www.fao.org/faostat/en/#home (consulté le 7 février 2019). [14]

FAO (2018), *La situation des forêts du monde 2018. Les forêts au service du développement durable*, http://www.fao.org/3/I9535FR/i9535fr.pdf (consulté le 13 septembre 2019). [21]

FAO (2016), *Situation des forêts du monde 2016. Forêts et agriculture: défis et possibilités concernant l'utilisation des terres*, Organisation des Nations Unies pour l'alimentation et l'agriculture, Rome, http://www.fao.org/3/i5588f/i5588f.pdf. [18]

FAO (2016), *The agriculture sector in the intended nationally determined contirbutions*, Organisation des Nations Unies pour l'alimentation et l'agriculture, http://www.fao.org/policy-support/resources/resources-details/en/c/427079/. [71]

FAO (2011), *Produire plus avec moins. Guide à l'intention des décideurs sur l'intensification durable de l'agriculture paysanne*, Organisation des Nations Unies pour l'alimentation et l'agriculture, http://www.fao.org/3/i2215f/i2215f.pdf. [19]

FAO et al. (2017), *L'État de la sécurité alimentaire et de la nutrition dans le monde 2017*, Organisation des Nations Unies pour l'alimentation et l'agriculture, http://www.fao.org/3/a-i7695f.pdf. [80]

Fischer, T., D. Byerlee et G. Esmeades (2014), *Crop yields and global food security: will yield increase continue to feed the world?*, Australian Centre for International Agricultural Research, Canberra, https://www.aciar.gov.au/node/12101. [37]

Fuss, S. et al. (2014), « Betting on negative emissions », *Nature Climate Change*, vol. 4/10, pp. 850-853, http://dx.doi.org/10.1038/nclimate2392. [75]

GIEC (2018), « Summary for Policymakers », dans Masson-Delmotte V., Z. et al. (dir. pub.), *Global Warming of 1.5°C. An IPCC Special Report on the impacts of global warming of 1.5°C above pre-industrial levels*, Organisation météorologique mondiale, Genève, Suisse, https://www.ipcc.ch/sr15/chapter/spm/ (consulté le 12 août 2019). [11]

Gouvernement indonésien (2014), *Law of the Republic of Indonesia Number 39 2014 about Plantations*, Gouvernement indonésien, http://www.indolaw.org. [68]

Grassi, G. et al. (2017), « The key role of forests in meeting climate targets requires science for credible mitigation », *Nature Climate Change*, vol. 7/3, pp. 220-226, http://dx.doi.org/10.1038/nclimate3227. [9]

Griscom, B. et al. (2017), « Natural climate solutions », *Proceedings of the National Academy of Sciences of the United States of America*, vol. 114/44, pp. 11645-11650, http://dx.doi.org/10.1073/pnas.1710465114. [8]

Haddad, N. et al. (2015), « Habitat fragmentation and its lasting impact on Earth's ecosystems », *Science Advances*, vol. 1/2, p. e1500052, http://dx.doi.org/10.1126/sciadv.1500052. [39]

Haščič, I. et A. Mackie (2018), « Land Cover Change and Conversions : Methodology and Results for OECD and G20 Countries », *OECD Green Growth Papers*, n° 2018/04, Éditions OCDE, Paris, https://dx.doi.org/10.1787/72a9e331-en. [23]

Havlik, P. et al. (2014), « Climate change mitigation through livestock system transitions », *Proceedings of the National Academy of Sciences*, vol. 111/10, pp. 3709-3714, http://dx.doi.org/10.1073/pnas.1308044111. [49]

Henderson, B. et J. Lankoski (2019), « Evaluating the environmental impact of agricultural policies », *Documents de l'OCDE sur l'alimentation, l'agriculture et les pêcheries*, n° 130, Éditions OCDE, Paris, https://dx.doi.org/10.1787/add0f27c-en. [65]

Kaim, A., A. Cord et M. Volk (2018), « A review of multi-criteria optimization techniques for agricultural land use allocation », *Environmental Modelling & Software*, vol. 105, pp. 79-93, http://dx.doi.org/10.1016/j.envsoft.2018.03.031. [46]

Kennedy, C. et al. (2016), « Optimizing land use decision-making to sustain Brazilian agricultural profits, biodiversity and ecosystem services », *Biological Conservation*, vol. 204, pp. 221-230, http://dx.doi.org/10.1016/j.biocon.2016.10.039. [48]

Kiff, L., A. Wilkes et T. Tennigkeit (2016), *The technical mitigation potential of demand-side measures in the agri-food sector:*, CCAFS Report n° 15, Programme de recherche du CGIAR sur le Changement, https://ccafs.cgiar.org/fr (consulté le 26 septembre 2018). [60]

Krausmann, F. et E. Langthaler (2019), « Food regimes and their trade links: A socio-ecological perspective », *Ecological Economics*, vol. 160, pp. 87-95, http://dx.doi.org/10.1016/J.ECOLECON.2019.02.011. [52]

Montanarella, L., R. Scholes et A. Brainich (dir. pub.) (2018), *Land Degradation and Restoration Assessment*, Secrétariat de la Plateforme intergouvernementale scientifique et politique sur la biodiversité et les services écosystémiques, IPBES, Bonn. [42]

Munaretto, S. et M. Witmer (2017), *Water-land-energy-food-climate nexus: policies and policy coherence at European and international scales*, Netherlands Environmental Assessment Agency (PBL), La Haye. [32]

Nelson, E. et al. (2008), « Efficiency of incentives to jointly increase carbon sequestration and species conservation on a landscape », *Proceedings of the National Academy of Sciences*, vol. 105/28, pp. 9471-9476, http://dx.doi.org/10.1073/pnas.0706178105. [40]

Nepstad, D. et al. (2013), « More food, more forests, fewer emissions, better livelihoods: linking REDD+, sustainable supply chains and domestic policy in Brazil, Indonesia and Colombia », *Carbon Management*, vol. 4/6, pp. 639-658, http://dx.doi.org/10.4155/cmt.13.65. [58]

Nkonya, E. et al. (2015), « Global Cost of Land Degradation », dans *Economics of Land Degradation and Improvement – A Global Assessment for Sustainable Development*, Springer International Publishing, Cham, http://dx.doi.org/10.1007/978-3-319-19168-3_6. [74]

OBT (2017), *Monitoramento do Desmatamento da Floresta Amazônica Brasileira por Satélite*, Observação da Terra, http://www.obt.inpe.br/OBT/assuntos/programas/amazonia/prodes. [57]

OCDE (2019), *Analyse coûts-avantages et environnement : Avancées théoriques et utilisation par les pouvoirs publics*, Éditions OCDE, Paris, https://dx.doi.org/10.1787/9789264300453-fr. [45]

OCDE (2018), *L'eau et l'agriculture*, OCDE, Paris. [7]

OCDE (2018), *Mainstreaming Biodiversity for Sustainable Development*, Éditions OCDE, Paris, https://dx.doi.org/10.1787/9789264303201-en. [72]

OCDE (2017), « Tracking progress on policy coherence for sustainable development at the national », *Coherence for Sustainable Development, n° 9, juillet 2017*, http://www.oecd.org/gov/pcsd/Coherence%20for%20Development_Issue_9.pdf. [67]

OCDE (2016), *Better Policies for Sustainable Development 2016: A New Framework for Policy Coherence*, Éditions OCDE, Paris, https://doi.org/10.1787/9789264256996-en. [24]

OCDE (2016), *Perspectives d'avenir pour l'alimentation et l'agriculture dans le monde*, Éditions OCDE, Paris, https://dx.doi.org/10.1787/9789264253544-fr. [20]

OCDE (2015), *Indicateurs de croissance verte pour l'agriculture : Évaluation préliminaire*, Études de l'OCDE sur la croissance verte, Éditions OCDE, Paris, https://dx.doi.org/10.1787/9789264226111-fr. [28]

OCDE (2012), *Perspectives de l'environnement de l'OCDE à l'horizon 2050 : Les conséquences de l'inaction*, Éditions OCDE, Paris, https://dx.doi.org/10.1787/env_outlook-2012-fr. [26]

OCDE (2012), *Perspectives de l'environnement de l'OCDE à l'horizon 2050 : Les conséquences de l'inaction*, Éditions OCDE, Paris, https://dx.doi.org/10.1787/env_outlook-2012-fr. [27]

OCDE/FAO (2016), *Guide OCDE-FAO pour des filières agricoles responsables*, Éditions OCDE, Paris, https://doi.org/10.1787/9789264264038-fr. [66]

Parlement européen (2014), *Measures at farm level to reduce greenhouse gas emissions from EU agriculture*, Union européenne, Bruxelles, http://www.europarl.europa.eu/RegData/etudes/note/join/2014/513997/IPOL-AGRI_NT(2014)513997_EN.pdf. [55]

Phalan, B. et al. (2011), « Reconciling Food Production and Biodiversity Conservation: Land Sharing and Land Sparing Compared », *Science*, vol. 333/6047, pp. 1289-1291, http://dx.doi.org/10.1126/science.1208742. [38]

Popp, A., H. Lotze-Campen et B. Bodirsky (2010), « Food consumption, diet shifts and associated non-CO2 greenhouse gases from agricultural production », *Global Environmental Change*, vol. 20/3, pp. 451-462, http://dx.doi.org/10.1016/j.gloenvcha.2010.02.001. [63]

Power, A. (2010), « Ecosystem services and agriculture: tradeoffs and synergies », *Philosophical Transactions of the Royal Society B: Biological Sciences*, vol. 365/1554, pp. 2959-2971, http://dx.doi.org/10.1098/rstb.2010.0143. [31]

Ravishankara, A., J. Daniel et R. Portmann (2009), « Nitrous oxide (N2O): the dominant ozone-depleting substance emitted in the 21st century », *Science (New York, N.Y.)*, vol. 326/5949, pp. 123-5, http://dx.doi.org/10.1126/science.1176985. [6]

Sayer, J. et al. (2019), « Ten principles for a landscape approach to reconciling agriculture, conservation, and other competing land uses », *PNAS*, vol. 110/21, pp. 8349-8356, http://dx.doi.org/10.1073/pnas.1210595110. [69]

Smith, P. et al. (2014), « Agriculture, Forestry and Other Land Use (AFOLU) », dans Edenhofer, O. (dir. pub.), *Climate Change 2014 : Mitigation of Climate Change. Contribution of Working*, Cambridge University Press, Cambridge et New York, https://www.ipcc.ch/pdf/assessment-report/ar5/wg3/ipcc_wg3_ar5_chapter11.pdf (consulté le 26 septembre 2018). [16]

Tallard, G., P. Liapis et G. Pilgrim (2016), « The Implications of Agricultural Trade and Market Developments for Food Security », *Documents de l'OCDE sur l'alimentation, l'agriculture et les pêcheries*, n° 95, Éditions OCDE, Paris, https://dx.doi.org/10.1787/5jlr579rkqwk-en. [51]

Teuber, R. et D. Jensen (2016), *Food losses and food waste – Extent, underlying drivers and impact assessment*, Université de Copenhague, http://www.ifro.ku.dk/english. [62]

The Royal Society (2007), *Biodiversity - climate interactions: adaptation, mitigation and human livelihoods*, The Royal Society. [33]

Tilman, D. et al. (2017), « Future threats to biodiversity and pathways to their prevention », *Nature*, vol. 546/7656, pp. 73-81, http://dx.doi.org/10.1038/nature22900. [5]

Tonosaki, M. (2009), « Harvested wood products accounting in the post Kyoto commitment period », *Journal of Wood Science*, vol. 55/6, pp. 390-394, http://dx.doi.org/10.1007/s10086-009-1052-2. [73]

UCS (2014), *Deforestation Success Stories: Tropical Nations Where Forest Protection and Reforestation Policies Have Worked*, Union of Concerned Scientists, http://www.ucsusa.org/forestsuccess. [22]

Van der Esch, S. et al. (2017), *Exploring future changes in land use and land condition and the impacts on food, water, climate change and biodiversity: Scenarios for the Global Land Outlook*, PBL Netherlands Environment Agency, La Haye, https://www.pbl.nl/sites/default/files/cms/publicaties/pbl-2017-exploring-future-changes-in-land-use-and-land-condition-2076b.pdf (consulté le 11 janvier 2019). [29]

Willett, W. et al. (2019), « Food in the Anthropocene: the EAT-Lancet Commission on healthy diets from », *The Lancet*, vol. 393/10170, pp. 447-492, http://dx.doi.org/10.1016/S0140-6736(18)31788-4. [2]

Wreford, A., A. Ignaciuk et G. Gruère (2017), « Overcoming barriers to the adoption of climate-friendly practices in agriculture », *Documents de l'OCDE sur l'alimentation, l'agriculture et les pêcheries*, n° 101, Éditions OCDE, Paris, https://dx.doi.org/10.1787/97767de8-en. [64]

Wright, T., A. Rahmanulloh et A. Abdi (2017), *Indonesia Biofuels Annual Report 2017*, USDA Foreign Agricultural Service, https://gain.fas.usda.gov/Recent%20GAIN%20Publications/Biofuels%20Annual_Jakarta_Indonesia_6-20-2017.pdf. [54]

## Notes

[1] L'agriculture et l'adaptation au changement climatique sont étroitement liées, par exemple du fait de la demande d'eau du secteur. Néanmoins, ce rapport se concentre sur les liens entre l'utilisation des terres et l'atténuation du changement climatique.

[2] Divers modèles calculés pour satisfaire des objectifs d'atténuation ambitieux nécessitent de pouvoir produire une quantité importante d'« émissions négatives ». La biomasse avec captage et stockage de carbone est l'un des moyens les plus faisables d'y parvenir, en complément de mesures de boisement/reboisement (Fuss et al., 2014[75]).

[3] Les effets de l'évolution des surfaces boisées sur le climat peuvent varier de façon importante en fonction du lieu. Par exemple, bien que toutes les forêts aient un faible albédo (c'est-à-dire le facteur de réflexion du rayonnement solaire), une augmentation de la superficie des forêts tropicales peut réduire l'impact du réchauffement climatique grâce au refroidissement généré par l'évapotranspiration accrue. En revanche, l'expansion des forêts boréales peut exacerber le réchauffement climatique, dans certaines conditions limitées, en particulier dans les hautes altitudes et latitudes. Voir par exemple Bonan (2008[77]), de Wit et al. (2014[76]) et Alkama and Cescatti (2016[79]).

[4] L'AME est un indicateur de naturalité ou de préservation de la biodiversité. Elle se définit comme étant l'abondance moyenne des espèces originales par rapport à leur abondance dans des écosystèmes non perturbés. Une AME de 0 % correspond à un écosystème totalement détruit, où ne subsiste aucune espèce originale.

[5] Par « sécurité alimentaire », on entend la disponibilité de nourriture et la possibilité physique, sociale et économique pour les individus de s'en procurer (FAO et al., 2017[80]).

[6] Voir la note de bas de page n°3.

[7] Compte tenu des interconnexions de l'utilisation des terres, de la biodiversité, du climat et de l'alimentation avec d'autres domaines, il y a également des synergies et des hiatus en dehors de la sphère de l'utilisation des terres.

[8] Les systèmes de gestion des effluents d'élevage peuvent comprendre la collecte et le stockage des matières en vue de récupérer et d'utiliser ou de torcher le méthane produit par la décomposition des effluents. Ainsi, le niveau total des émissions de GES est réduit car, bien qu'ayant une durée de vie plus courte, le méthane est plus puissant en effet de serre que le dioxyde de carbone.

[9] La dégradation des terres est due à la fois à des effets anthropiques directs provoqués notamment par la déforestation et les pratiques de gestion néfastes (mise en culture de terrains très pentus, surpâturage, coupe excessive de la végétation, etc.), à des effets anthropiques indirects (sécheresse induite par le changement climatique, etc.) et à des catastrophes naturelles (inondations et feux de forêt, par exemple).

[10] Par exemple, la CNULCD (CNUCLD, 2013[78]) a estimé à 490 milliards USD le coût de la dégradation des sols au niveau mondial. Selon l'initiative Économie de la dégradation des terres (ELD Initiative, 2013[43]), ce phénomène coûte au monde pas moins de 10 600 milliards USD chaque année, soit l'équivalent de 17 % du produit intérieur brut mondial.

[11] Nkonya et al. (2015[74]) estiment que les coûts mondiaux annuels de la dégradation des sols due à l'utilisation des terres et au changement d'affectation des terres (UTCAT) avoisinent les 231 milliards USD par an.

[12] Dans les écosystèmes terrestres et dulcicoles, InVEST modélise la qualité des habitats (terrestres uniquement) et les bénéfices en termes de séquestration de carbone, de recharge annuelle en eau pour la production hydroélectrique, de purification de l'eau (pour les nutriments), de protection contre l'érosion (pour le maintien des réservoirs), de pollinisation des cultures et de production de bois et d'autres produits forestiers.

[13] Autre exemple : les produits issus du bois récolté, qui influent sur le cycle du carbone en stockant et en libérant du carbone des forêts. Actuellement, les parties visées à l'Annexe I du Protocole de Kyoto communiquent leurs quantités émises et absorbées imputables aux produits issus du bois récolté uniquement pour les bois récoltés sur le territoire national (UNFCCC/ 2/CMP.7). Cette méthode permet de comparer et d'agréger les chiffres, mais d'autres méthodes de comptabilisation ont été avancées comme étant potentiellement plus à même de rendre compte des flux de carbone associés aux produits issus du bois récolté faisant l'objet d'échanges internationaux (Tonosaki, 2009[73]).

[14] Évalués sur l'ensemble du cycle de vie, les avantages des biocarburants du point de vue des émissions de GES sont fonction de la quantité d'énergie fossile et d'autres intrants non renouvelables qu'il faut pour les produire, ainsi que du défrichement éventuellement nécessaire.

[15] Parmi les nombreuses initiatives et interventions destinées à éliminer ces freins liés aux politiques publiques, les activités REDD+ visent à supprimer cette première catégorie de freins, notamment par l'élaboration d'une stratégie ou d'un plan national pour y remédier (voir les chapitres 4 et 5 pour plus de détails).

[16] http://www.bonnchallenge.org/content/forest-landscape-restoration.

[17] Ces mécanismes diffèrent des aides agricoles soumises à certaines obligations environnementales, par exemple les paiements verts au titre de la Politique agricole commune de l'UE, car le montant des aides versées est subordonné à l'augmentation du niveau de fourniture de certains services écosystémiques (la séquestration de carbone ou la mise à disposition d'habitats, par exemple).

# 2 Données et tendances relatives à l'utilisation durable des terres

Ce chapitre met en lumière certaines des données et tendances importantes qui se dégagent des études de cas (Brésil, France, Indonésie, Irlande, Mexique et Nouvelle-Zélande), mais aussi à l'échelle régionale et mondiale, dans les domaines qui touchent à la problématique associant l'utilisation des terres, la biodiversité, le climat et l'alimentation. Il fournit ainsi des informations sur l'évolution de l'occupation des sols et des écosystèmes ; des émissions de gaz à effet de serre de l'agriculture et du secteur UTCATF (utilisation des terres, changement d'affectation des terres et foresterie) ; de l'intensité d'émission de la production agricole ; et de l'étendue des aires protégées. Il met aussi en évidence l'importance économique des échanges internationaux de produits agricoles et forestiers, et leurs répercussions sur l'utilisation des terres dans les pays étudiés.

Ce chapitre présente les données et tendances relatives à l'utilisation des terres, aux modifications de l'occupation des sols (en tant qu'indicateur partiel de la biodiversité), aux émissions de GES du secteur UTCATF, aux pertes et gaspillages alimentaires, et aux échanges internationaux dans les six pays étudiés – Brésil, France, Indonésie, Irlande, Mexique et Nouvelle-Zélande – ainsi que dans la zone OCDE et à l'échelle mondiale, à des fins de comparaison. Il met également en lumière les tendances mondiales et régionales en matière de sécurité alimentaire.

## Occupation des sols et écosystèmes

Le Graphique 2.1 indique quelle était en 2015 la part des différents types d'occupation des sols sur la totalité du territoire considéré, d'après les données publiées récemment par la *Climate Change Initiative-Land Cover* (CCI-LC)[1]. Les types d'occupation des sols assimilables à des zones non aménagées comprennent les espaces boisés, les prairies, les zones humides et les formations arbustives. Globalement, depuis 1992, les conversions ont consisté dans leur majeure partie à transformer des espaces naturels en terres cultivables.

Le Graphique 2.2 présente les profils de conversion des terres en Indonésie, au Brésil et dans la zone OCDE au cours de la période 1992-2015. L'ampleur de la conversion des terres présente d'importantes variations entre les différents pays et l'OCDE. Par exemple, 2.3 % de la superficie terrestre de l'Irlande et 8.4 % de celle de l'Indonésie ont fait l'objet d'une conversion. Le profil des changements de couverture des sols présente également des différences selon les pays. En Indonésie, la plus grande partie de ces changements a correspondu à la conversion d'espaces boisés en terres cultivables, alors que dans l'ensemble de la zone de l'OCDE, la part des surfaces converties en espaces boisés a été légèrement supérieure à celle des espaces boisés convertis à d'autres types d'occupation. Au Brésil, la superficie des espaces boisés convertis en terres cultivables entre 1992 et 2015 a été plus élevée que dans la totalité des pays de l'OCDE. Cependant, les données relatives à la conversion entre certaines des catégories du GIEC présentées dans le Graphique 2.2 doivent être traitées avec prudence, car certains types d'occupation sont difficiles à distinguer de manière fiable par télédétection[2].

Graphique 2.1. Part des principaux types d'occupation des sols dans le total, 2015

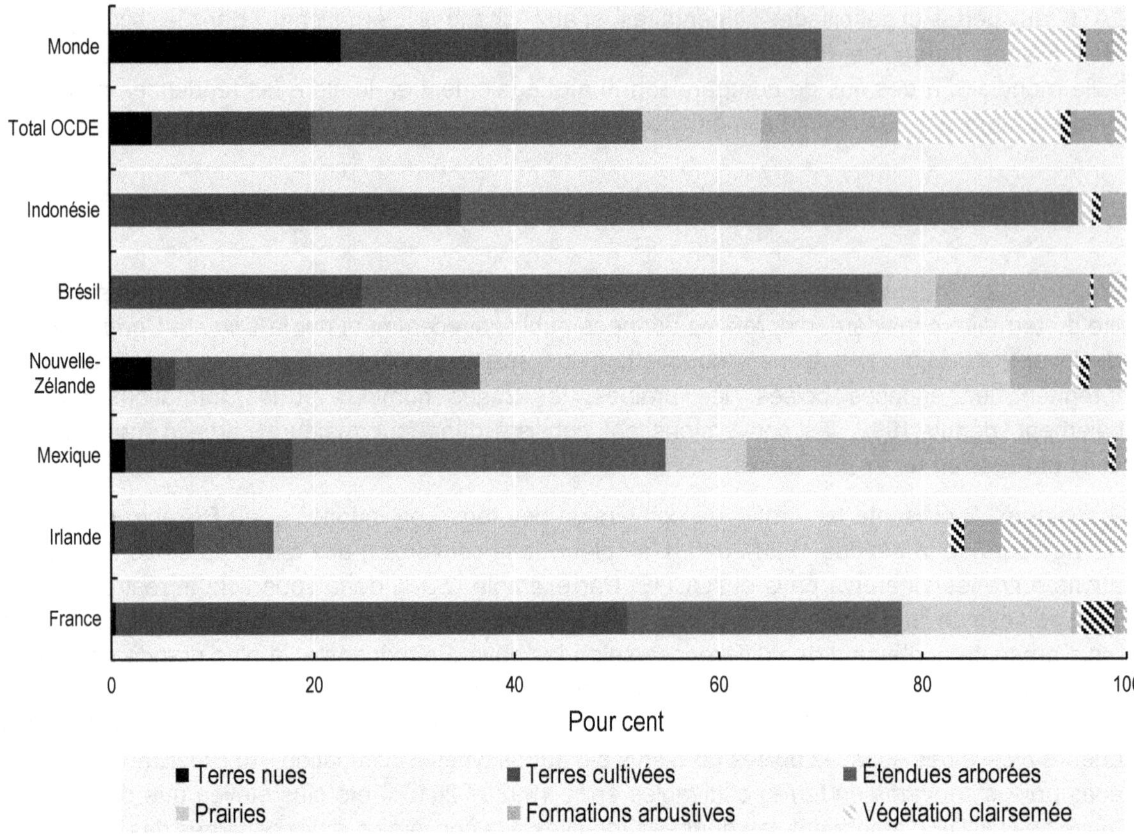


Note : Les définitions utilisées pour répartir ces données entre les différentes catégories ne sont pas identiques à celles utilisées par la FAO pour décrire les diverses catégories d'utilisation des sols. Par exemple, les variations des « espaces boisés » indiquées dans ce graphique ne sont pas analogues aux variations des espaces forestiers en pourcentage de la superficie terrestre dont il est fait état dans le Graphique 2.3.
Source : (Haščič et Mackie, 2018[1]), *Land cover change and conversions: Methodology and results for OECD and G20 countries*, https://doi.org/10.1787/22260935. .

## Graphique 2.2. Conversion des terres au Brésil, en Indonésie et dans les pays de l'OCDE

1992-2015, en milliers de km$^2$

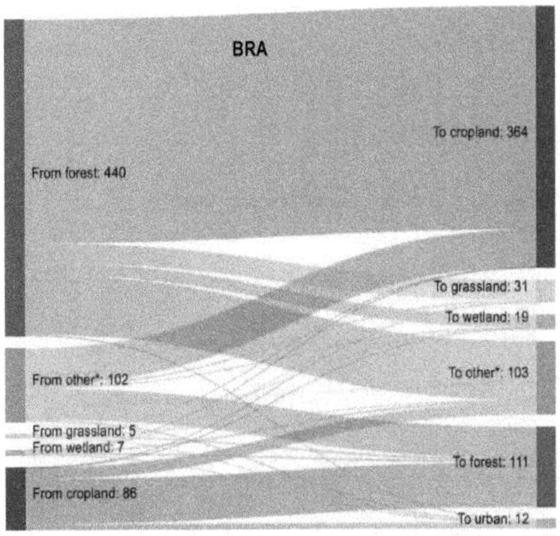


Total: 640 (7.52% de la superficie terrestre totale)

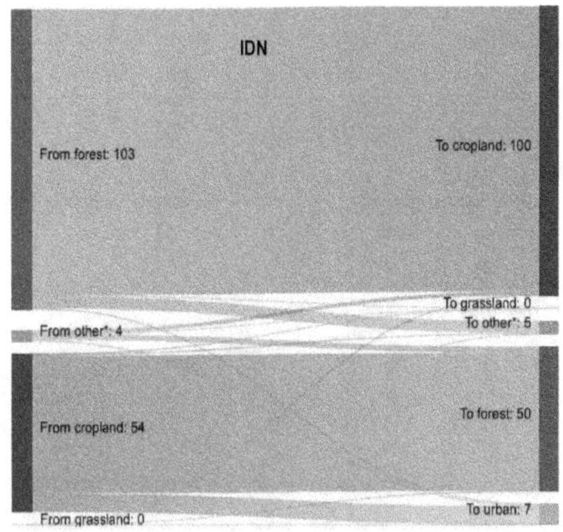


Total: 161 (8.44% de la superficie terrestre totale)

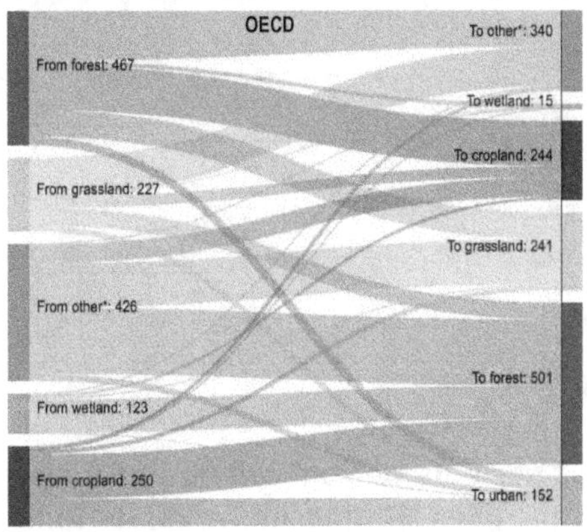


Total: 1493 (4.14% de la superficie terrestre totale)

Note : Six principales catégories analogues à celles du GIEC. La catégorie « Autres » recouvre l'eau, les sols nus, les formations arbustives, et la végétation clairsemée. L'ampleur des flux est indiquée numériquement lorsqu'ils dépassent mille km2. Compte tenu des différences d'ordre de grandeur des superficies converties en France, en Irlande, au Mexique et en Nouvelle-Zélande, les diagrammes rendant compte de la conversion dans ces pays sont présentés en annexe.
Source : (Haščič et Mackie, 2018[1]), Land cover change and conversions: Methodology and results for OECD and G20 countries, https://doi.org/10.1787/22260935.

L'évolution des espaces forestiers – qu'il faut distinguer des « espaces boisés » précédemment mentionnés en raison des différentes définitions utilisées par les diverses sources de données – intervenue depuis 1990 dans les six pays, dans la zone OCDE et dans le monde est décrite dans le Graphique 2.3. À l'échelle mondiale, la superficie forestière totale est demeurée stable (puisque sa part dans la superficie terrestre totale est passée de 31.7 % en 1990 à 30.6 % en 2014), mais cette vision globale peut occulter d'importantes variations selon les pays. Un important recul des forêts s'est en particulier produit dans les régions tropicales (FAO, 2016[2]), en particulier au Brésil et en Indonésie, où de sensibles diminutions de la superficie des forêts ont été enregistrées (FAOSTAT, 2017[3]). Par contre, les activités de boisement, surtout en Chine, mais aussi dans plusieurs pays de l'OCDE, ont accru la superficie forestière dans les régions tempérées. La superficie des forêts primaires est demeurée relativement constante dans les pays de l'OCDE (9.9 % en 2014 contre 10 % en 1990). Des réductions des superficies de forêts primaires ont cependant été constatées en Indonésie (recul de 27.3 % à 25.5 % de la superficie terrestre du pays entre 1990 et 2014) et au Brésil (recul de 26.1 % à 24.3 % de la superficie terrestre du pays entre 1990 et 2014).

Graphique 2.3. Évolutions de la superficie forestière (en pourcentage de la superficie terrestre totale)

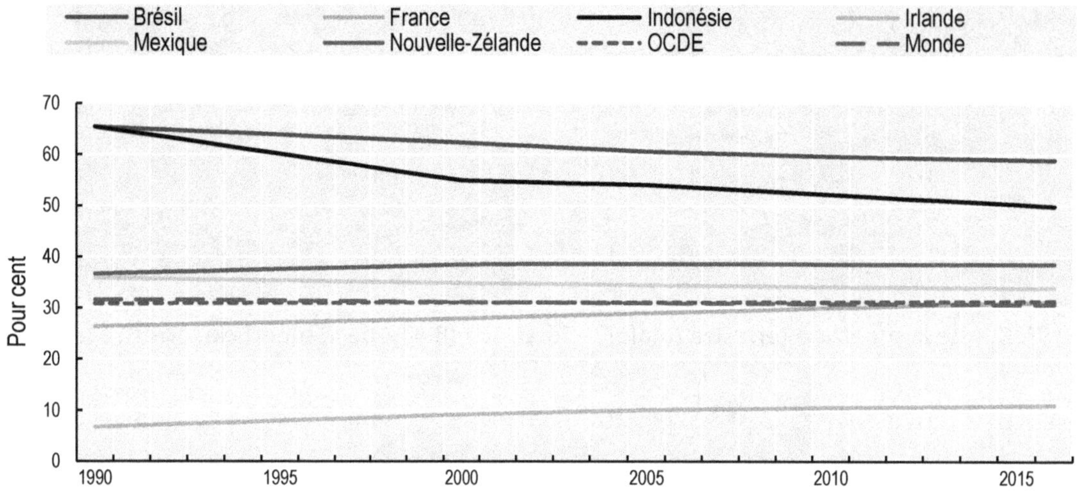


Source : FAOSTAT (2017[3]), *Données de l'alimentation et de l'agriculture,* http://www.fao.org/faostat/fr/#data

## Émissions de gaz à effet de serre

Quant aux émissions de GES des secteurs de l'agriculture et de la foresterie, le Graphique 2.4 montre qu'elles sont très variables selon les pays. En Indonésie, où de forts niveaux de déforestation ont été enregistrés et où la teneur en carbone des zones forestières est élevée (en particulier dans les tourbières), les émissions liées à la foresterie ont contribué pour environ la moitié aux émissions nationales de GES en 2014. Par contre, dans beaucoup de pays de l'OCDE (à l'exception notable de la Nouvelle-Zélande, où l'agriculture contribue pour environ la moitié aux émissions nationales de GES, malgré d'importantes réductions des émissions imputables au secteur forestier), les émissions de GES dues à l'utilisation des terres, au changement d'affectation des terres et à la foresterie ont contribué pour une part relativement réduite aux émissions totales de GES en 2014.

Le Graphique 2.4 montre également la contribution des secteurs de l'agriculture et de la foresterie au PIB des pays étudiés. Bien qu'il n'en aille pas de même dans la zone OCDE considérée dans son ensemble, la contribution de l'agriculture au PIB est supérieure à celle de la foresterie dans tous ces pays. Cette dernière demeure inférieure à 2 % dans tous les pays à l'exception de la Nouvelle-Zélande, où elle atteint 2.4 %, alors que la part de l'agriculture dans le PIB présente des variations plus marquées d'un pays à l'autre. La contribution de l'agriculture au PIB va de 1.9 % à 3.2 % en France, en Irlande et au Mexique et se situe entre 6 % et 13.3 % au Brésil, en Nouvelle-Zélande et en Indonésie, ce qui porte à croire que ce secteur revêt une plus grande importance économique dans ce dernier groupe de pays.

Graphique 2.4. Émissions du secteur utilisation des terres, changement d'affectation des terres et foresterie (UTCATF) et de l'agriculture, et part des forêts et de l'agriculture dans le PIB (2014)

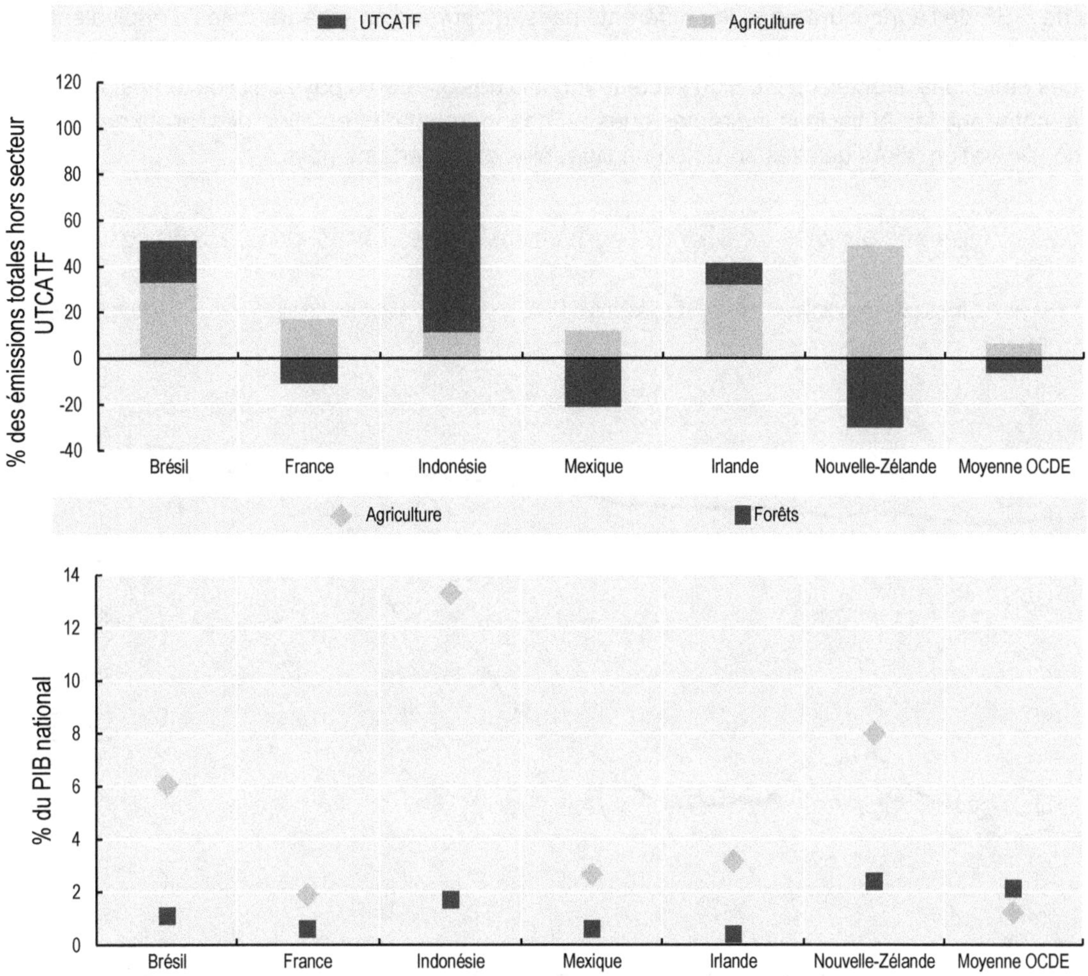


Note : Afin de distinguer l'évolution des émissions de GES respectivement imputables à l'agriculture et à la foresterie, l'ordonnée est exprimée en pourcentage des émissions nationales abstraction faite du secteur UTCATF. Les données relatives aux émissions du secteur UTCATF, établies conformément aux Lignes directrices 1996 du GIEC pour les inventaires nationaux de gaz à effet de serre et aux Recommandations du GIEC en matière de bonnes pratiques pour le secteur de l'utilisation des terres, du changement d'affectation des terres et de la foresterie, sont issues de la plateforme OECD.stat et sont utilisées dans un souci de comparabilité entre les données notifiées par les Parties visées à l'Annexe I de la CCNUCC et les autres. Les émissions du secteur UTCATF correspondent pour une large part aux émissions de la catégorie « foresterie et autres affectations des terres » (FAT) notifiées par les Parties visées à l'Annexe I conformément aux Lignes directrices 2006 du GIEC.

Source : les auteurs, d'après OECD.stat (2017[4]), *Soumission des inventaires nationaux 2017 à la Convention cadre des Nations Unies sur les changements climatiques (CCNUCC, tableaux CRF), et réponses au questionnaire sur l'état de l'environnement de l'OCDE*, http://dotstat.oecd.org/?lang=fr, FAOSTAT (2017[3]), *Données de l'alimentation et de l'agriculture*, http://www.fao.org/faostat/fr/#data, et FAO (2014[5]) *Contribution of the Forestry Sector to National Economies, 1990-2011*, http://www.fao.org/3/a-i4248e.pdf.

Les émissions mondiales de GES imputables à l'agriculture ont augmenté de 11.0 % entre 1990 et 2010, alors que celles des pays de l'OCDE ont diminué de 9.5 % au cours de la même période (Graphique 2.5). La valeur brute de la production agricole mondiale a augmenté dans de plus fortes proportions que les émissions mondiales du secteur, mettant en évidence un découplage relatif. Parmi les pays de l'OCDE, les données suggèrent un découplage absolu des émissions et de la création de valeur imputables à l'agriculture au cours de la période, vu que des augmentations de la valeur ont été assurées alors même que les émissions de GES ont baissé en volume absolu. Cependant, la tendance à la hausse des prix alimentaires entre 2000 et 2012 explique probablement au moins une partie de l'augmentation de la valeur dans les pays de l'OCDE comme dans les pays non membres. Le Graphique 2.6 présente l'intensité des émissions de GES de l'agriculture dans les différents pays, mesurées en gigagrammes d'équivalent-$CO_2$ par million de dollars des États-Unis de recettes agricoles. Cela suggère une nette convergence des intensités des émissions directes de GES du secteur agricole des différents pays au fil du temps. Il convient toutefois de noter que les émissions indirectes dues au changement d'affectation des terres ne sont pas prises en considération, alors qu'elles sont non négligeables dans certains pays.

### Graphique 2.5. Émissions directes de GES de l'agriculture et valeur brute de la production agricole

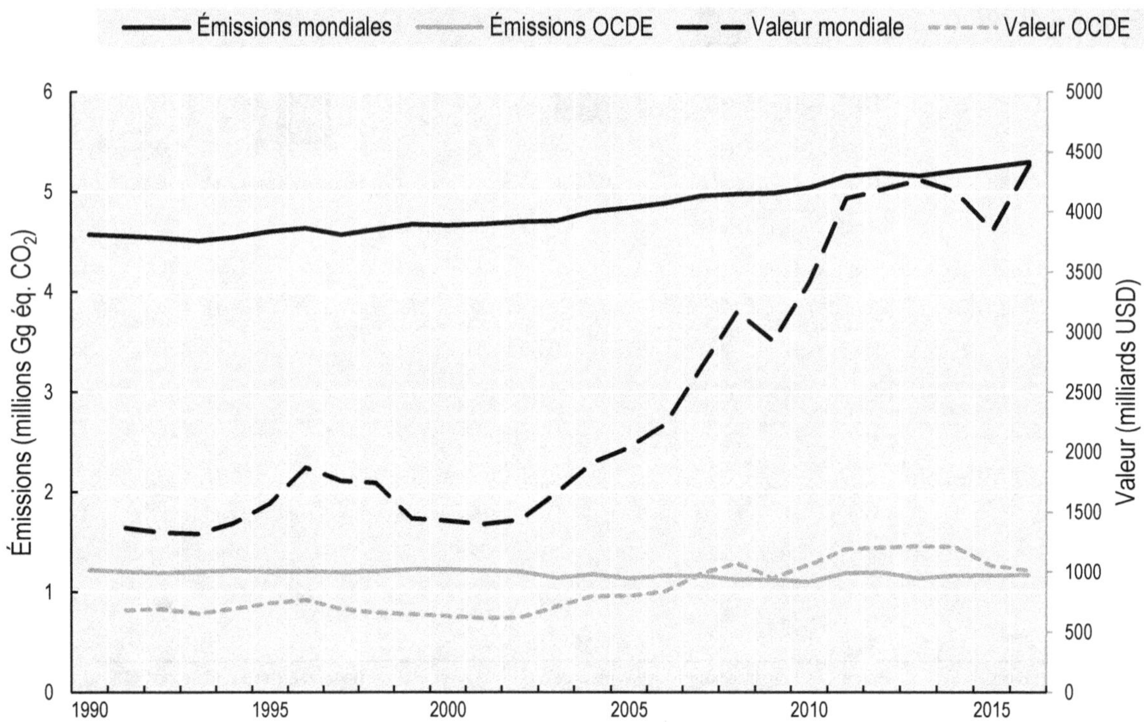


Note : Les données relatives à la valeur de la production agricole au sein de la zone OCDE sont incomplètes avant 2000.
Source : FAOSTAT (2017[3]), *Données sur l'alimentation et l'agriculture,* http://www.fao.org/faostat/fr/#data.

Les sources des émissions agricoles de GES ont été très variables d'un pays à l'autre au fil du temps (Graphique 2.7). Tout comme dans l'ensemble de la zone OCDE, les émissions agricoles ont enregistré une diminution progressive en France. C'est là en grande partie le résultat d'une réduction des émissions imputables à la fermentation entérique et aux engrais de synthèse. Par contre, les émissions de GES dues à la fermentation entérique et aux engrais de synthèse ont entraîné d'importantes augmentations des émissions agricoles au Brésil. Les émissions attribuables aux engrais de synthèse ont de même progressé en Indonésie, et elles sont venues s'ajouter aux augmentations marquées des émissions de méthane du secteur rizicole du pays. La Nouvelle-Zélande n'a montré qu'une faible évolution des émissions agricoles au cours de la période considérée, puisque les augmentations de la contribution des engrais de synthèse ont été comparables en volume aux réductions des émissions imputables à la fermentation entérique. Les intensités d'émission de GES par produit, pour la production bovine et laitière en l'occurrence, sont respectivement décrites dans le Graphique 2.8 et le Graphique 2.9, qui font apparaître dans la plupart des cas une baisse des intensités d'émission, quoique selon des rythmes variables.

### Graphique 2.6. Intensité des émissions directes de GES de l'agriculture

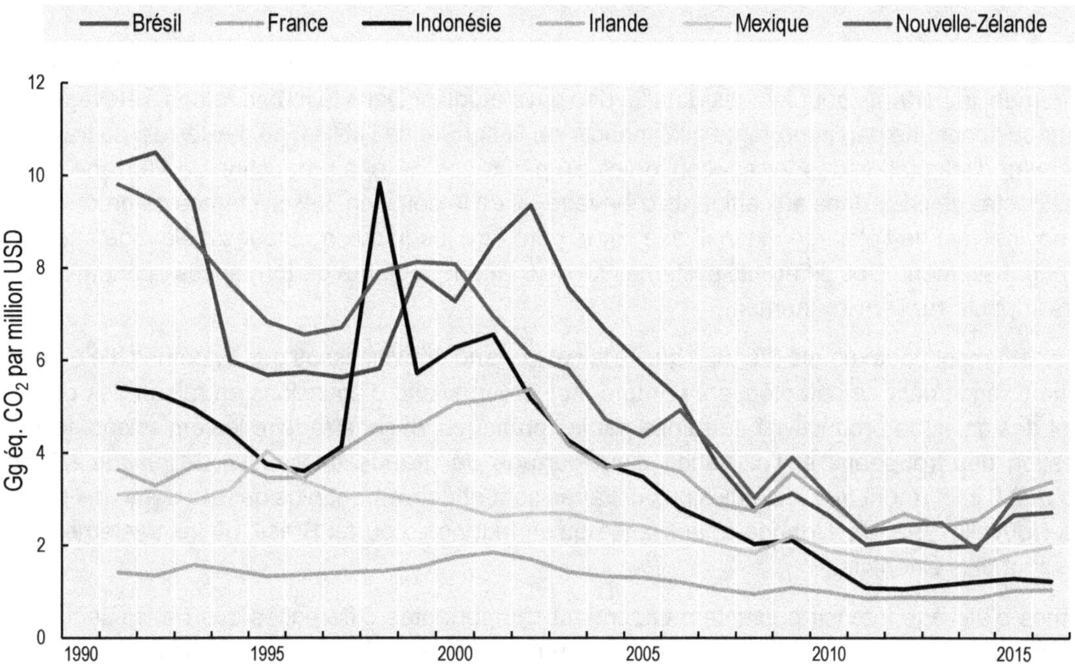


Note : Les augmentations de l'intensité des émissions constatées entre 1998 et 2002, principalement en Indonésie, au Brésil et en Nouvelle-Zélande, sont une conséquence des baisses des recettes agricoles brutes enregistrées au cours de cette période. Ces baisses pourraient être dues aux effets du phénomène El Niño de 1997/98, qui s'est accompagné d'une grave sécheresse et de grands incendies en Indonésie, d'une sécheresse et de fortes inondations au Brésil, et d'une importante diminution des recettes tirées des productions végétales et animales en Nouvelle-Zélande (National Drought Mitigation Center, s.d.[6]). Elles pourraient également être le fruit de la baisse de la valeur des produits agricoles exportés à la suite de la dépréciation de la roupie indonésienne en 1998 et de celle du real brésilien en 2002 (Trading Economics, 2018[7]). Ce graphique ne tient pas compte des émissions indirectes imputables à l'agriculture, telles que celles liées au défrichage.
Source : les auteurs, d'après FAOSTAT (2017[3]), *Données de l'alimentation et de l'agriculture,* http://www.fao.org/faostat/fr/#data et OECD.stat (2017[4]), *Soumission des inventaires nationaux 2017 à la Convention cadre des Nations Unies sur les changements climatiques (CCNUCC, tableaux CRF), et réponses au questionnaire sur l'état de l'environnement de l'OCDE,* http://dotstat.oecd.org/?lang=fr.

### Encadré 2.1. Systèmes de production et échanges dans le secteur de l'élevage

Les systèmes de production du secteur de l'élevage, de bovins laitiers et à viande notamment, sont économiquement importants pour la quasi-totalité des pays étudiés. Dans le même temps, l'élevage de bovins contribue pour une part importante aux impacts sur la sphère de l'utilisation des terres, au travers du changement d'affectation des terres, converties en pâturages ou à la production de fourrage, des émissions directes de GES dues aux effluents d'élevage, et de la pollution. Les systèmes de production laitière et bovine vont de l'élevage extensif axé sur le pâturage jusqu'aux méthodes d'élevage intensif en parc d'engraissement. Ces différents systèmes se distinguent par leurs performances économiques et par leurs impacts sur l'environnement.

Gerber *et al.* affirment par exemple (2013[8]) que le lait et la viande bovine issus des systèmes d'élevage intensif à haut rendement se caractérisent par une moindre intensité d'émissions en raison des effets d'échelle et des gains de productivité entraînés par les pratiques visant à réduire les émissions, telles que la gestion des troupeaux et l'utilisation d'un fourrage de grande qualité. Le Graphique 2.8 et le Graphique 2.9 confirment que les émissions unitaires sont effectivement plus basses dans des pays tels que la Nouvelle-Zélande, l'Irlande et la France qu'en Indonésie ou au Brésil, où les systèmes de production sont plus extensifs.

Les systèmes d'élevage intensif présentent cependant d'importantes différences que ne laissent pas transparaître les chiffres fondés exclusivement sur les émissions générées *à l'intérieur de l'exploitation*. L'analyse du cycle de vie, qui tient compte des émissions en amont (et en aval) (voir chapitre 5)[3], montre que les systèmes de production laitière de Nouvelle-Zélande et d'Irlande, qui reposent principalement sur le pâturage, sont moins intensifs en émissions que celui de la France, par exemple, du fait qu'ils importent moins de fourrage (Weiss et Leip, 2012[9]). Par conséquent, le changement d'affectation des terres dû indirectement à l'élevage intensif de bovins – qui est responsable de pas moins d'un tiers des émissions de GES de l'UE d'après l'étude réalisée par Weiss et Leip (2012[9]) – peut gravement limiter les possibilités d'intensification si celle-ci vise à diminuer l'empreinte GES du secteur de l'élevage (Bowles, Alexander et Hadjikakou, 2019[10] ; Styles et al., 2018[11]).

#### Échanges de produits de l'élevage

Si une plus grande partie de la production bovine et laitière mondiale est assurée par les systèmes de production les plus efficaces, les échanges internationaux peuvent en théorie contribuer à l'efficience de la production mondiale, et réduire ainsi les émissions de GES et les autres impacts sur l'environnement. L'augmentation de la demande (intérieure et) internationale dope les exportations de viande bovine et de produits laitiers dans les pays étudiés, en particulier en Nouvelle-Zélande, en Irlande, au Brésil et au Mexique. L'Irlande, par exemple, a exporté 85 % de sa production de viande bovine et 90 % de sa production laitière en 2016 (Agriculture and Food Development Authority, 2017[12] ; Fitzgerald, 2019[13]). L'Irlande et la Nouvelle-Zélande sont certes des producteurs relativement efficients du point de vue des émissions de GES, mais l'augmentation de leur production remet en cause leur capacité à respecter leurs engagements de réduction de leurs émissions nationales. Il paraît par ailleurs douteux que les impacts environnementaux plus larges liés à la production destinée à l'exportation puissent être supportables à long terme. En Nouvelle-Zélande, par exemple, où les produits laitiers ont représenté un quart de l'ensemble des exportations de biens en 2018 (Stats NZ, 2019[14]), l'élevage laitier a désormais remplacé l'élevage d'ovins, dont les impacts sont moins importants, ce qui donne lieu à une forte augmentation de la pollution de l'eau (Ministère de l'Environnement, 2019[15]). La filière laitière représente une aubaine sur le plan économique, mais il apparaît que ses impacts environnementaux imposent des coûts sociaux supérieurs aux recettes d'exportation obtenues. (Foote, Joy et Death, 2015[16])

## Graphique 2.7. Émissions agricoles par source

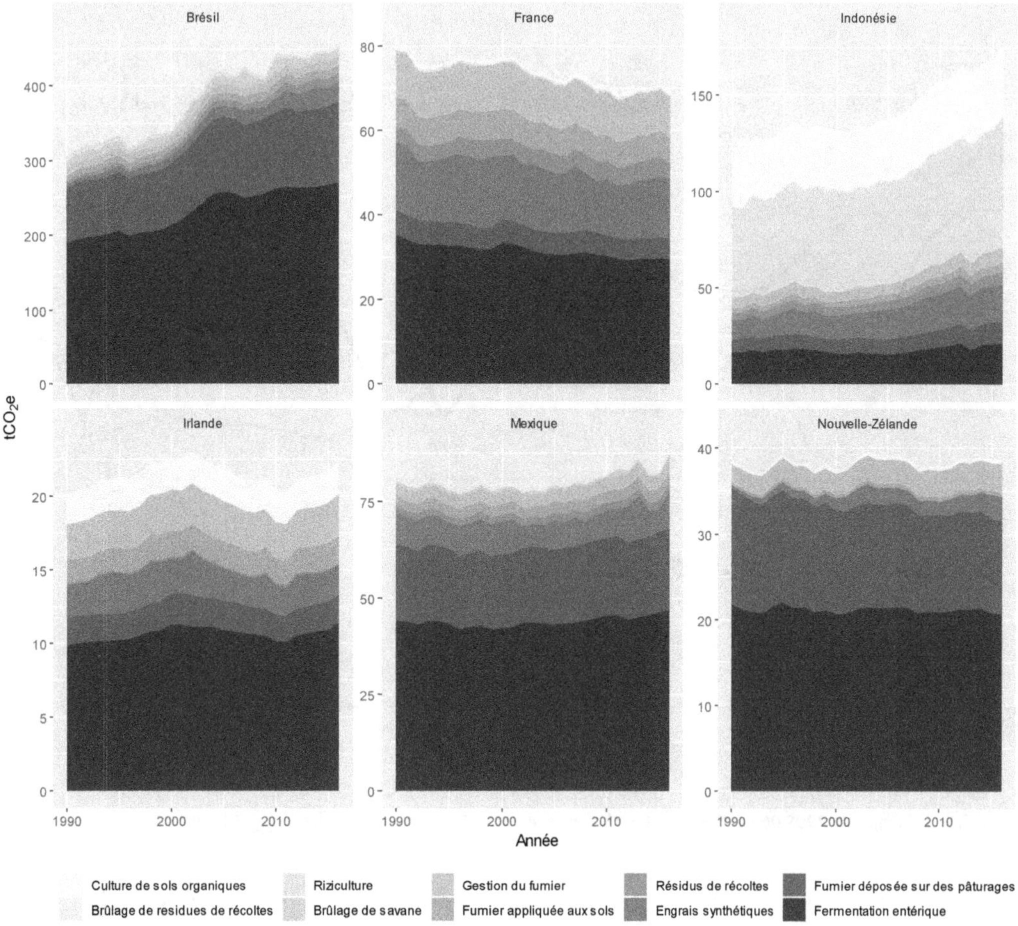


Note : Les ordonnées sont à des échelles différentes.

Source : FAOSTAT (2017[3]), *Données de l'alimentation et de l'agriculture*, http://www.fao.org/faostat/fr/#data.

Graphique 2.8. Émissions de GES générées à l'intérieur de l'exploitation, par kg de viande bovine produite

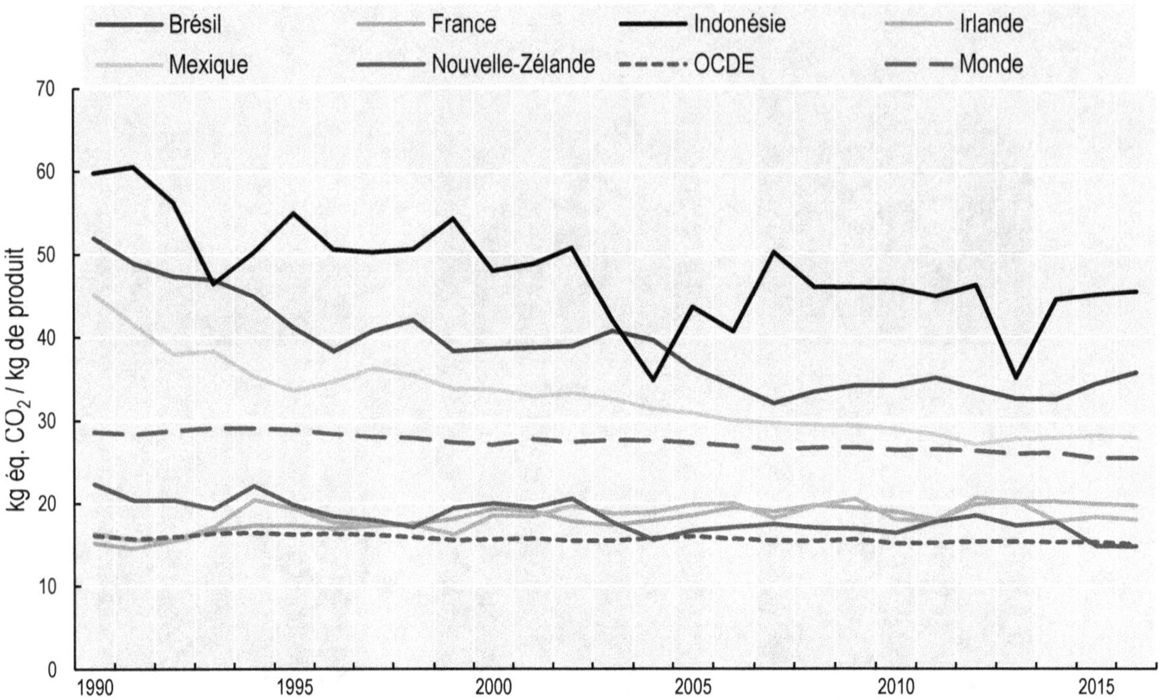


Source : FAOSTAT (2017[3]), *Données de l'alimentation et de l'agriculture,* http://www.fao.org/faostat/fr/#data.

Graphique 2.9. Émissions de GES générées à l'intérieur de l'exploitation, par kg de lait produit

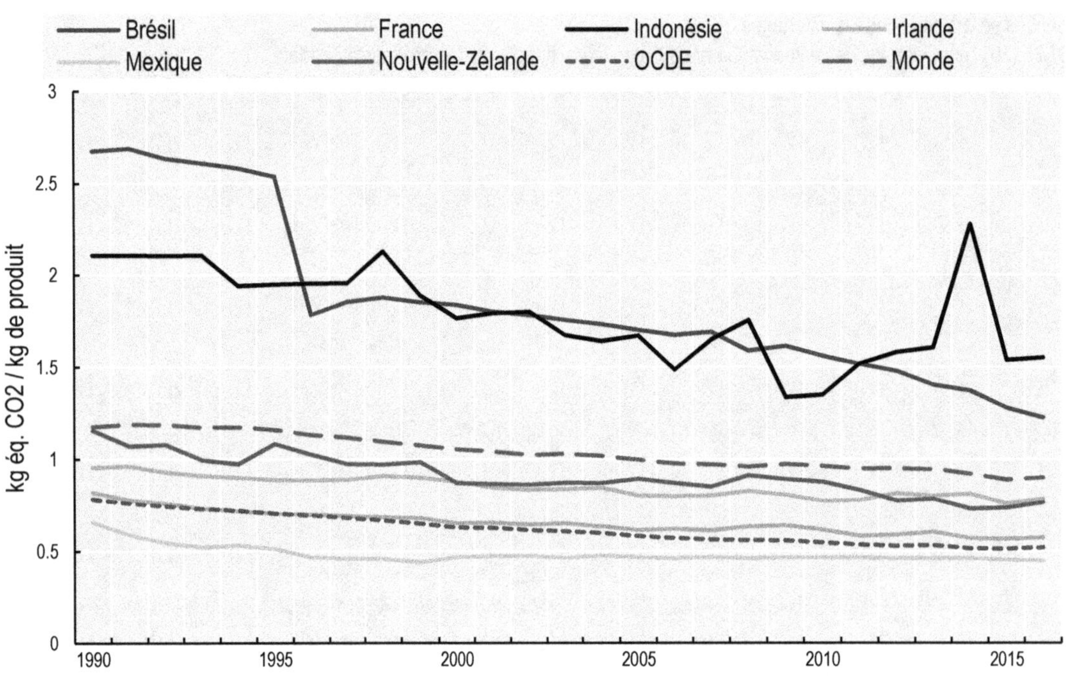


Source : FAOSTAT (2017[3]), *Données de l'alimentation et de l'agriculture,* http://www.fao.org/faostat/fr/#data.

## Systèmes alimentaires

Il existe également d'autres indicateurs agroenvironnementaux, tels que l'indice des oiseaux des milieux agricoles, les ventes de pesticides ou le bilan nutritif. Ces indicateurs fournissent un complément d'informations sur la durabilité de l'agriculture[4]. L'OCDE suit l'évolution de ces indicateurs pour les pays de l'OCDE comme pour quelques autres, bien que des données complètes ne soient pas toujours disponibles pour tous les pays. Les données chronologiques sur l'indice des oiseaux des milieux agricoles sont par exemple disponibles pour la France (et mettent en évidence une diminution au fil du temps). Les données sur les ventes de pesticides sont disponibles pour la France, le Mexique, et la Nouvelle-Zélande.

La sécurité alimentaire constitue un motif de préoccupation croissant. À l'échelle mondiale, d'après la FAO et al., (2017[17])le nombre estimé de personnes sous-alimentées – qui avait évolué à la baisse au cours de la dernière décennie – est passé de 777 millions en 2015 à 815 millions en 2016 (pour atteindre 11 % de la population mondiale). Les problèmes de sécurité alimentaire sont pour partie une conséquence du manque d'efficience dont souffrent les systèmes alimentaires mondiaux, et leur récente aggravation peut être attribuée à des conflits en plus grand nombre. Ces problèmes sont souvent exacerbés par les chocs climatiques, qui devraient augmenter en fréquence et en gravité du fait des émissions anthropiques de GES, de même que par la résilience réduite des écosystèmes en raison de leur dégradation et de la diminution de la biodiversité. Par contre, associées à des modes de consommation néfastes, ce même manque d'efficience produit également des problèmes inverses dans diverses régions. La prévalence mondiale de l'obésité est en rapide progression, et 13 % de la population adulte de la planète était considérée comme obèse en 2014. La situation est particulièrement grave en Amérique du Nord, en Europe et en Océanie, où 28 % des adultes sont classés comme obèses, contre 7 % en Asie et 11 % en Afrique. En Amérique latine et dans les Caraïbes, un quart environ de la population adulte est actuellement considérée souffrir d'obésité (FAO et al., 2017[17]). Pour remédier aux problèmes de sécurité alimentaire, en particulier dans le contexte des futures mutations de l'environnement, il sera essentiel de s'attaquer au manque d'efficience des systèmes alimentaires mondiaux, de réduire les émissions anthropiques de GES et de lutter contre la dégradation des écosystèmes.

Les *Perspectives agricoles de l'OCDE et de la FAO 2018-2027* (2018[18]) prévoient un ralentissement considérable de la progression de la demande totale (y compris à des fins non alimentaires) de la plupart des produits par rapport à la décennie précédente (Graphique 2.10). La croissance future des productions végétales devrait être principalement assurée par une augmentation des rendements. L'accroissement des rendements devrait accuser un léger ralentissement, mais l'augmentation de la production pourrait être assurée par une réduction des vastes écarts de rendement existants, en particulier en Afrique subsaharienne. Les *Perspectives* indiquent toutefois que l'insécurité alimentaire demeurera une préoccupation mondiale de premier plan. De surcroît, étant donné que les régions où la demande alimentaire devrait s'accroître ne coïncident pas avec celles où l'offre peut être accrue de manière durable, les échanges internationaux prendront de plus en plus d'importance pour s'adapter au changement climatique et parvenir à l'atténuer, tout comme pour mettre en œuvre les ODD.

Les pertes et gaspillages alimentaires (PGA) ont également des conséquences majeures sur l'utilisation des terres, la biodiversité, le changement climatique et les ressources en eau. D'après les estimations, un tiers de toute la production alimentaire destinée à la consommation humaine est perdue ou gaspillée (FAO, 2013[19]). Cela équivaut approximativement à 1.3 milliard de tonnes par an d'une valeur estimée à 936 milliards USD, donnant lieu à la production d'environ 4.4 Gt de $CO_2$. Par rapport aux pays, les PGA se situent au troisième rang des émetteurs mondiaux (uniquement devancés par les États-Unis et la Chine) (FAO, 2013[19] ; FAO, 2015[20] ; FAO, 2013[21]). Point important en ce qui concerne la problématique de l'utilisation des terres, la production de 30 % environ des terres agricoles mondiales est gaspillée chaque année, ce qui représente 1.4 milliard d'hectares (FAO, 2013[21]), soit une superficie supérieure à l'ensemble des terres émergées des pays étudiés.

### Graphique 2.10. Croissance annuelle de la consommation des principaux groupes de produits, 2008-17 et 2018-27

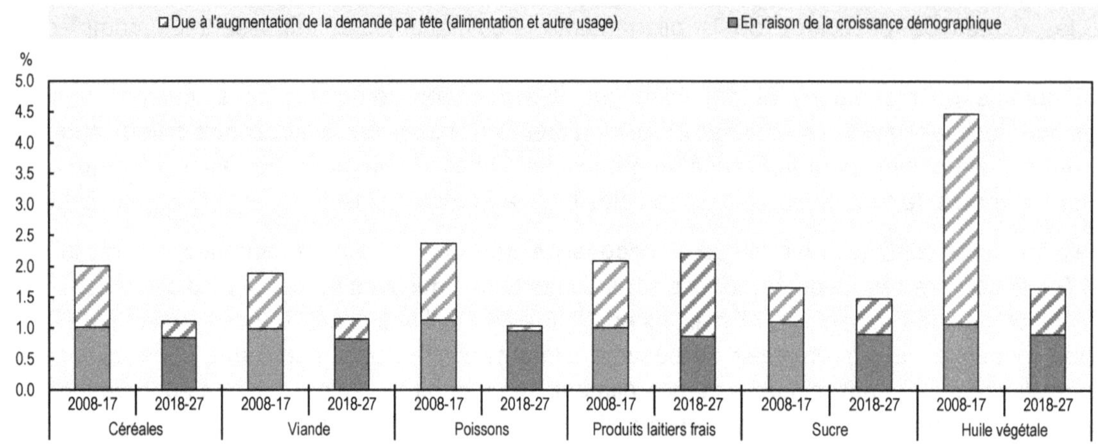


Note : La composante correspondant à l'accroissement de la population est calculée en partant du postulat que la demande par habitant demeure constante par rapport au niveau de l'année antérieure à la décennie. Les taux de croissance renvoient à la demande totale (de produits destinés à l'alimentation humaine, à l'alimentation animale ou à d'autres fins).

Source : OCDE/FAO (2018[18]), *Perspectives agricoles de l'OCDE et de la FAO*, http://dx.doi.org/10.1787/agr-outl-data-fr.

### Graphique 2.11. Gaspillage de produits alimentaires, en kg par habitant et par an

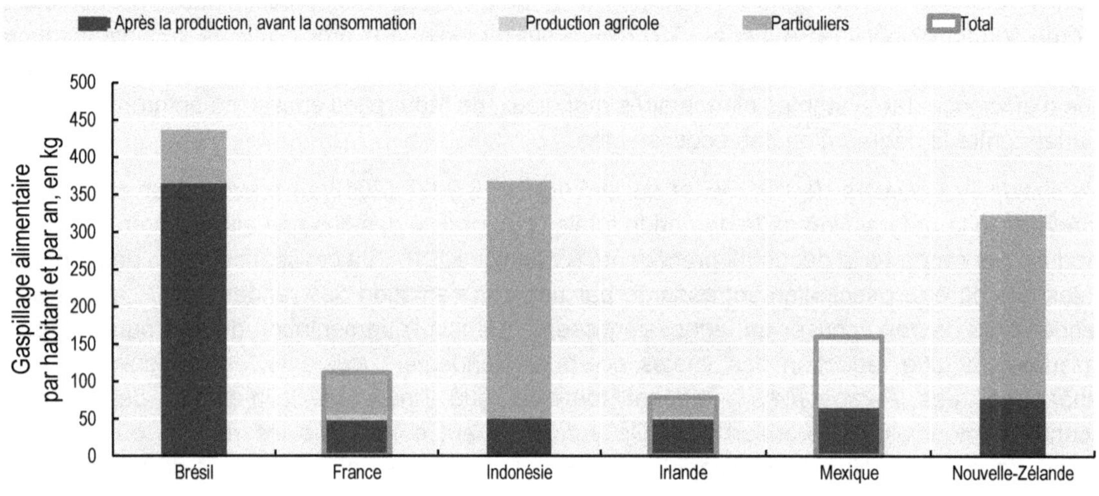


Note : Les estimations du gaspillage alimentaire présentées dans ce graphique ne doivent pas être comparées directement entre les pays car des méthodologies différentes ont été utilisées pour les établir.

Source : Brésil et Indonésie : EIU (2018[22]) *Food Sustainability Index, Country Index and Data*, http://foodsustainability.eiu.com/ ; France et Irlande : OCDE (2018[23]), *Base de données sur le gaspillage alimentaire*, https://stats.oecd.org/viewhtml.aspx?datasetcode=FOOD_WASTE&lang=fr ; Mexique : Aguilar Gutiérrez (2016[24]) *Food Losses and food Waste in Mexico*, http://www.cec.org/sites/default/files/pdf/fww/wb-presentations/6-genaro-aguilar.pdf ; Nouvelle-Zélande : Yates (2013[25]), *Summary of existing information on domestic food waste in New Zealand Document quality control*, http://www.wasteminz.org.nz/wp-content/uploads/Report-on-Food-Waste-in-NZ-2013-Final-1.1.pdf et Reynolds *et al.* (2016[26]), *New Zealand's Food Waste: Estimating the Tonnes, Value, Calories and Resources Wasted*, http://dx.doi.org/10.3390/agriculture6010009 ; ensemble des pays : FAOSTAT (2018[27]), *Bilans alimentaires*, http://www.fao.org/faostat/fr/#data/FBS.

Les estimations du gaspillage alimentaire par habitant dans les six pays étudiés sont très variables. Les volumes dont il est fait état dans le Graphique 2.11 ne sont pas tous directement comparables (du fait des méthodologies utilisées pour les obtenir), et ils devraient être traités avec prudence. En général, les PGA au niveau des ménages sont constituées de produits alimentaires comestibles et seraient potentiellement évitables, bien que le degré de faisabilité et de désirabilité de l'objectif d'éviter les PGA post-production et pré-consommation varie non seulement en fonction du type de produits alimentaires mais aussi du stade de la chaine mondiale d'approvisionnement auquel surviennent les pertes. Une considérable incertitude entoure par ailleurs ces données. À titre d'exemple, d'après certaines sources, l'Indonésie ne se classe pas seulement au deuxième rang mondial (derrière l'Arabie saoudite) des pays où le gaspillage alimentaire par habitant est le plus élevé (315 kg/habitant/an) (EIU, 2018[22]) : elle compte en outre plus de 30 % d'enfants de moins de 5 ans victimes de malnutrition (PAM, 2018[28]). Cependant, d'autres estimations du gaspillage alimentaire des ménages en Indonésie font apparaître d'importantes variations allant de 6 kg/habitant/an (EIU, 2019[29])[5] à 253 kg/habitant/an (Meidiana et Gamse, 2010[30]), ce qui met en évidence la considérable incertitude dont souffrent ces données. Le niveau élevé de gaspillage post-production et pré-consommation observé au Brésil (bien supérieur à celui d'autres pays) est probablement le résultat d'un examen des données sur une base par habitant, ce qui favorise une surestimation des chiffres dans les pays gros exportateurs de produits agricoles. En pourcentage de la production, le gaspillage alimentaire post-production et pré-consommation du Brésil est similaire à celui de l'Indonésie et il n'est que légèrement supérieur à ceux du Mexique et de la Nouvelle-Zélande. Le gaspillage alimentaire des ménages est généralement plus élevé dans les pays développés que dans ceux en développement.

## Échanges internationaux

D'après les estimations, la consommation de biens faisant l'objet d'échanges internationaux représente 25 % de la contribution de l'agriculture et de la foresterie à l'extinction des oiseaux, et 21 % de leurs impacts sur la séquestration de carbone terrestre (Marques et al., 2019[31]). À l'échelle mondiale, 20 % de la production de blé, 12 % de celle de maïs et plus de 60 % de celle de soja est exportée (Fischer, Byerlee et Esmeades, 2014[32]). De fait, le Brésil exporte les deux tiers (41 Mt sur 62 Mt) de sa production de soja (ibid.). L'Indonésie est le plus gros producteur mondial d'huile de palme et elle a exporté 76.5 % de sa production en 2013 (FAOSTAT, 2017[3]). La production indonésienne d'huile de palme a augmenté de 4.9 % par an au cours de la période 1991-2010 (Fischer, Byerlee et Esmeades, 2014[32]). Au-delà de ces exemples, les échanges internationaux de biens dont la production exerce des effets notables sur la sphère de l'utilisation des terres s'avèrent importants dans tous les pays étudiés. Une comparaison des échanges de produits forestiers et des échanges de produits agricoles fait apparaître que ces derniers constituent la catégorie la plus importante (i) sur le plan économique, mais aussi, dans la plupart des cas, (ii) sous l'angle des impacts sur la sphère de l'utilisation des terres[6]. Cependant, lorsque les produits forestiers sont issus de forêts primaires, les impacts sur la sphère de l'utilisation des terres par unité échangée, et notamment ceux sur la biodiversité, sont élevés et souvent irréversibles.

D'un point de vue économique, les recettes d'exportation tirées de l'agriculture ont été en 2016 de quatre (Indonésie) à 52 (Mexique) fois supérieures à celles tirées des produits forestiers (FAO, 2018[33]). Le Graphique 2.12 illustre l'importance économique des échanges internationaux de produits agricoles, mesurée par la part des exportations dans la valeur ajoutée de l'agriculture dans les pays étudiés pendant une période de 10 ans à compter de 2005. L'importance des exportations agricoles est très variable selon les pays, mais elle a augmenté au cours de cette période dans chacun d'eux, sauf en Indonésie (où elle a légèrement diminué).

## Graphique 2.12. Part des exportations dans la valeur ajoutée de l'agriculture

Valeur ajoutée intérieure incorporée dans les exportations de l'agriculture, de la foresterie et de la pêche, en pourcentage de l'ensemble de la valeur ajoutée de ces secteurs

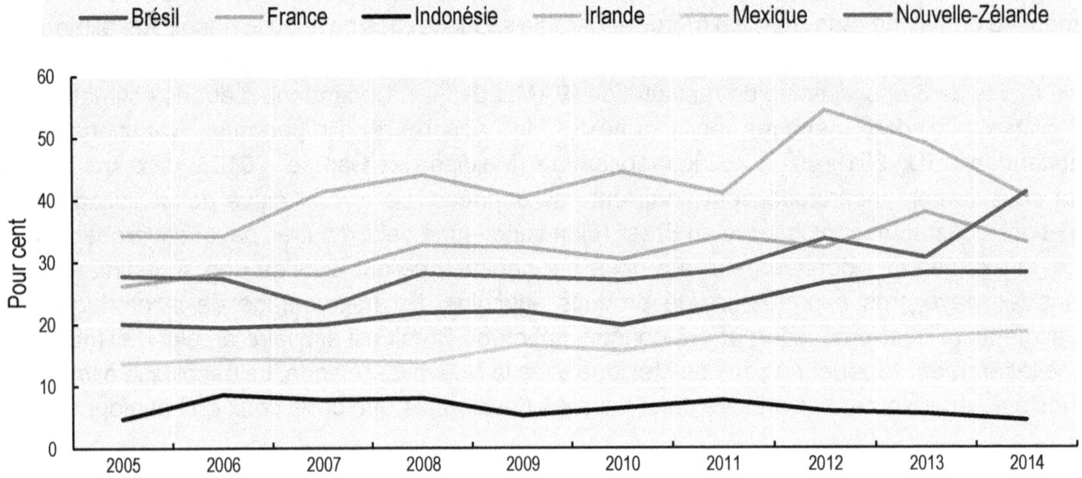


Note : Le pourcentage peu élevé de l'Indonésie est en partie lié au fait qu'une forte proportion de la valeur ajoutée des principaux produits d'exportation indonésiens tels que l'huile de palme ou le caoutchouc provient de leur traitement ou de leur transformation, lesquels ne sont pas pris en compte ici en vertu de la quatrième édition de la Classification internationale type, par industrie, de toutes les branches d'activité économique (CITI4). Étant donné que les valeurs correspondant à la pêche sont associées dans cette classification à celles de la foresterie et de l'agriculture, la pêche est ici prise en considération bien qu'elle ne relève pas du champ du présent rapport. Vu que, dans tous les pays étudiés, la pêche n'apporte qu'une contribution économique marginale aux variables examinées ici, les évolutions dont il est fait état n'en sont pas moins valables pour les composantes terrestres de la valeur ajoutée de l'agriculture.
Source : OCDE (2018[34]), *Mesurer les échanges en valeur ajoutée* (base de données), oe.cd/tiva.

Le Graphique 2.13 montre l'importance économique des échanges internationaux de produits agricoles en s'appuyant sur un autre indicateur, leur part dans l'ensemble des échanges internationaux de biens. La part des produits agricoles dans les importations de biens se situe entre 7 % (Brésil) et 12.3 % (Indonésie) dans les pays étudiés, mais la part des exportations agricoles dans l'ensemble des exportations présente des variations plus marquées, puisqu'elle va de 7.5 % (Mexique) à 57.1 % (Nouvelle-Zélande). Le Graphique 2.13 facilite également l'interprétation des évolutions présentées dans le Graphique 2.12 ci-dessus. Les pays dans lesquels la part des exportations dans la valeur ajoutée de l'agriculture est la plus élevée (Irlande, Nouvelle-Zélande, France) tendent à exporter davantage de produits à forte valeur ajoutée (tels que les produits animaux, les produits alimentaires transformées et les boissons), tandis que les autres exportent plutôt des produits primaires comme le soja ou le caoutchouc.

Graphique 2.13. Part de différents produits agricoles dans l'ensemble des échanges de biens (en valeur), 2016

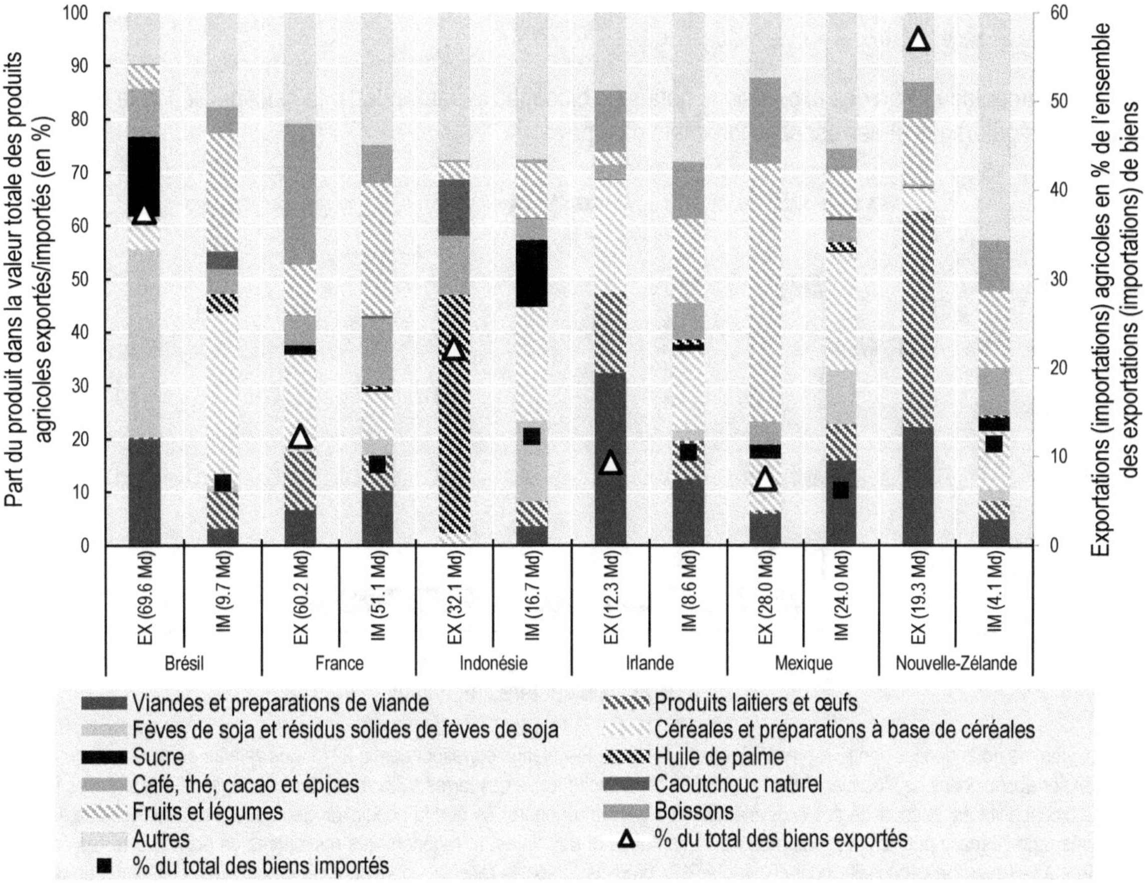


Note : La valeur totale de l'ensemble des exportations (EX) et importations (IM) agricoles indiquée dans les étiquettes des barres graphiques est exprimée en milliards (Md) USD.

Source : Les auteurs, d'après FAOSTAT (2018[33]), Données de l'alimentation et l'agriculture (base de données), http://www.fao.org/faostat/fr/#data et (COMTRADE, s.d.[35]), International Trade Statistics (base de données), http://comtrade.un.org.

L'empreinte spatiale de la production et de la consommation nationales constitue un moyen de comparer les impacts sur la sphère de l'utilisation des terres incorporés dans les échanges internationaux. Le Graphique 2.14 illustre les résultats de la méthode d'estimation adoptée par le Global Footprint Network (2018[36]) **ventilés** selon le type d'occupation des sols, et il montre que dans certains pays les besoins en terres intégrés dans les flux internationaux de biens se révèlent non négligeables[7]. Les pays dont l'empreinte écologique de la consommation est supérieure à celle de leur production destinée à l'exportation (Irlande, Mexique) sont de fait importateurs nets de terres). Les autres pays étudiés sont « exportateurs » nets de biocapacité, ce qui signifie que leurs exportations incorporent davantage de terres biologiquement productives que leurs importations. Si dans le cas du Brésil, les terres cultivables apportent une contribution aux exportations nettes de biocapacité plus de deux fois supérieure à celles des espaces forestiers ou des pâturages, dans celui de la Nouvelle-Zélande et de l'Indonésie, les espaces forestiers constituent la principale source d'exportations nettes de biocapacité[8]. Pour finir, compte tenu de la part importante de son secteur de l'élevage dans ses exportations, l'Irlande est « importateur » net de terres agricoles mais « exportateur » net de pâturages. Bien que le Graphique 2.14 présente le solde net des échanges internationaux de terres incorporés dans la production et la consommation (« flux virtuels de terres »), il convient de noter que le volume brut des flux virtuels de terres est sensiblement supérieur à leur volume net en raison des boucles d'échanges circulaires sur des marchés des produits agricoles de plus en plus intégrés (Harchaoui et Chatzimpiros, 2017[37]).

### Graphique 2.14. Exportations nettes de biocapacité, 2014

Valeurs en pourcentage : Part des exportations nettes de biocapacité par rapport à la biocapacité totale des terres cultivables, des pâturages et des espaces forestiers d'un pays

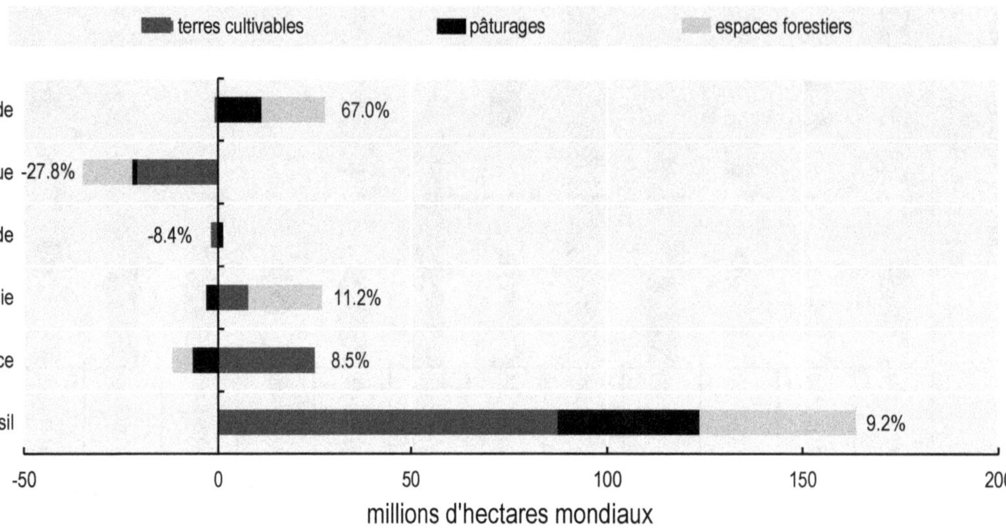


Note : *Il convient de noter que les données présentées pour la Nouvelle-Zélande correspondent à 2013. Les valeurs en pourcentage indiquent la part des exportations nettes de biocapacité par rapport à la biocapacité totale des terres cultivables, des pâturages et des espaces forestiers du pays. La biocapacité est la capacité des écosystèmes d'un pays à régénérer ce que la population demande à ces surfaces de lui fournir, dont notamment de l'espace pour cultiver des produits alimentaires et des fibres, et régénérer les ressources en bois. Les terres cultivables correspondent à la superficie nécessaire pour cultiver les 177 produits agricoles recensés dans la base de données FAOstat. Les pâturages correspondent à la superficie requise pour cultiver le fourrage nécessaire pour nourrir le cheptel d'un pays compte tenu de la productivité moyenne des pâturages nationaux, déduction faite des autres sources d'alimentation des animaux. Les espaces forestiers représentent la superficie de forêt nécessaire pour fournir suffisamment de bois pour satisfaire les besoins en énergie, en matériaux de construction et en papier. L'empreinte écologique de la production indique la consommation de biocapacité liée aux processus de production d'un pays, et l'empreinte écologique de la consommation indique la biocapacité effectivement consommée par les habitants d'un pays. Les écarts entre l'empreinte de la production et celle de la consommation aboutissent à des importations ou à des exportations de biocapacité dans le cadre des échanges internationaux. La biocapacité est mesurée en hectares « globaux », unité de mesure pondérée en fonction de la productivité qui rend possible la comparaison des superficies biologiquement productives de différents types de sols.
Source : les auteurs, d'après le Global Footprint Network (2018[36]), National Footprint Accounts, http://data.footprintnetwork.org/#/.

Les structures des échanges illustrées par le Graphique 2.12, le Graphique 2.13. et le Graphique 2.14 ont d'importantes répercussions sur la sphère de l'utilisation des terres dans les pays étudiés comme ailleurs. Au Brésil, par exemple, plus de 50 % de la diminution du couvert forestier enregistrée entre 2005 et 2015 a été attribuée à la déforestation liée à la production de produits de base (Global Forest Watch, 2019[38]), principalement de viande bovine et de soja, deux des principaux produits d'exportation du pays (Henders, Persson et Kastner, 2015[39]). Du fait des évolutions plus récentes de l'utilisation des terres, cette proportion pourrait s'être modifiée, mais un certain nombre d'études antérieures estiment qu'une part approximative de 30 % des émissions du Brésil imputables aux CAT a toujours été incorporée dans ses exportations (Saikku, Soimakallio et Pingoud, 2012[40] ; Karstensen, Peters et Andrew, 2013[41]). En Indonésie, les données quantitatives sur les facteurs de déforestation sont rares, mais, d'après les estimations, de 23 % à 50 % de la déforestation survenue après 2000 pourraient être attribués à l'expansion des palmeraies à huile (Austin et al., 2019[42] ; Henders, Persson et Kastner, 2015[39]) en vue de la production d'huile de palme, un produit d'exportation essentiel. Les impacts néfastes sur la biodiversité associés à la production de produits d'exportation ont également été estimés. Chaudhary et Kastner (2016[43]), par exemple, soulignent que, de tous les pays, l'Indonésie est celui dont les impacts sur la biodiversité sont les plus élevés en termes de disparitions d'espèces attribuables aux exportations de denrées alimentaires, le niveau de ces impacts étant plus de deux fois supérieur à celui de la Thaïlande, qui se classe à la seconde place[9].

Au Mexique, une étude suggère que les impacts sur l'environnement exercés à l'échelle mondiale par la production agricole ont certes été réduits à la suite de la libéralisation des échanges dans le cadre de l'Accord de libre-échange nord-américain (ALENA), mais que les plus graves de ces impacts sur l'environnement se sont déplacés des États-Unis vers le Mexique (Martinez-Melendez et Bennett, 2016[44]). De fait, l'intensification de l'agriculture dans le sillage de l'ALENA a vraisemblablement été à l'origine de considérables impacts sur la biodiversité résultant du remplacement à grande échelle des systèmes de culture traditionnels par des systèmes de production modernes à forte intensité d'intrants (Orozco-Ramírez et al., 2017[45] ; CNUCED, 2013[46]). Dans le cas de la France, les études se sont essentiellement efforcées de déterminer dans quelle mesure les produits importés impliquent une déforestation et des menaces pour la biodiversité à l'étranger. Selon Envol Vert (2018[47]), par exemple, l'empreinte de déforestation du consommateur français moyen s'élève à 352 $m^2$ par an, dont 59 % sont imputables au soja (principalement en provenance du Brésil) incorporé dans les produits animaux.

Les échanges internationaux sont à l'origine d'impacts sur l'utilisation des terres à l'échelle nationale dans les pays développés également. La Nouvelle-Zélande et l'Irlande exportent toutes deux de grandes quantités de lait et de viande bovine, dont la production est intensive en émissions. Les exportations de ces produits continuent de progresser, mais ce modèle de croissance commence « à montrer ses limites écologiques » en Nouvelle-Zélande (OCDE, 2017, p. 15[48]). Outre les impacts sur l'utilisation des terres et sur les émissions sur le territoire national, les importations d'aliments pour animaux ont aussi des effets sur l'utilisation des terres à l'étranger. En Irlande, par exemple, parmi les produits agricoles, les aliments pour animaux constituent la principale catégorie de produits d'importation (en volume) selon le ministère de l'Agriculture, de l'Alimentation et de la Mer (Department of Agriculture Food and the Marine, 2018[49]).

## Références


Adams, V., R. Pressey et J. Álvarez-Romero (2016), « Using Optimal Land-Use Scenarios to Assess Trade-Offs between Conservation, Development, and Social Values », *PLOS ONE*, vol. 11/6, http://dx.doi.org/10.1371/journal.pone.0158350. [113]

Agriculture and Food Development Authority (2017), *Agriculture in Ireland - Teagasc*, https://www.teagasc.ie/rural-economy/rural-economy/agri-food-business/agriculture-in-ireland/ (consulté le 22 mai 2019). [12]

Aguilar Gutiérrez, G. (2016), *Food Losses and Food Waste in Mexico: Quantification and Some Proposals for Public Policy*, International Workshop on Food Loss and Food Waste, novembre 7–9. [24]

AIE (2017), *Energy Technology Perspectives 2017*, Agence internationale de l'énergie, Paris. [112]

Alkama, R. et A. Cescatti (2016), « Biophysical climate impacts of recent changes in global forest cover », *Science (New York, N.Y.)*, vol. 351/6273, pp. 600-4, http://dx.doi.org/10.1126/science.aac8083. [125]

Archer, D. et al. (2009), « Atmospheric Lifetime of Fossil Fuel Carbon Dioxide », *Annual Review of Earth and Planetary Sciences*, vol. 37/1, pp. 117-134. [111]

Arvor, D. et al. (2012), « Analyzing the agricultural transition in Mato Grosso, Brazil, using satellite-derived indices », *Applied Geography*, vol. 32/2, pp. 702-713, http://dx.doi.org/10.1016/j.apgeog.2011.08.007. [110]

Austin, K. et al. (2019), « What causes deforestation in Indonesia? », *Environmental Research Letters*, vol. 14/2, p. 024007, http://dx.doi.org/10.1088/1748-9326/aaf6db. [42]

Banque mondiale (2016), *World Bank Group Forest Action Plan FY16-20*, Banque mondiale, Washington, D.C. [109]

Blanco G., R. et al. (2014), « Drivers, Trends and Mitigation », dans *Climate Change 2014 : Mitigation of Climate Change*, Groupe d'experts intergouvernemental sur l'évolution du climat, Cambridge, R.-U. [108]

Bonan, G. (2008), « Forests and Climate Change: Forcings, Feedbacks, and the Climate Benefits of Forests », *Science*, vol. 320/5882, pp. 1444-1449, http://dx.doi.org/10.1126/science.1155121. [107]

Bowles, N., S. Alexander et M. Hadjikakou (2019), « The livestock sector and planetary boundaries: A 'limits to growth' perspective with dietary implications », *Ecological Economics*, vol. 160, pp. 128-136, http://dx.doi.org/10.1016/J.ECOLECON.2019.01.033. [10]

Bryngelsson, D. et al. (2016), « How can the EU climate targets be met? A combined analysis of technological and demand-side changes in food and agriculture », *Food Policy*, vol. 59, pp. 152-164, http://dx.doi.org/10.1016/j.foodpol.2015.12.012. [106]

Bustamante, M. et al. (2014), « Co-benefits, trade-offs, barriers and policies for greenhouse gas mitigation in the agriculture, forestry and other land use (AFOLU) sector », *Global Change Biology*, vol. 20/10, pp. 3270-3290, http://dx.doi.org/10.1111/gcb.12591. [105]

CAIT Climate Data Explorer (2017), *Country Greenhouse Gas Emissions*, World Resources Institute, Washington, D.C., http://cait.wri.org (consulté le 31 janvier 2019). [104]

Chaudhary, A. et T. Kastner (2016), « Land use biodiversity impacts embodied in international food trade », *Global Environmental Change*, vol. 38, pp. 195-204, http://dx.doi.org/10.1016/J.GLOENVCHA.2016.03.013. [43]

CIUS (2017), *Introduction: A Framework for Understanding Sustainable Development Goal Interactions*, CIUS, http://www.ifpri.org/publication/end-hunger-achieve-food-security-and-improved-nutrition-and-promote-sustainable. [103]

CNUCED (2013), *Mexico's Agriculture Development: Perspectives and outlook*, Conférence des Nations Unies sur le commerce et le développement, Genève, https://unctad.org/en/PublicationsLibrary/ditctncd2012d2_en.pdf (consulté le 7 février 2019). [46]

CNUCLD (2013), *A Stronger UNCCD for a Land-Degradation Neutral World.* [124]

COMTRADE (s.d.), *Base de données statistiques de l'ONU sur le commerce des marchandises*, 2019, https://comtrade.un.org/data/ (consulté le 5 juin 2019). [35]

Costanza, R. et al. (2014), « Changes in the global value of ecosystem services », *Global Environmental Change*, vol. 26, pp. 152-158, http://dx.doi.org/10.1016/j.gloenvcha.2014.04.002. [102]

Cowie, A. et al. (2018), « Land in balance: The scientific conceptual framework for Land Degradation Neutrality », *Environmental Science & Policy*, vol. 79, pp. 25-35, http://dx.doi.org/10.1016/j.envsci.2017.10.011. [101]

Cramer, W. et al. (2017), « Biodiversity and food security: from trade-offs to synergies », *Regional Environmental Change*, vol. 17/5, pp. 1257-1259, http://dx.doi.org/10.1007/s10113-017-1147-z. [100]

Creutzig, F. et al. (2014), « Bioenergy and climate change mitigation: an assessment », *GCB Bioenergy*, vol. 7/5, pp. 916-944, http://dx.doi.org/10.1111/gcbb.12205. [99]

CTA (2013), *Climate-smart agriculture success stories from farming communities around the world*, ELD Initiative, http://www.eld-initiative.org. [98]

DAES (2017), *Synthesis of Voluntary National Reviews 2017*, Organisation des Nations Unies, Division du développement durable, Département des affaires économiques et sociales, https://sustainabledevelopment.un.org/content/documents/17109Synthesis_Report_VNRs_2017.pdf. [97]

de Coninck, H. (2018), *Strengthening and implementing the global response*, V. Masson-Delmotte et al. (dir.pub.). [126]

de Wit, H. et al. (2014), « Climate warming feedback from mountain birch forest expansion: reduced albedo dominates carbon uptake », *Global Change Biology*, vol. 20/7, pp. 2344-2355, http://dx.doi.org/10.1111/gcb.12483. [96]

Delzeit, R. et al. (2016), « Addressing future trade-offs between biodiversity and cropland expansion to improve food security », *Regional Environmental Change*, vol. 17/5, pp. 1429-1441, http://dx.doi.org/10.1007/s10113-016-0927-1. [95]

Département des affaires économiques et sociales (2019), *World Population Prospects 2019: Highlights*, Organisation des Nations Unies, Division de la population. [114]

Department of Agriculture Food and the Marine (2018), *Annual Review and Outlook for Agriculture, Food and the Marine 2018*, Gouvernement irlandais, Dublin, https://www.agriculture.gov.ie/media/migration/publications/2018/AnnualReviewandOutlook2018310818.pdf (consulté le 4 février 2019). [49]

Díaz, S. et al. (2019), *Summary for policymakers of the global assessment report on biodiversity and ecosystem services of the Intergovernmental Science-Policy Platform on Biodiversity and Ecosystem Services - advance unedited version*, https://www.ipbes.net/system/tdf/spm_global_unedited_advance.pdf?file=1&type=node&id=35245 (consulté le 20 mai 2019). [94]

Dwyer, J. et al. (2009), « Carbon for conservation: Assessing the potential for win–win investment in an extensive Australian regrowth ecosystem », *Agriculture, Ecosystems & Environment*, vol. 134/1-2, pp. 1-7, http://dx.doi.org/10.1016/j.agee.2009.06.003. [93]

Économie des écosystèmes et de la biodiversité (TEEB) (2018), *Measuring what matters in agriculture and food systems: a synthesis of the results and recommendations of TEEB for Agriculture and Food's Scientific and Economic Foundations report*, ONU Environnement, Genève, http://www.teebweb.org/agrifood/home/scientific-and-economic-foundations-report (consulté le 20 mai 2019). [92]

EIU (2019), *Food Sustainability Index 2018: Data*, http://foodsustainability.eiu.com/wp-content/uploads/sites/34/2018/11/Food-Sustainability-Index-2018_EIU_BCFN_23-November.xlsm. [29]

EIU (2018), *Food Sustainability Index, Country Index and Data*, http://foodsustainability.eiu.com/ (consulté le 18 octobre 2018). [22]

ELD Initiative (2013), *The value of land: Prosperous lands and positive rewards through sustainable land management.* [115]

Envol Vert (2018), *L'Empreinte forêt des Francais*, rapport, novembre 2018, Paris, http://envol-vert.org/wp-content/uploads/2018/11/Envol_Vert_Rapport_Empreinte_Foret_Final.pdf (consulté le 6 février 2019). [47]

FAO (2018), *FAOSTAT*, Organisation des Nations Unies pour l'alimentation et l'agriculture, http://www.fao.org/faostat/en/#home (consulté le 7 février 2019). [33]

FAO (2018), *La situation des forêts du monde 2018. Les forêts au service du développement durable*, http://www.fao.org/3/I9535FR/i9535fr.pdf (consulté le 13 septembre 2019). [91]

FAO (2016), *Situation des forêts du monde 2016. Forêts et agriculture: défis et possibilités concernant l'utilisation des terres*, Organisation des Nations Unies pour l'alimentation et l'agriculture, Rome, http://www.fao.org/3/i5588f/i5588f.pdf. [2]

FAO (2016), *The agriculture sector in the intended nationally determined contirbutions*, Organisation des Nations Unies pour l'alimentation et l'agriculture, http://www.fao.org/policy-support/resources/resources-details/en/c/427079/. [89]

FAO (2015), *Food wastage footprint and Climate Change.* [20]

FAO (2014), *Contribution of the Forestry Sector to National Economies 1990-2011*, Organisation des Nations Unies pour l'alimentation et l'agriculture. [5]

FAO (2013), *Food Wastage Footprint: Full-cost Accounting*, Organisation des Nations Unies pour l'alimentation et l'agriculture, Rome. [19]

FAO (2013), *Food wastage footprint: Impacts on natural resources - Summary report*, Organisation des Nations Unies pour l'alimentation et l'agriculture, http://www.fao.org/docrep/018/i3347e/i3347e.pdf (consulté le 29 novembre 2018). [21]

FAO (2011), *Produire plus avec moins. Guide à l'intention des décideurs sur l'intensification durable de l'agriculture paysanne*, Organisation des Nations Unies pour l'alimentation et l'agriculture, http://www.fao.org/3/i2215f/i2215f.pdf. [90]

FAO et al. (2017), *L'État de la sécurité alimentaire et de la nutrition dans le monde 2017*, Organisation des Nations Unies pour l'alimentation et l'agriculture, http://www.fao.org/3/a-i7695f.pdf. [127]

FAO et al. (2017), *L'état de la sécurité alimentaire et de la nutrition dans le monde 2017. Renforcer la résilience pour favoriser la paix et la sécurité alimentaire*, FAO, Rome, http://www.fao.org/3/a-I7695f.pdf (consulté le 17 septembre 2019). [17]

FAOSTAT (2018), *Bilans Alimentaires*, http://www.fao.org/faostat/fr/#data/FBS (consulté le 18 octobre 2018). [27]

FAOSTAT (2017), *Food and Agriculture data*, Organisation des Nations Unies pour l'alimentation et l'agriculture, http://www.fao.org/ag/save-and-Grow/en/1/index.html. [3]

Fischer, T., D. Byerlee et G. Esmeades (2014), *Crop yields and global food security: will yield increase continue to feed the world?*, Australian Centre for International Agricultural Research, Canberra, https://www.aciar.gov.au/node/12101. [32]

Fitzgerald, C. (2019), *Dairy in the Irish Economy!*, Teagasc, https://www.teagasc.ie/media/website/publications/2019/Dairy-in-the-Irish-economy!.pdf. [13]

Foote, K., M. Joy et R. Death (2015), « New Zealand Dairy Farming: Milking Our Environment for All Its Worth », *Environmental Management*, vol. 56/3, pp. 709-720, http://dx.doi.org/10.1007/s00267-015-0517-x. [16]

Fuss, S. et al. (2014), « Betting on negative emissions », *Nature Climate Change*, vol. 4/10, pp. 850-853, http://dx.doi.org/10.1038/nclimate2392. [88]

Galli, A. et al. (2016), « Questioning the Ecological Footprint », *Ecological Indicators*, vol. 69, pp. 224-232, http://dx.doi.org/10.1016/J.ECOLIND.2016.04.014. [50]

Gerber, P. et al. (2013), *Lutter contre le changement climatique grâce à l'élevage – Une évaluation des émissions et des opportunités d'atténuation au niveau mondial*, Organisation des Nations Unies pour l'alimentation et l'agriculture, Rome, Italie, http://www.fao.org/3/i3437f/i3437f.pdf (consulté le 13 mai 2019). [8]

GIEC (2018), « Summary for Policymakers », dans Masson-Delmotte V., Z. et al. (dir. pub.), *Global Warming of 1.5°C. An IPCC Special Report on the impacts of global warming of 1.5°C above pre-industrial levels*, Organisation météorologique mondiale, Genève, Suisse, https://www.ipcc.ch/sr15/chapter/spm/ (consulté le 12 août 2019). [87]

Global Footprint Network (2018), *National Footprint Accounts*, http://data.footprintnetwork.org/#/ (consulté le 5 juin 2019). [36]

Global Forest Watch (2019), *Brazil Country Profile*, https://www.globalforestwatch.org/dashboards/country/BRA?treeLossTsc=eyJoaWdobGlnaHRlZCI6ZmFsc2V9 (consulté le 18 mars 2019). [38]

Gouvernement indonésien (2014), *Law of the Republic of Indonesia Number 39 2014 about Plantations*, Gouvernement indonésien, http://www.indolaw.org. [86]

Grassi, G. et al. (2017), « The key role of forests in meeting climate targets requires science for credible mitigation », *Nature Climate Change*, vol. 7/3, pp. 220-226, http://dx.doi.org/10.1038/nclimate3227. [85]

Griscom, B. et al. (2017), « Natural climate solutions », *Proceedings of the National Academy of Sciences of the United States of America*, vol. 114/44, pp. 11645-11650, http://dx.doi.org/10.1073/pnas.1710465114. [84]

Haddad, N. et al. (2015), « Habitat fragmentation and its lasting impact on Earth's ecosystems », *Science Advances*, vol. 1/2, p. e1500052, http://dx.doi.org/10.1126/sciadv.1500052. [83]

Harchaoui, S. et P. Chatzimpiros (2017), « Reconstructing production efficiency, land use and trade for livestock systems in historical perspective. The case of France, 1961–2010 », *Land Use Policy*, vol. 67, pp. 378-386, http://dx.doi.org/10.1016/J.LANDUSEPOL.2017.05.028. [37]

Haščič, I. et A. Mackie (2018), « Land Cover Change and Conversions : Methodology and Results for OECD and G20 Countries », *OECD Green Growth Papers*, n° 2018/04, Éditions OCDE, Paris, https://dx.doi.org/10.1787/72a9e331-en. [1]

Havlik, P. et al. (2014), « Climate change mitigation through livestock system transitions », *Proceedings of the National Academy of Sciences*, vol. 111/10, pp. 3709-3714, http://dx.doi.org/10.1073/pnas.1308044111. [82]

Henderson, B. et J. Lankoski (2019), « Evaluating the environmental impact of agricultural policies », *Documents de l'OCDE sur l'alimentation, l'agriculture et les pêcheries*, n° 130, Éditions OCDE, Paris, https://dx.doi.org/10.1787/add0f27c-en. [81]

Henders, S., U. Persson et T. Kastner (2015), « Trading forests: land-use change and carbon emissions embodied in production and exports of forest-risk commodities », *Environmental Research Letters*, vol. 10/12, p. 125012, http://dx.doi.org/10.1088/1748-9326/10/12/125012. [39]

Kaim, A., A. Cord et M. Volk (2018), « A review of multi-criteria optimization techniques for agricultural land use allocation », *Environmental Modelling & Software*, vol. 105, pp. 79-93, http://dx.doi.org/10.1016/j.envsoft.2018.03.031. [79]

Karstensen, J., G. Peters et R. Andrew (2013), « Attribution of CO2 emissions from Brazilian deforestation to consumers between 1990 and 2010 », *Environmental Research Letters*, vol. 8/2, p. 024005, http://dx.doi.org/10.1088/1748-9326/8/2/024005. [41]

Kennedy, C. et al. (2016), « Optimizing land use decision-making to sustain Brazilian agricultural profits, biodiversity and ecosystem services », *Biological Conservation*, vol. 204, pp. 221-230, http://dx.doi.org/10.1016/j.biocon.2016.10.039. [78]

Kiff, L., A. Wilkes et T. Tennigkeit (2016), *The technical mitigation potential of demand-side measures in the agri-food sector:*, CCAFS Report n° 15, Programme de recherche du CGIAR sur le Changement, https://ccafs.cgiar.org/fr (consulté le 26 septembre 2018). [77]

Krausmann, F. et E. Langthaler (2019), « Food regimes and their trade links: A socio-ecological perspective », *Ecological Economics*, vol. 160, pp. 87-95, http://dx.doi.org/10.1016/J.ECOLECON.2019.02.011. [76]

Marques, A. et al. (2019), « Increasing impacts of land use on biodiversity and carbon sequestration driven by population and economic growth », *Nature Ecology & Evolution*, vol. 3/4, pp. 628-637, http://dx.doi.org/10.1038/s41559-019-0824-3. [31]

Martinez-Melendez, L. et E. Bennett (2016), « Trade in the US and Mexico helps reduce environmental costs of agriculture », *Environmental Research Letters*, http://dx.doi.org/10.1088/1748-9326/11/5/055004. [44]

Meidiana, C. et T. Gamse (2010), *Development of Waste Management Practices in Indonesia*, http://www.eurojournals.com/ejsr.htm (consulté le 10 janvier 2019). [30]

Ministère de l'Environnement (2019), *Environment Aotearoa 2019*, Gouvernement néozélandais, Wellington, https://www.mfe.govt.nz/sites/default/files/media/Environmental%20reporting/environment-aotearoa-2019.pdf. [15]

Montanarella, L., R. Scholes et A. Brainich (dir. pub.) (2018), *Land Degradation and Restoration Assessment*, Secrétariat de la Plateforme intergouvernementale scientifique et politique sur la biodiversité et les services écosystémiques, IPBES, Bonn. [80]

Munaretto, S. et M. Witmer (2017), *Water-land-energy-food-climate nexus: policies and policy coherence at European and international scales*, Netherlands Environmental Assessment Agency (PBL), La Haye. [75]

National Drought Mitigation Center (s.d.), *Reported Effects of the 1997-98 El Niño*, http://jrscience.wcp.muohio.edu/studentresearch/climatechange03/elnino/elninoanalysis.pdf. [6]

Nelson, E. et al. (2008), « Efficiency of incentives to jointly increase carbon sequestration and species conservation on a landscape », *Proceedings of the National Academy of Sciences*, vol. 105/28, pp. 9471-9476, http://dx.doi.org/10.1073/pnas.0706178105. [74]

Nepstad, D. et al. (2013), « More food, more forests, fewer emissions, better livelihoods: linking REDD+, sustainable supply chains and domestic policy in Brazil, Indonesia and Colombia », *Carbon Management*, vol. 4/6, pp. 639-658, http://dx.doi.org/10.4155/cmt.13.65. [73]

Nkonya, E. et al. (2015), « Global Cost of Land Degradation », dans *Economics of Land Degradation and Improvement – A Global Assessment for Sustainable Development*, Springer International Publishing, Cham, http://dx.doi.org/10.1007/978-3-319-19168-3_6. [72]

OBT (2017), *Monitoramento do Desmatamento da Floresta Amazônica Brasileira por Satélite*, Observação da Terra, http://www.obt.inpe.br/OBT/assuntos/programas/amazonia/prodes. [71]

OCDE (2019), *Analyse coûts-avantages et environnement : Avancées théoriques et utilisation par les pouvoirs publics*, Éditions OCDE, Paris, https://dx.doi.org/10.1787/9789264300453-fr. [123]

OCDE (2018), *Food Waste Database*, https://stats.oecd.org/viewhtml.aspx?lang=fr&SubSessionId=2b140580-1a0e-410b-ac4d-82dd76759a9e (consulté le 28 novembre 2018). [23]

OCDE (2018), *L'eau et l'agriculture*, OCDE, Paris. [120]

OCDE (2018), *Mainstreaming Biodiversity for Sustainable Development*, Éditions OCDE, Paris, https://dx.doi.org/10.1787/9789264303201-en. [119]

OCDE (2018), *Mesurer les échanges en valeur ajoutée*, http://www.oecd.org/fr/sti/ind/mesurerlecommerceenvaleurajoutee.htm (consulté le 5 juin 2019). [34]

OCDE (2017), *OECD Environmental Performance Reviews: New Zealand 2017*, https://doi.org/10.1787/9789264268203-en (consulté le 29 janvier 2019). [48]

OCDE (2017), « Tracking progress on policy coherence for sustainable development at the national », *Coherence for Sustainable Development, n° 9, juillet 2017*, http://www.oecd.org/gov/pcsd/Coherence%20for%20Development_Issue_9.pdf. [69]

OCDE (2016), *Better Policies for Sustainable Development 2016: A New Framework for Policy Coherence*, Éditions OCDE, Paris, https://doi.org/10.1787/9789264256996-en. [70]

OCDE (2016), *Perspectives d'avenir pour l'alimentation et l'agriculture dans le monde*, Éditions OCDE, Paris, https://dx.doi.org/10.1787/9789264253544-fr. [118]

OCDE (2015), *Indicateurs de croissance verte pour l'agriculture : Évaluation préliminaire*, Études de l'OCDE sur la croissance verte, Éditions OCDE, Paris, https://dx.doi.org/10.1787/9789264226111-fr. [121]

OCDE (2014), « Biodiversité : populations d'oiseaux des milieux agricoles et couverture des terres agricoles », dans *Compendium des indicateurs agro-environnementaux de l'OCDE*, Éditions OCDE, Paris, https://dx.doi.org/10.1787/9789264181243-15-fr. [51]

OCDE (2012), *Perspectives de l'environnement de l'OCDE à l'horizon 2050 : Les conséquences de l'inaction*, Éditions OCDE, Paris, https://dx.doi.org/10.1787/env_outlook-2012-fr. [116]

OCDE (2012), *Perspectives de l'environnement de l'OCDE à l'horizon 2050 : Les conséquences de l'inaction*, Éditions OCDE, Paris, https://dx.doi.org/10.1787/env_outlook-2012-fr. [117]

OCDE/FAO (2018), *Perspectives agricoles de l'OCDE et de la FAO 2018-2027*, Éditions OCDE, Paris/Organisation des Nations Unies pour l'alimentation et l'agriculture, Rome, https://dx.doi.org/10.1787/agr_outlook-2018-fr. [18]

OCDE/FAO (2016), *Guide OCDE-FAO pour des filières agricoles responsables*, Éditions OCDE, Paris, https://doi.org/10.1787/9789264264038-fr. [122]

OECD.Stat (2017), *Soumission des inventaires nationaux 2019 à la Convention Cadre des Nations Unies sur les Changements Climatiques (CCNUCC, tableaux CRF), et réponses au questionnaire sur l'état de l'environnement de l'OCDE*, Éditions OCDE, http://dotstat.oecd.org/?lang=en. [4]

Orozco-Ramírez, Q. et al. (2017), « Agricultural Land Use Change after NAFTA in Central West Mexico », *Land*, vol. 6/4, p. 66, http://dx.doi.org/10.3390/land6040066. [45]

PAM (2018), *Indonesia Country Brief*, Programme alimentaire mondial, http://www.wfp.org/countries/Indonesia (consulté le 29 novembre 2018). [28]

Parlement européen (2014), *Measures at farm level to reduce greenhouse gas emissions from EU agriculture*, Union européenne, Bruxelles, http://www.europarl.europa.eu/RegData/etudes/note/join/2014/513997/IPOL-AGRI_NT(2014)513997_EN.pdf. [68]

Phalan, B. et al. (2011), « Reconciling Food Production and Biodiversity Conservation: Land Sharing and Land Sparing Compared », *Science*, vol. 333/6047, pp. 1289-1291, http://dx.doi.org/10.1126/science.1208742. [67]

Popp, A., H. Lotze-Campen et B. Bodirsky (2010), « Food consumption, diet shifts and associated non-CO2 greenhouse gases from agricultural production », *Global Environmental Change*, vol. 20/3, pp. 451-462, http://dx.doi.org/10.1016/j.gloenvcha.2010.02.001. [66]

Power, A. (2010), « Ecosystem services and agriculture: tradeoffs and synergies », *Philosophical Transactions of the Royal Society B: Biological Sciences*, vol. 365/1554, pp. 2959-2971, http://dx.doi.org/10.1098/rstb.2010.0143. [65]

Ravishankara, A., J. Daniel et R. Portmann (2009), « Nitrous oxide (N2O): the dominant ozone-depleting substance emitted in the 21st century », *Science (New York, N.Y.)*, vol. 326/5949, pp. 123-5, http://dx.doi.org/10.1126/science.1176985. [64]

Reynolds, C., M. Mirosa et B. Clothier (2016), « New Zealand's Food Waste: Estimating the Tonnes, Value, Calories and Resources Wasted », *Agriculture*, http://dx.doi.org/10.3390/agriculture6010009. [26]

Saikku, L., S. Soimakallio et K. Pingoud (2012), « Attributing land-use change carbon emissions to exported biomass », *Environmental Impact Assessment Review*, vol. 37, pp. 47-54, http://dx.doi.org/10.1016/J.EIAR.2012.03.006. [40]

Sayer, J. et al. (2019), « Ten principles for a landscape approach to reconciling agriculture, conservation, and other competing land uses », *PNAS*, vol. 110/21, pp. 8349-8356, http://dx.doi.org/10.1073/pnas.1210595110. [63]

Smith, P. et al. (2014), « Agriculture, Forestry and Other Land Use (AFOLU) », dans Edenhofer, O. (dir. pub.), *Climate Change 2014 : Mitigation of Climate Change. Contribution of Working*, Cambridge University Press, Cambridge et New York, https://www.ipcc.ch/pdf/assessment-report/ar5/wg3/ipcc_wg3_ar5_chapter11.pdf (consulté le 26 septembre 2018). [62]

Stats NZ (2019), *Overseas merchandise trade: December 2018*, https://www.stats.govt.nz/information-releases/overseas-merchandise-trade-december-2018 (consulté le 15 mai 2019). [14]

Styles, D. et al. (2018), « Climate mitigation by dairy intensification depends on intensive use of spared grassland », *Global Change Biology*, vol. 24, pp. 681-693, http://dx.doi.org/10.1111/gcb.13868. [11]

Tallard, G., P. Liapis et G. Pilgrim (2016), « The Implications of Agricultural Trade and Market Developments for Food Security », *Documents de l'OCDE sur l'alimentation, l'agriculture et les pêcheries*, n° 95, Éditions OCDE, Paris, https://dx.doi.org/10.1787/5jlr579rkqwk-en. [61]

Teuber, R. et D. Jensen (2016), *Food losses and food waste – Extent, underlying drivers and impact assessment*, Université de Copenhague, http://www.ifro.ku.dk/english. [60]

The Royal Society (2007), *Biodiversity - climate interactions: adaptation, mitigation and human livelihoods*, The Royal Society. [59]

Tilman, D. et al. (2017), « Future threats to biodiversity and pathways to their prevention », *Nature*, vol. 546/7656, pp. 73-81, http://dx.doi.org/10.1038/nature22900. [58]

Tonosaki, M. (2009), « Harvested wood products accounting in the post Kyoto commitment period », *Journal of Wood Science*, vol. 55/6, pp. 390-394, http://dx.doi.org/10.1007/s10086-009-1052-2. [57]

Trading Economics (2018), *Trading Economics Currency Data*, https://tradingeconomics.com/indonesia/currency. [7]

UCS (2014), *Deforestation Success Stories: Tropical Nations Where Forest Protection and Reforestation Policies Have Worked*, Union of Concerned Scientists, http://www.ucsusa.org/forestsuccess. [56]

Van der Esch, S. et al. (2017), *Exploring future changes in land use and land condition and the impacts on food, water, climate change and biodiversity: Scenarios for the Global Land Outlook*, PBL Netherlands Environment Agency, La Haye, https://www.pbl.nl/sites/default/files/cms/publicaties/pbl-2017-exploring-future-changes-in-land-use-and-land-condition-2076b.pdf (consulté le 11 janvier 2019). [55]

Weiss, F. et A. Leip (2012), « Greenhouse gas emissions from the EU livestock sector: A life cycle assessment carried out with the CAPRI model », *Agriculture, Ecosystems & Environment*, vol. 149, pp. 124-134, http://dx.doi.org/10.1016/J.AGEE.2011.12.015. [9]

Willett, W. et al. (2019), « Food in the Anthropocene: the EAT-Lancet Commission on healthy diets from », *The Lancet*, vol. 393/10170, pp. 447-492, http://dx.doi.org/10.1016/S0140-6736(18)31788-4. [54]

Wreford, A., A. Ignaciuk et G. Gruère (2017), « Overcoming barriers to the adoption of climate-friendly practices in agriculture », *Documents de l'OCDE sur l'alimentation, l'agriculture et les pêcheries*, n° 101, Éditions OCDE, Paris, https://dx.doi.org/10.1787/97767de8-en. [53]

Wright, T., A. Rahmanulloh et A. Abdi (2017), *Indonesia Biofuels Annual Report 2017*, USDA Foreign Agricultural Service, https://gain.fas.usda.gov/Recent%20GAIN%20Publications/Biofuels%20Annual_Jakarta_Indonesia_6-20-2017.pdf. [52]

Yates, S. (2013), *Summary of existing information on domestic food waste in New Zealand Document quality control*, Waste Not Consulting. [25]

## Notes

[1] Les séries de données de la CCI-LC sont pour l'heure les seules séries statistiques d'ampleur mondiale susceptibles de donner une idée suffisamment harmonisée du type et de l'intensité des changements intervenus entre différents types d'occupation des sols. Voir (Haščič et Mackie, 2018[1]) pour une description de la série de données.

[2] Les erreurs de classification sont plus probables entre les différents types de couvert végétal, car ces catégories sont souvent similaires et plus difficiles à distinguer les unes des autres de manière fiable. Par exemple, les conversions observées de zones humides en espaces boisés dont fait état le Graphique 2.1 présentent en partie problématique du fait de l'ambiguïté de la classification : les différences biophysiques entre les zones humides définies (*Couverture arbustive ou herbacée, inondée, eau douce, salée ou saumâtre*) et les catégories de forêts inondées (*Couverture forestière, inondée, eau douce ou saumâtre ; couverture forestière, inondée, eau salée*) sont minces et difficiles à percevoir de manière fiable par télédétection (Haščič et Mackie, 2018[1]).

[3] La méthodologie utilisée pour évaluer les impacts de certaines utilisations des terres a d'importantes implications pour la prise de décisions, puisqu'elle exerce une influence directe sur la perception de l'ampleur des éventuels hiatus et synergies entre les différentes composantes de la sphère de l'utilisation des terres.

[4] Par exemple, l'indice des oiseaux des milieux agricoles retrace l'évolution moyenne d'un groupe d'espèces pour suivre l'état des habitats agricoles. De manière générale, une baisse de l'indice signifie que l'évolution des populations des espèces d'oiseaux est globalement négative, d'où une diminution de la biodiversité (OCDE, 2014[51])

[5] Des changements méthodologiques entre l'indice de durabilité alimentaire de 2017 et celui de 2018 ont fait passer les estimations du gaspillage alimentaire des ménages indonésiens de 315 kg/habitant/an à 6 kg/habitant/an, pour plus de précisions voir http://foodsustainability.eiu.com/wp-content/uploads/sites/34/2018/11/FSI-2018-Methodology-Paper_full_December-2018.pdf.

[6] L'agriculture de subsistance et les autres formes de production agricole destinée à la consommation intérieure revêtent manifestement une grande importance dans certains contextes, et elles représentent une part importante de la création de valeur économique et des impacts sur l'utilisation des terres de l'ensemble de la production agricole. Il n'en est toutefois pas tenu compte dans les statistiques des échanges présentées dans ce chapitre.

[7] Le débat autour de la robustesse de cette approche se poursuit et porte notamment sur la fiabilité de l'indicateur choisi (l'utilisation des terres) pour mesurer la variable d'intérêt (l'impact sur l'environnement), ainsi que sur la difficulté de comparer des impacts environnementaux hétérogènes selon les endroits (voir par exemple (Galli et al., 2016[50]) à ce sujet). Dans le Graphique 2.14, par exemple, les impacts sur la sphère de l'utilisation des terres associés aux exportations virtuelles d'espaces forestiers sont vraisemblablement très différents selon qu'il s'agit des forêts tropicales de l'Indonésie et du Brésil ou des forêts tempérées des autres pays étudiés.

[8] Du point de vue de l'environnement, les exportations nettes de biocapacité des espaces forestiers n'ont pas d'impacts négatifs sur la sphère de l'utilisation des terres, pour autant qu'elles trouvent leur origine dans des forêts gérées de manière durable.

[9] Les disparitions d'espèces attribuables aux exportations de denrées alimentaires sont estimées à l'aide d'un modèle établissant une relation entre les superficies et l'abondance des espèces en milieu rural (le modèle SAR). Pour une description complète, voir (Chaudhary et Kastner, 2016[43]).

# Annexe 2.A. Modifications de l'occupation des sols en France, en Irlande, au Mexique et en Nouvelle-Zélande

## Graphique annexe 2.A.1. Conversion des terres en France, en Irlande, au Mexique et en Nouvelle-Zélande

1992-2015, en milliers de km2

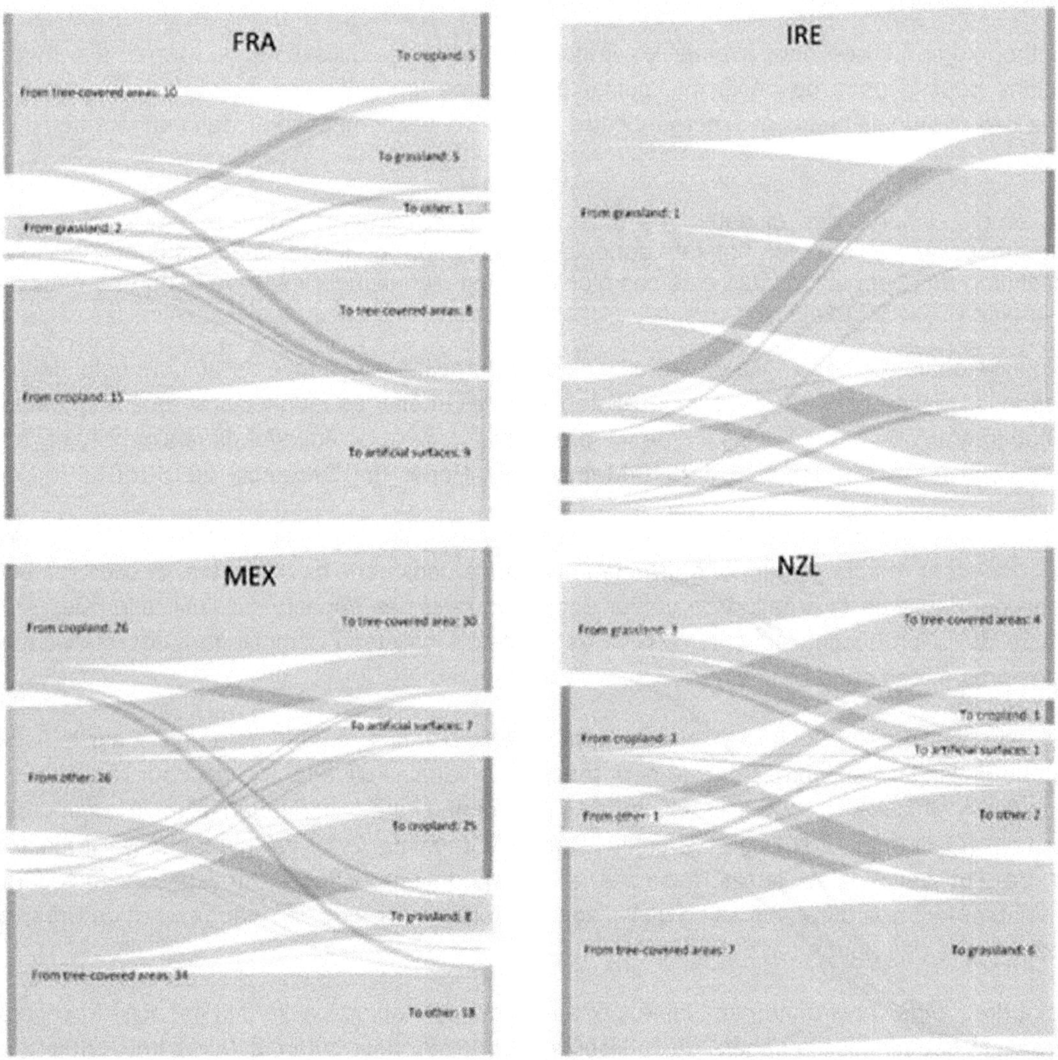


Note : Six principales catégories analogues à celles du GIEC. La catégorie « Autres » recouvre l'eau, les sols nus, les formations arbustives, et la végétation clairsemée. L'ampleur des flux est indiquée numériquement lorsqu'ils dépassent mille km2.
Source : Calculs de l'OCDE fondés sur la base de données CCI-LC dont il est fait état dans « Land cover change and conversions: Methodology and results for OECD and G20 countries » (Haščič et Mackie, 2018[1]).

# 3 Des stratégies et des plans nationaux cohérents pour une utilisation durable des terres

Les stratégies et plans nationaux établissent les priorités à moyen et long termes d'un pays dans différents secteurs. Ce chapitre vise à déterminer dans quelle mesure ces documents prennent en compte les questions d'utilisation des terres, de biodiversité, de climat et d'alimentation dans les pays étudiés (Brésil, France, Indonésie, Irlande, Mexique et Nouvelle-Zélande). Il évalue la cohérence des objectifs touchant à l'utilisation des terres dans les contributions déterminées au niveau national (CDN) (définies en application de l'Accord de Paris), les stratégies de développement à faibles émissions (SDFE) à long terme, les stratégies et plans d'action nationaux pour la biodiversité (SPANB) (élaborés en vertu de la Convention sur la diversité biologique), les plans de développement agricole, les plans nationaux de développement (ou l'équivalent), les plans forestiers nationaux et les plans nationaux d'échanges commerciaux ou d'exportations.

Les stratégies nationales définissent les priorités d'un pays à moyen et long termes dans divers domaines. Elles sont destinées à guider et orienter les mesures prises par le pays dans des secteurs ou des sphères d'action particuliers. Dans certains cas (notamment pour la biodiversité), les stratégies sont accompagnées d'un plan d'action. Elles doivent donc élaborer, de manière concertée, les objectifs communs vers lesquels devront tendre les différents ministères. Les stratégies nationales doivent énoncer des objectifs clairs et réalisables que le gouvernement national – et tous les ministères concernés – doivent s'efforcer d'atteindre. Pour cela, des stratégies et des plans d'action fixant des objectifs spécifiques, mesurables, temporellement définis, et précisant les indicateurs utilisables pour évaluer les progrès, peuvent grandement faciliter ce processus. Compte tenu des divers hiatus et synergies pouvant exister entre les secteurs et les domaines d'action, les différentes stratégies doivent être cohérentes les unes par rapport aux autres.

Parfois, l'élaboration de stratégies nationales est encouragée ou imposée par des initiatives ou des accords multilatéraux internationaux supérieurs. C'est le cas, par exemple, pour les stratégies et plans d'action nationaux pour la biodiversité (SPANB) imposés par la Convention sur la diversité biologique, ou les stratégies et plans d'action nationaux requis pour la mise en œuvre des activités de REDD+ dans le cadre de la CCNUCC. Néanmoins, même sans accords internationaux dans d'autres domaines touchant à la problématique de l'utilisation des terres, presque tous les pays ont élaboré des stratégies ou des plans nationaux pour l'agriculture, pour la foresterie, et des plans généraux de développement ou de croissance économique.

Les principaux plans et stratégies concernés par la problématique de l'utilisation des terres sont les contributions déterminées au niveau national (CDN), les stratégies de développement à faibles émissions (SDFE) à long terme, les SPANB, les plans de développement agricole, les plans nationaux de développement (ou l'équivalent), et les plans nationaux d'échanges commerciaux ou d'exportations. Ce chapitre commence par un bref tour d'horizon des accords multilatéraux touchant à la problématique de l'utilisation des terres, ainsi que des obligations ou des recommandations concernant leur transposition en droit national. Il compare ensuite les stratégies et plans nationaux dans les six pays étudiés afin d'analyser leur degré de cohérence.

## Influence des accords multilatéraux sur les stratégies nationales

Au niveau international, l'Agenda 2030 et les Objectifs de développement durable ont amené à examiner, plus globalement, la manière dont les actions menées pour atteindre un objectif pouvaient interagir, tant positivement que négativement, avec la réalisation de certains autres (voir le chapitre 1). Les objectifs explicites, ainsi que les indicateurs, constituent un cadre d'action applicable aux nombreuses dimensions du développement durable, établissant notamment la nécessité d'une cohérence des différentes politiques (ODD 17). De la même façon, bien que ciblées sur des enjeux environnementaux particuliers, la CCNUCC et la CDB fixent le cadre d'action de la communauté internationale en matière de changement climatique et de biodiversité, respectivement[1]. Ces deux conventions diffèrent à plusieurs égards sur le plan des informations que les pays sont invités à ou obligés de fournir, notamment pour ce qui est des stratégies et plans nationaux (Tableau 3.1), ainsi que des échéances définies.

En vertu de l'Accord de Paris, les Parties sont tenues de soumettre des CDN dans lesquelles ils énoncent leurs objectifs d'émissions de GES. Ces CDN ont un horizon relativement court, les premières allant jusqu'en 2025 ou 2030 (d'autres CDN seront soumises ensuite). Les pays doivent déterminer eux-mêmes le niveau de ces objectifs et les secteurs couverts. Certaines CDN mentionnent explicitement les forêts[2] et l'agriculture et peuvent avoir des objectifs associés, d'autres non.

L'Accord de Paris, adopté en 2015, a également invité les Parties à soumettre d'ici 2020 des stratégies à long terme de développement à faibles émissions de GES à l'horizon 2050 (Accord de Paris, article 4.19)[3]. Dix pays l'avaient déjà fait en février 2019, dont la France et le Mexique[4]. Ces stratégies s'étendant sur une plus longue période, il est plus difficile aux gouvernements d'établir des plans d'action précis. Les Parties à la CCNUCC sont aussi tenues de soumettre des communications nationales mettant en évidence, entre autres, les politiques et mesures prévues ou engagées dans le domaine climatique. Par ailleurs, obligation est faite aux pays visés à l'Annexe I[5] de présenter les progrès accomplis en direction de leurs objectifs climatiques dans des rapports biennaux ; cette obligation a été étendue à tous les pays dans le paquet climat de Katowice qui prévoit la fourniture de « rapports biennaux au titre de la transparence » au plus tard fin 2024.

Les 20 Objectifs d'Aichi 2011-2020 pour la biodiversité définis dans le cadre de la CDB comportent des objectifs spécifiques sur les forêts (Objectifs 5 et 7), l'agriculture (Objectifs 7 et 8, par exemple), le changement climatique (Objectifs 10 et 15)[6], les services écosystémiques (Objectif 15) et beaucoup d'entre eux ont un rapport avec l'utilisation des terres plus généralement. Les Parties à la CDB sont encouragés à utiliser les Objectifs d'Aichi pour la biodiversité comme cadre directeur pour élaborer leurs SPANB.

De ce fait, par rapport à la CCNUCC, le cadre de la CDB favorise une plus grande cohérence en ce qui concerne l'élaboration des SPANB et la problématique de l'utilisation des terres à l'échelon national. En effet, parce qu'il y a peu d'indications sur les informations à faire figurer dans les CDN, et aucune obligation quant à la forme ou à la couverture qu'elles doivent avoir, elles sont très diverses dans leur forme, leur contenu et leur couverture. D'un autre côté, les périodes couvertes par les documents à soumettre au titre de la CDB sont sensiblement plus courtes (à savoir jusqu'en 2020) que dans le cadre de la CCNUCC.

## Tableau 3.1. Comparaison des obligations d'élaboration d'une stratégie nationale et des échéances dans le cadre de la CCNUCC et de la CDB

| | **CCNUCC (et Accord de Paris)** | **CDB (et Objectifs d'Aichi 2011-2020 pour la biodiversité)** |
|---|---|---|
| Stratégie ou plan à long terme (à l'horizon 2050) | SDFE à long terme : pas obligatoire, ni dans les pays développés, ni dans ceux en développement. Plusieurs pays ont défini des objectifs d'émissions de GES à l'horizon 2050. | « Vivre en harmonie avec la nature », à savoir, « d'ici à 2050, la diversité biologique est valorisée, conservée, restaurée et utilisée avec sagesse, en assurant le maintien des services fournis par les écosystèmes, en maintenant la planète en bonne santé et en procurant des avantages essentiels à tous les peuples ». |
| Stratégie/contributions et plans d'action à court et moyen terme | CDN : obligatoire pour toutes les Parties (objectifs souvent au-delà de 2030) | SPANB (objectifs et plans d'action sur la manière de les atteindre, généralement à l'horizon 2020. Certains comportent aussi des indicateurs) |
| Rapports à présenter sur les progrès réalisés | Communication nationale (sous réserve de la fourniture d'une aide aux pays en développement), comprenant des informations sur l'atténuation du changement climatique et l'adaptation à ses effets. Obligatoire pour toutes les Parties | Rapports nationaux (sur les progrès réalisés par rapport aux objectifs, et les difficultés rencontrées) |
| | Rapports biennaux (pour les pays développés) et rapports biennaux actualisés (pour les pays en développement) – consacrés à l'atténuation du changement climatique | |

Note : Bien que les Parties à la CCNUCC soient en principe toutes tenues de soumettre des communications nationales et des « rapports biennaux (actualisés) », seulement 41 pays en développement (sur 154) en ont déjà transmis un. De plus, 66 pays en développement n'ont rien communiqué depuis janvier 2015 (Ellis et al., 2018[11]). Sur les 196 Parties à la CDB, 160 ont soumis des SPANB depuis la COP10 et, sur le total des SPANB soumis à ce jour, 190 Parties sur 196 (97 %) ont élaboré des SPANB conformément à l'article 6 de la CDB.
Source : Auteurs.

### *Autres accords et instances*

Parmi les autres accords multilatéraux internationaux concernés, le Plan stratégique des Nations Unies sur les forêts a été élaboré par le Forum des Nations Unies sur les forêts (FNUF) et adopté ensuite par l'Assemblée générale des Nations Unies en 2017. Il contient six objectifs mondiaux non contraignants relatifs aux forêts, et 26 cibles associées à atteindre d'ici 2030. Les États membres sont invités à annoncer leurs « contributions nationales volontaires » à la réalisation de ces objectifs et cibles lors des prochaines sessions du FNUF. Au 31 juillet 2018, cinq pays avaient communiqué ces annonces. À l'échelon supranational, au sein de l'Union européenne, les 28 États membres sont également régis par diverses directives de la CE en rapport avec la problématique de l'utilisation des terres. Il s'agit notamment du paquet législatif de l'UE sur l'énergie et le changement climatique, des directives Oiseaux et Habitats, de la directive sur l'utilisation durable des pesticides, de la directive-cadre sur l'eau, et de la politique agricole commune (PAC). Ce cadre supranational a donc une grande influence sur la politique agricole en France et en Irlande.

L'ODD 12.3 s'attaque directement aux pertes et gaspillages alimentaires (PGA) : « D'ici à 2030, réduire de moitié à l'échelle mondiale le volume de déchets alimentaires par habitant au niveau de la distribution comme de la consommation et réduire les pertes de produits alimentaires tout au long des chaînes de production et d'approvisionnement, y compris les pertes après récolte », mais en dehors des ODD, aucun accord international n'est ciblé sur les PGA. Au niveau de l'UE, la directive-cadre relative aux déchets fixe une échéance pour l'adoption de méthodes de mesure communes et prévoit la publication d'un rapport d'ici 2023 envisageant l'introduction d'objectifs contraignants sur la prévention du gaspillage alimentaire (Champions 12.3, 2018[2]). Il existe également la plateforme de l'UE sur les pertes et le gaspillage alimentaires, qui rassemble les principales parties prenantes des pouvoirs publics, de l'industrie et des ONG afin de comprendre les enjeux des PGA et de mettre en évidence les bonnes pratiques des pays membres. Malgré plusieurs autres initiatives internationales comme l'Initiative mondiale de réduction des pertes et du gaspillage alimentaires lancée par la FAO (SAVE FOOD), il manque des mesures d'intégration visant à réduire les PGA dans les autres accords touchant à l'utilisation des terres, par exemple dans les CDN ou les SPANB. Une plus grande prise en compte des PGA dans ce type d'accords mettrait certainement ce problème davantage en avant, ce qui se traduirait par des émissions évitées, une pression moindre sur les terres exploitées et non exploitées, et une diminution des autres impacts dus à l'agriculture.

## Cohérence des stratégies et plans d'action nationaux touchant à l'utilisation des terres

Comme il a déjà été dit, veiller à la cohérence des différentes stratégies nationales dans la sphère de l'utilisation des terres est un premier point essentiel pour que les mesures et politiques mises en œuvre sur le territoire du pays dans différents secteurs et domaines soient toutes en phase. Des objectifs clairs et quantifiés peuvent envoyer un signal fort sur le niveau d'ambition nécessaire dans les différents secteurs et domaines d'action.

Dans la suite de cette section, les grands documents stratégiques nationaux des six pays étudiés sont comparés et analysés. Globalement, il ressort que d'importants progrès peuvent encore être faits pour renforcer la cohérence et la clarté des stratégies nationales touchant à la sphère de l'utilisation des terres. Peu de CDN et de SDFE mentionnent les enjeux de l'utilisation des terres (les forêts, l'agriculture, par exemple). Toutefois, celles qui évoquent expressément cette problématique énoncent généralement des objectifs quantitatifs, au moins dans certains domaines (comme en France, en Indonésie et au Mexique – voir le Tableau 3.2).

Les quantités de GES émises et absorbées par tous les secteurs font déjà l'objet d'un suivi depuis un certain nombre d'années, et l'indicateur pour les émissions de GES, la t éq. $CO_2$, est bien établi, ce qui facilite la définition d'objectifs quantitatifs. En revanche, presque tous les SPANB mentionnent et incluent, sous une forme ou une autre, un objectif en rapport avec la foresterie, l'agriculture et le changement climatique (comme indiqué plus haut, cela est dû au moins en partie aux Objectifs d'Aichi pour la biodiversité, qui font aussi expressément référence à ces questions). Bien qu'étant plus cohérents en ce sens, bon nombre de ces objectifs figurant dans les SPANB ne sont pas quantifiés.

Par exemple, l'objectif 7 de la Nouvelle-Zélande qui prévoit la mise en place d'une norme environnementale nationale sur les forêts de production d'ici 2018, et l'objectif 3.2 de la France d'intégrer la biodiversité dans les plans de gestion des forêts, ne donnent pas une direction claire sur le niveau d'ambition nécessaire. Au contraire, l'objectif du Brésil de restaurer au moins 15 % des terres dégradées, et l'objectif de la France d'atteindre zéro artificialisation nette, envoient des signaux beaucoup plus clairs aux ministères concernés sur les objectifs qu'ils sont supposés atteindre.

Les plans de développement agricole sont habituellement plus vagues que les SPANB sur les questions touchant à l'utilisation des terres. Dans les six pays étudiés, ils reconnaissent certes les pressions sur le changement climatique, la biodiversité/les écosystèmes et les forêts, mais ils se bornent à parler d'« améliorer l'efficience », « soutenir les efforts », « minimiser les risques ». Étant donné le pourcentage important des émissions de GES provenant de ce secteur, et les pressions que les pratiques d'utilisation et de gestion des sols agricoles exercent sur la biodiversité, le manque d'indications concrètes dans ces plans laisse aux différents ministères une grande marge d'interprétation des textes, et ouvre donc la porte à des décalages entre les politiques. Dans l'idéal, les objectifs concernant l'agriculture énoncés par exemple dans un SPANB devraient se retrouver dans le plan de développement agricole du pays. Des signaux cohérents seraient ainsi envoyés aux différents ministères concernés par la problématique de l'utilisation des terres.

Les références faites aux enjeux de cette problématique dans les plans de développement nationaux (ou les stratégies équivalentes) sont tout aussi ambiguës. La Nouvelle-Zélande et l'Irlande font, dans une certaine mesure, exception : le Plan économique néo-zélandais appelle expressément à planter 1 milliard d'arbres, et le plan irlandais fixe des objectifs de boisement devant augmenter progressivement chaque année d'une quantité quantifiée. Les stratégies sont examinées plus en détail ci-dessous.

**Encadré 3.1. Cohérence des stratégies nationales de l'Irlande, et aperçu de son SPANB**

L'examen des diverses stratégies et plans nationaux touchant à la problématique de l'utilisation des terres en Irlande montre une coordination et une intégration importantes entre les objectifs relatifs à l'utilisation des terres, à l'atténuation du changement climatique, aux écosystèmes/biodiversité et à l'alimentation. À chaque fois, les principaux documents portant sur un domaine d'action ont été élaborés en intégrant des éléments d'un ou plusieurs des autres domaines. Les références à la biodiversité ou aux écosystèmes dans les plans de développement agricole et le plan national de développement restent néanmoins relativement générales. Malgré cela, tous les grands documents stratégiques tels que le plan national d'atténuation (National Mitigation Plan), le plan pour l'agroalimentaire (Food Wise 2025) et le plan de développement rural (Rural Development Plan) notent leur importance.

Le SPANB irlandais est défini de manière particulièrement claire (par rapport aux autres stratégies nationales du pays) en ce qu'il énonce des objectifs et des actions précise et comprend aussi des indicateurs explicites pour suivre les progrès réalisés (bien que certains soient plus SMART que d'autres). Les objectifs sont transversaux, avec des références et des mesures précises relatives à l'agriculture et à la foresterie (par exemple l'objectif 4.1 du SPANB et les actions correspondantes, qui renvoient aux programmes agro-environnementaux, à l'agriculture à haute valeur naturelle, etc., et les indicateurs associés). Le rôle des aires protégées en matière d'adaptation au changement climatique est également reconnu, avec des objectifs précis d'augmentation de la superficie des tourbières. En revanche, le plan national de développement de l'Irlande (National Development Plan 2018-2027) ne contient pas d'indicateurs ni d'objectifs précis (quantitatifs). Il y est fait allusion à la biodiversité, mais le plan renvoie essentiellement au SPANB.

### *Objectifs d'atténuation des GES figurant dans les CDN et les SDFE et présence d'éléments de la problématique de l'utilisation des terres*

Les références faites à l'utilisation des terres, aux écosystèmes et à la sécurité alimentaire dans les CDN et les SDFE des six pays étudiés sont comparées dans le tableau 3.2, ce qui donne une indication du degré d'intégration de ces sujets dans les stratégies nationales de lutte contre le changement climatique. Les questions d'utilisation des terres, l'agriculture et la foresterie sont expressément évoquées dans trois des six CDN (Brésil, Indonésie et Mexique)[7] avec des objectifs précis mentionnés pour plusieurs d'entre eux. Dans les trois CDN concernées, il est difficile de comparer l'ambition de ces objectifs car ils ne sont pas exprimés de la même manière[8]. Globalement, ces documents font peu expressément référence aux interactions avec la biodiversité ou les écosystèmes[9].

En dehors des CDN, certains pays ont élaboré des stratégies ou des plans nationaux qui sont plus détaillés. En France par exemple, une Stratégie nationale bas-carbone (SNBC)[10] a été publiée en novembre 2015, suivie d'une version révisée en 2018. Elle définit des orientations stratégiques pour mettre en œuvre la transition vers une économie durable bas carbone dans tous les secteurs d'activité, dont l'agriculture (voir le tableau 3.2). Elle souligne également l'importance des comportements individuels, notamment des changements à apporter aux régimes alimentaires, pour atteindre les objectifs nationaux d'atténuation des GES.

Par ailleurs, le Plan climat (juillet 2017)[11] spécifie à la fois des objectifs à long terme et des jalons à plus court terme, et renforce explicitement l'objectif français pour 2050 en matière de GES, qui passe du « facteur 4 »[12] à la neutralité carbone. Le Plan climat, élaboré à la demande du Président et du Premier ministre, engage l'ensemble du gouvernement à accélérer la transition énergétique et climatique et la mise en œuvre de l'Accord de Paris. Le Plan vise à favoriser la cohérence entre l'atténuation du changement climatique et l'utilisation des terres, les écosystèmes et l'alimentation. Il aborde ces éléments dans son cinquième volet (« Mobiliser le potentiel des écosystèmes et de l'agriculture pour lutter contre le changement climatique »), comprenant les axes 15 à 19 : les axes 15 et 17 soulignent l'importance d'une gestion durable des forêts pour réaliser les ambitions fixées en matière climatique, directement sur le territoire français (axe 17) mais aussi par l'amélioration de la consommation pour réduire la déforestation (axe 15) (cet aspect est examiné plus loin).

### *Présence d'éléments de la problématique de l'utilisation des terres dans les SPANB*

Globalement, les pays ayant des objectifs concrets relatifs aux forêts et à l'agriculture dans leurs CDN (sur le climat) et leurs SDFE à long terme sont moins nombreux que ceux ayant des objectifs concrets relatifs au climat, aux forêts et à l'agriculture dans leurs stratégies nationales pour la biodiversité. Le Tableau 3.3 résume les informations sur la foresterie, l'agriculture et le changement climatique qui figurent dans les stratégies et plans d'action nationaux pour la biodiversité. Bien que les six SPANB évoquent divers aspects de la problématique de l'utilisation des terres, ils manquent de précision et/ou d'ambition dans ces domaines (exemple pour l'Indonésie : « amélioration des zones d'exploitation forestière » ; Irlande : « poursuivre les programmes de recherche sur les forêts »). La plupart des objectifs ne sont pas quantifiés et les ministères concernés ne disposent donc pas d'indications suffisamment précises pour agir. Font exception à cet égard la France pour certains de ces objectifs, notamment celui de zéro artificialisation nette des sols[13], le Brésil pour l'objectif de restauration d'au moins 15 % des terres dégradées, et l'Irlande, avec un objectif de reboisement de feuillus de 30 %.

## Tableau 3.2. Objectifs en matière de GES figurant dans les premières CDN et SDFE, et présence d'éléments de la problématique de l'utilisation des terres

| | Objectifs de réduction des émissions de GES dans les CDN | Objectifs en rapport avec l'utilisation des terres, les écosystèmes et l'alimentation dans les CDN | Objectifs en rapport avec l'utilisation des terres, les écosystèmes et l'alimentation dans les SDFE |
|---|---|---|---|
| Brésil (Gouvernement brésilien, 2016) | Objectif national de réduire les émissions de GES de 37 % par rapport aux niveaux de 2005 d'ici 2025, et de 43 % d'ici 2030 à titre indicatif | D'ici 2030, le gouvernement brésilien (2015) restaurera 15 Mha supplémentaires de pâturages dégradés (en plus des 15 millions visés d'ici 2020), renforcera 5 Mha de systèmes intégrés de culture-élevage-sylviculture, éliminera totalement la déforestation illicite et restaurera 12 Mha de forêts en Amazonie. | Aucune soumise à ce jour |
| Union européenne (France/Irlande) (Commission européenne, 2016) | Objectif contraignant d'au moins 40 % de réduction des émissions intérieures de GES d'ici 2030 par rapport à 1990 | La stratégie à suivre pour intégrer le secteur UTCATF dans le cadre d'atténuation des GES à l'horizon 2030 sera définie dès que la situation technique le permettra, et dans tous les cas avant 2020. | Sans objet |
| France (Stratégie nationale bas-carbone, 2015) | Objectif national | Voir UE plus haut pour la CDN | Réduire les émissions agricoles de plus de 12 % d'ici la 3e période de budget carbone (à savoir 2024-28) par rapport à 2013, et de moitié d'ici 2050 au moyen du projet d'agro-écologie. Stocker et conserver le carbone dans les sols et la biomasse. |
| Irlande (Climate Action Plan 2019) | Objectif national | Voir UE plus haut pour la CDN | Réduire les émissions dues à l'agriculture, à la foresterie et à l'utilisation des terres pour les amener entre 17.5 et 19.0 Mt éq.$CO_2$ en atteignant une diminution totale de 16.5 à 18.5 Mt éq.$CO_2$ sur la période 2021-2030.<br>34 mesures et 120 sous-mesures affectées à des institutions précises. |
| Indonésie | 29 % de réduction | D'ici 2030 : Réduction des émissions | Aucune soumise à ce jour |

| | Objectifs de réduction des émissions de GES dans les CDN | Objectifs en rapport avec l'utilisation des terres, les écosystèmes et l'alimentation dans les CDN | Objectifs en rapport avec l'utilisation des terres, les écosystèmes et l'alimentation dans les SDFE |
|---|---|---|---|
| | d'ici 2030 par rapport au niveau de référence (objectif conditionnel de 41 %, c'est-à-dire avec une aide internationale) | agricoles de 0.32 % (objectif conditionnel 0.13 %) Réduction des émissions dues à la foresterie (y compris les feux de tourbières) de 17.2 % (objectif conditionnel 23 %) | |
| Mexique (Climate change Mid-Century Strategy 2016) | Réduction de 25 % par rapport au scénario d'un statu quo d'ici 2030 et jusqu'à 40 % dans le scénario conditionnel | Comprend le secteur UTCATF et l'agriculture. Objectif de 0 % de déforestation d'ici 2030. | Réduction des émissions de 50 % d'ici 2050 par rapport à 2000. Objectif 2 : Conserver, restaurer et gérer de manière durable les écosystèmes pour garantir le maintien de leurs services écologiques afin de favoriser l'atténuation du changement climatique et l'adaptation à ses effets (avec 6 stratégies et 45 mesures ; aucune n'est quantifiée) Diverses mesures précisées pour l'agriculture et la foresterie dans la série M. Aucune n'est quantifiée (par exemple, « encourager les collectivités locales à planifier »...) |
| Nouvelle-Zélande (Gouvernement néo-zélandais, 2016) | Objectif national de réduire les émissions de GES à 30 % des niveaux de 2005 d'ici 2030. | Pas d'objectifs spécifiques mais rentre dans le cadre de l'engagement pris par la Nouvelle-Zélande dans sa première CDN. | Réduire les émissions de 50 % d'ici 2050 par rapport à 1990 (des mesures officielles ont été prises récemment pour aller vers la neutralité carbone) |

Note : Le Brésil, l'Indonésie et la Nouvelle-Zélande n'ont pas encore soumis de SDFE à long terme.
Source : Auteurs, à partir des CDN soumises par les pays, disponibles à l'adresse http://www4.unfccc.int/ndcregistry/Pages/All.aspx ; et autres documents mentionnés ci-dessus : (Ministère de l'Écologie, du Développement durable et de l'Énergie, 2015[3]), *Stratégie nationale bas-carbone*, https://www.ecologique-solidaire.gouv.fr/sites/default/files/SNBC_France_low_carbon_strategy_2015.pdf, ; (Government of Ireland, 2018[4]) *Climate action plan 2019: To tackle climate breakdown* ; (SEMARNAT-INECC, 2016[5]) ; *Mexico's Climate Change Mid-Century Strategy.* https://unfccc.int/files/focus/long-term_strategies/application/pdf/mexico_mcs_final_cop22nov16_red.pdf

L'absence de quantification de beaucoup d'objectifs implique aussi qu'ils ne sont pas mesurables. Plusieurs SPANB comportent bien des indicateurs associés aux objectifs, à savoir ceux du Brésil, de l'Indonésie, de l'Irlande et de la France, mais certains sont plus précis que d'autres. Le Brésil a réuni près de 280 institutions pour élaborer son SPANB, et a constitué un groupe multipartite pour la biodiversité (PainelBio) pour mettre au point les indicateurs. Le Mexique et la Nouvelle-Zélande ne définissent pas d'indicateurs. D'une manière générale, il est très difficile de guider les actions nationales d'une manière cohérente et transparente si les objectifs ne sont pas spécifiques, mesurables, accessibles, réalisables et temporellement définis (SMART).

De plus, certains SPANB des six pays étudiés mentionnent la protection de certaines zones boisées essentielles (Brésil) ou de terres présentant une grande importance pour la protection de la nature (Nouvelle-Zélande – *stewardship lands with high conservation value*), et des objectifs de diminution de la fragmentation des forêts (Mexique, Brésil) ou des habitats (Irlande, France). Dans le SPANB brésilien, par exemple, la mesure 7 au titre de l'objectif 5 consiste à « réduire le morcellement des parcelles boisées restantes, et favoriser la connexion des petits lopins forestiers ». Les objectifs associés sont cependant encore essentiellement qualitatifs[14].

La France a aussi élaboré un Programme national de la forêt et du bois (MAA, 2016[6]), proposé par le ministère de l'Agriculture et de l'Alimentation et adopté en 2016, qui définit les principaux objectifs de la politique forestière française pour la période 2016-26. Il note le rôle des forêts dans la réduction des émissions de GES, et les interrelations entre les actions menées dans les domaines de la biodiversité et du changement climatique. De même, le ministère irlandais de l'Agriculture, de l'Alimentation et de la Mer a élaboré en 2014 une stratégie forestière dans son document « Forests, products and people, Ireland's forestry policy – a renewed vision ». Celui-ci contient une analyse coûts-avantages des programmes de reboisement futur, qui prend en compte les bénéfices associés au bois d'œuvre, à la séquestration du carbone, à la biodiversité et à la qualité de l'eau, entre autres.

Les Objectifs d'Aichi pour la biodiversité mentionnent aussi expressément la nécessité de supprimer, réduire progressivement ou réformer les incitations, notamment les subventions, néfastes pour la biodiversité (Objectif 3). Pourtant, très peu de SPANB évoquent les incitations, notamment les subventions, néfastes pour la biodiversité, alors que les six pays étudiés ont des subventions en place qui faussent le marché et peuvent avoir des effets négatifs (voir le chapitre 5). Les lignes directrices pour la rédaction des communications nationales sur le changement climatique contiennent les mêmes commentaires sur la réforme des incitations néfastes, mais peu de pays l'ont fait. Une première étape essentielle consiste à répertorier et évaluer les incitations existantes qui ne concordent pas avec les objectifs environnementaux internationaux. S'engager à réaliser ces évaluations, notamment dans le cadre d'examens nationaux (par exemple la France et la biodiversité) ou de processus d'examen par les pairs internationaux (par exemple l'examen par les pairs de l'Indonésie sur les subventions aux énergies fossiles réalisé en Indonésie, dans le cadre du G20) est un premier pas important dans ce sens.

## Tableau 3.3. La foresterie, l'agriculture et le changement climatique dans les SPANB

| | Foresterie | Agriculture | Changement climatique |
|---|---|---|---|
| Brésil (SPANB 2016-2020) | Oui, l'objectif 7 intègre des pratiques durables dans la gestion de la forêt et de la faune | Oui, objectif 7 ; objectif 8 sur l'excès de nutriments. Comprend des indicateurs associés. | Oui, objectif 15 d'augmenter les stocks de carbone et de restaurer au moins 15 % des terres dégradées |
| France (SNB 2011 et Plan biodiversité 2018) | Non dans la Stratégie nationale (fait référence à l'exploitation forestière, mais de manière vague) (SNB 2011) ; Oui dans le Plan national : objectif 1.3 zéro artificialisation nette ; objectif 3.2 intégrer la biodiversité dans les plans de gestion des forêts (Plan biodiversité 2018) | Non dans la Stratégie nationale (SNB 2011) ; Oui dans le Plan national : objectif 1.3 zéro artificialisation nette ; objectif 2.2 transition vers l'agro-écologie (Plan biodiversité 2018) | Non (SNB 2011) ; Oui, mentionné souvent, sans objectifs spécifiques (Plan biodiversité 2018) |
| Indonésie (IBSAP 2015-2020) | Quelques références, par exemple élaboration d'un plan pour la foresterie et amélioration des zones d'exploitation forestière ; gestion durable des forêts protégées | Oui, plusieurs références, par exemple extension et gestion durable des terres pour l'agriculture, les plantations et l'élevage (p. 236) | Oui, amélioration des activités d'atténuation du changement climatique et d'adaptation à ses effets au niveau national et local |
| Irlande (BAP 2017-2021) | Oui, objectif 4.1 : politique forestière optimisée pour favoriser la biodiversité, avec diverses mesures précises et indicateurs associés | Oui, objectif 4.1 : politique agricole optimisée pour favoriser la biodiversité, avec diverses mesures précises et indicateurs associés | Oui, 1.1.14. mettre en œuvre les mesures du plan d'adaptation sectoriel au changement climatique pour la biodiversité de l'Irlande (Biodiversity Climate Change Sectoral Adaptation Plan) ; 2.1.10 poursuivre les programmes de recherche sur les forêts, notamment sur les stocks de carbone |
| Mexique (SPANB 2016-2030) | Oui, plusieurs objectifs concernent la foresterie. Aucun n'est quantifié. | Oui, plusieurs objectifs concernent l'agriculture. Aucun n'est quantifié. | Oui, nombreuses références au changement climatique, sans objectifs précis |
| Nouvelle-Zélande (2016-2020) | Oui, objectif 7, mettre en œuvre une norme environnementale nationale pour les forêts de production (National Environmental Standard for Plantation Forestry) d'ici 2018 | Oui, objectif 7, améliorer l'efficience des systèmes de production agricole (par exemple en assouplissant les pratiques d'exploitation des terres et de production agricole) | Oui, objectif 16.1, suivi des stocks de carbone dans les forêts et les habitats |

Note : L'objectif national°7 du Brésil énonce par exemple que : D'ici 2020, les pratiques de gestion durables sont diffusées et encouragées dans l'agriculture, l'élevage, l'aquaculture, la sylviculture, les activités extractives, et la gestion des forêts et de la faune, afin de préserver la biodiversité (Gouvernement brésilien, 2018[7]).
Source : Auteurs, à partir des SPANB soumis par les pays, disponibles à l'adresse : https://www.cbd.int/nbsap.

L'Irlande fait partie des pays ayant pris ce type d'engagement (son SPANB prévoit une étude entre 2017 et 2019), de même que le Brésil qui reprend presque textuellement l'Objectif 3 d'Aichi (en prévoyant que d'ici 2020 au plus tard, les incitations néfastes pour la biodiversité, notamment les subventions ayant des effets pervers, seront éliminées, réduites progressivement ou réformées)[15]. Plus précisément pour l'Irlande, au titre de l'Objectif 1, la mesure 1.1.15 prévoit de : Identifier et prendre des mesures pour minimiser l'impact des incitations et des subventions sur la diminution de la biodiversité, et élaborer des mesures d'incitation positives, si nécessaire, pour encourager la préservation de la diversité biologique. L'indicateur de performance défini est : 1. les politiques et pratiques qui génèrent les incitations ayant des effets pervers ; 2. le nombre de mesures de réforme utiles conçues et appliquées. Le texte contient un engagement clair, défini dans le temps, à s'attaquer à ce problème. En France en revanche, bien qu'un rapport sur les subventions publiques intérieures néfastes pour la biodiversité ait déjà été publié (CAS,

2011[8]), il n'est pas mentionné dans la Stratégie nationale pour la biodiversité (SNB) ni dans le Plan biodiversité.

Au Brésil, certains États, dont São Paulo, Paraná et Rio Grande do Sul, ont aussi élaboré des stratégies et des plans d'action ou des programmes pour la biodiversité. Mais il a été difficile d'assurer la cohérence et la synergie avec les politiques, programmes et objectifs fédéraux en matière de biodiversité (OCDE, 2016[9]).

### *Présence d'éléments de la problématique de l'utilisation des terres dans les plans de développement agricole*

Contrairement au changement climatique et à la biodiversité, il n'existe pas d'accord multilatéral supérieur qui oblige ou invite les gouvernements à élaborer des plans nationaux de développement agricole. Néanmoins, la plupart des pays (sinon tous) ont défini des stratégies dans ce domaine. Pour la France et l'Irlande, les politiques agricoles sont déterminées dans une large mesure au niveau européen par la PAC. Le Tableau 3.4 résume les références faites à l'atténuation du changement climatique, à la foresterie et à la biodiversité/écosystèmes dans les plans nationaux de développement agricole (ou d'autres documents nationaux équivalents).

Si l'on regarde les six pays et les éléments de la problématique, seul le Brésil a défini clairement des mesures à prendre, ainsi que des objectifs quantifiés concernant l'atténuation du changement climatique. Bien que presque tous les plans de développement agricole des six pays contiennent des références aux éléments de la problématique, elles sont toutes relativement générales.

La France a tout de même élaboré un Plan de développement de l'agroforesterie pour 2015-2020 publié en 2015 par le ministère de l'Agriculture et de l'Alimentation (Gouvernement français, 2015[10]). Il présente des mesures destinées à encourager les agriculteurs à adopter des pratiques combinant des arbres et des activités de culture et d'élevage. Il souligne le rôle joué par les haies et les arbres dans la production de bois et de fourrage, la lutte contre l'érosion, les régulations microclimatiques et hydriques, le stockage du carbone ou encore l'adaptation au changement climatique. Le Plan appelle à renforcer la recherche-développement et à mieux comprendre les systèmes agroforestiers, à améliorer le cadre réglementaire et renforcer les incitations financières, et à développer un secteur national qui valorise mieux les sous-produits de l'agroforesterie. Il se fixe aussi comme objectif de promouvoir l'agroforesterie au niveau international. Cependant, aucune des actions définies n'est accompagnée d'objectifs précis.

**Tableau 3.4. L'atténuation du changement climatique, la biodiversité/les écosystèmes et les forêts dans les plans de développement agricole ou l'équivalent**

| | Atténuation du changement climatique | Biodiversité/écosystèmes | Forêts |
|---|---|---|---|
| Brésil (Plan national pour une agriculture à faibles émissions de carbone, (2016[11]) ; et Plan 2018/19 pour l'agriculture et l'élevage (2018[12]) | Actions spécifiques définies avec des objectifs quantifiés et une estimation du potentiel d'atténuation | Améliorer l'efficience de l'utilisation des ressources naturelles | Soutenir les mesures prises pour diminuer la déforestation dues à l'expansion de l'élevage |
| France (Projet agro-écologique (2013[13]) | Mentionnée mais dans des termes vagues. Non quantifiée | Mentionnés mais dans des termes vagues. Non quantifiés | - |
| Indonésie[1] (Plan stratégique pour l'agriculture 2015-2019) | Fait référence à l'atténuation du changement climatique, en indiquant que l'agriculture devrait être plus durable | Mentionnés | Fixe comme objectif la conversion de 4.5 millions d'hectares d'espaces boisés en terres agricoles |
| Irlande (Food Wise 2025) (2015[14]) | Bien intégrée mais pas d'objectifs précis | La biodiversité est mentionnée dans le contexte du suivi et de l'évaluation des impacts, mais sans objectifs précis | Plan détaillé de production et de boisement pour la foresterie, relié au climat, mais pas à la biodiversité |
| Mexique (Plan de développement agricole 2013-2018 (2013[15])) | La section sur le diagnostic mentionne l'impact du changement climatique sur le secteur | La section sur le diagnostic mentionne l'impact de la dégradation des ressources naturelles sur le secteur | - |
| Nouvelle-Zélande (Good Farming Practice Action Plan for Water Quality) (2018[16])[2] | Très vague | Vise à améliorer la santé écologique des cours d'eau. Il est question par exemple de minimiser les risques associés aux engrais (déversements accidentels, lixiviation, passage dans les cours d'eau) | - |

1. Le plan indonésien ne semble pas disponible en anglais. Le contenu utilisé pour ce tableau est tiré de : http://ap.fftc.agnet.org/ap_db.php?id=416.
2. Pour la Nouvelle-Zélande, voir aussi le tableau 3.2 sur sa stratégie nationale de développement.
Source : Auteurs, à partir des documents cités dans le tableau.

### *Présence d'éléments de la problématique de l'utilisation des terres dans les plans nationaux de développement (ou les stratégies équivalentes)*

Les stratégies nationales qui ont peut-être le plus de poids politique et chapeautent les autres sont les plans nationaux de développement (ou les documents équivalents). Les références faites aux éléments de la problématique de l'utilisation des terres dans ces documents sont comparées dans le Tableau 3.5. La France n'a pas de plan national de développement à proprement parler, mais elle s'est dotée d'une Stratégie nationale de développement durable qui couvre tous les aspects de la problématique de l'utilisation des terres et démontre la nécessité d'agir. Toutefois, elle ne fixe pas d'objectifs précis à atteindre.

Le plan directeur de l'Indonésie pour le développement économique 2011-2021 (plan à long terme) ne parle pas des impacts du développement sur l'environnement (autrement que comme un effet secondaire de la croissance de la production d'huile de palme). En revanche, le plan de développement à moyen terme (RPJMN 2015-2019) mentionne la préservation des forêts et le SAPNB. Le processus de planification du développement de l'Indonésie prend en compte l'importance des questions environnementales, notamment des écosystèmes et du changement climatique. La stratégie de développement à long terme définie pour 2005-2025 fait de la préservation de l'environnement l'une des neuf missions qui incombent à l'Indonésie dans le cadre de son développement. Elle fixe aussi l'objectif d'exploiter l'avantage comparatif du pays dans le secteur de l'agriculture et de l'extraction minière pour parvenir à l'autosuffisance alimentaire et être classé dans la catégorie des pays à revenu intermédiaire d'ici 2025. Le RPJMN est fondé sur la notion d'économie verte et définit des objectifs concrets pour atteindre les missions générales énoncées dans la stratégie à long terme.

La prochaine phase du plan national de développement à moyen terme (RPJMN 2020-24) sera l'occasion de déployer des efforts plus importants pour concilier les objectifs de la politique de développement et ceux relatifs au changement climatique, à l'utilisation des terres et aux écosystèmes. Dans le cadre des préparatifs en vue du futur RPJMN 2020-2024, le ministère indonésien de la Planification du développement national a réalisé un travail de modélisation pour renforcer la cohérence entre les objectifs sectoriels et faciliter la discussion entre les parties prenantes. Cependant, l'élaboration des objectifs sectoriels ne semble pas avoir pris complètement en compte les interactions entre les objectifs. Le stock de terres n'étant pas extensible, il est nécessaire de concilier les demandes de terres implicitement associées à chaque objectif. Pour augmenter les productions, il faudra combiner une hausse de la productivité et une expansion des surfaces utilisées. Les répercussions sur les écosystèmes et le climat dépendront des lieux où l'expansion se fera. Mais les objectifs de production de cultures alimentaires et énergétiques nécessiteront d'exploiter des terres dégradées et des forêts de production convertibles.

Le plan national de développement de l'Irlande (National Development Plan, NDP) mentionne différents aspects de la problématique de l'utilisation des terres et définit des priorités d'investissement en faisant référence à ces aspects. Il prévoit aussi des dotations en ressources (monétaires) indicatives pour atteindre les divers objectifs stratégiques nationaux qu'il inclut. Bien qu'une dotation en ressources soit par définition quantitative, puisqu'il s'agit d'un indicateur d'intrant et non de résultat ou d'impact, il sera difficile de déterminer si des progrès sont réalisés en direction des objectifs ultimes du NDP touchant à la problématique de l'utilisation des terres.

Le plan pluriannuel brésilien (Plano Plurianual (PPA) 2016-2019), de son côté, définit à la fois des ressources monétaires réservées à des programmes publics précis et des objectifs généraux, et des objectifs et indicateurs quantitatifs détaillés pour les programmes. Parmi les 54 programmes gouvernementaux stratégiques énoncés dans le PPA, les sujets en rapport avec la problématique de l'utilisation des terres figurent en bonne place. Différents programmes portent sur l'agriculture et la sécurité alimentaire (à savoir les programmes à l'horizon 2012, 2066, 2069) et fixent des objectifs quantitatifs relatifs, entre autres, à la fourniture de crédits ruraux, d'assistance technique et de services de vulgarisation, à l'enregistrement et à la régularisation des terrains boisés et agricoles, au renforcement du soutien aux pratiques agroécologiques dans l'agriculture familiale, et aux programmes d'aide alimentaire et d'alimentation scolaire. Des programmes sont consacrés exclusivement à l'atténuation du changement climatique et à l'adaptation à ses effets (le programme 2050 sur le changement climatique) et à la protection de la biodiversité (le programme 2078 sur la préservation et l'utilisation durable de la biodiversité). Ces programmes comprennent les objectifs notables suivants : i) réductions des émissions absolues obtenues par la diminution de la déforestation en Amazonie de 737 465 122 t éq.$CO_2$ (objectif 047B) et de 70 000 000 t éq.$CO_2$ du secteur agricole par rapport aux prévisions de départ (objectif 047E) ; et ii) diminution du risque d'extinction de 20 % des espèces figurant dans la liste nationale officielle des espèces menacées d'extinction (objectif 4084). Le PPA désigne en outre le ministère responsable de la réalisation des objectifs et cibles spécifiés.

## Tableau 3.5. Éléments de la problématique de l'utilisation des terres figurant dans les plans nationaux de développement (ou les stratégies équivalentes)

| | Atténuation du changement climatique | Écosystèmes/biodiversité | Agriculture/Alimentation | Autres |
|---|---|---|---|---|
| Brésil (plan pluriannuel 2016-2019) (2016[17]) | Référence à l'objectif d'atteindre une réduction de 36.1 à 38.9 % des émissions sur l'ensemble de l'économie d'ici 2020 par rapport au statu quo. Contient des objectifs de réduction des émissions pour le secteur AFAT. Prévoit des dotations en ressources indicatives. | Référence aux engagements pris par le Brésil dans ce domaine au niveau national et international. Précise les objectifs quantitatifs détaillés associés et les dotations en ressources prévues pour les atteindre. | Comprend des objectifs quantitatifs sur le renforcement de l'agriculture familiale, la réforme agraire, la gouvernance des terres, et la sécurité alimentaire et nutritionnelle. Prévoit des dotations en ressources indicatives. | Mentionne un programme gouvernemental (le programme 2083 sur la qualité de l'environnement) qui vise à améliorer la qualité de l'environnement d'une manière générale, assurer la gestion des déchets et la gestion des polluants atmosphériques. Prévoit des dotations en ressources indicatives. |
| France (Stratégie nationale de transition écologique vers un développement durable 2015-2020) (2014[18]) | Oui, bien qu'aucun objectif ne soit précisé | Oui, bien qu'aucun objectif ne soit précisé | Oui, bien qu'aucun objectif ne soit précisé | - |
| Indonésie (plan directeur pour le développement économique 2011-2025) (2011[19]) (plan de développement à moyen terme 2015-2019) (2014[20]) | Non | Non<br>Fait référence au SPANB | Non | Mentionne la préservation de la forêt |
| Irlande (National Development Plan 2018-2027) (2018[21]) | Objectif stratégique national (NSO) 8 : transition vers une société bas-carbone et résiliente au changement climatique. Prévoit des dotations en ressources indicatives pour la réalisation des NSO et les actions prévues. | NSO 9. Gestion durable de l'eau et d'autres ressources environnementales. Prévoit des dotations en ressources indicatives pour la réalisation des NSO. Fait référence au SPANB. | Énonce que « les investissements publics dans le secteur agroalimentaire viseront à favoriser le développement durable du secteur conformément aux ambitions de Food Wise 2025 et des éventuelles stratégies qui lui succéderont » (Food Wise prévoit une très forte croissance de l'agriculture) | Foresterie : énonce que « l'actuel programme gouvernemental (Programme for a Partnership Government) a fixé des objectifs de reboisement augmentant progressivement jusqu'à 8 100 hectares par an en 2020. Plus de 100 millions EUR seront investis pour la seule année 2018 ». |
| Mexique (plan national de développement 2013-2018) (2013[22]) | - | L'objectif 4 est d'améliorer l'utilisation durable des ressources naturelles. La stratégie 4.2 est de promouvoir les pratiques durables dans l'agriculture et l'élevage | Objectifs quantitatifs d'augmentation de la production agricole. Des objectifs sont fixés pour assurer la sécurité alimentaire | - |
| Nouvelle-Zélande<br>(Growing and Protecting New Zealand) (2018[23]) | Oui, mais vague | Accélération du programme d'élimination des prédateurs à l'horizon 2050 (Predator Free 2050) et autres initiatives en rapport avec la biodiversité<br>Objectif gouvernemental de planter un milliard d'arbres entre 2018 et 2027 | - | |

Note : Exemples de références figurant dans le NDP irlandais : « assurer une transition vers une économie compétitive, bas-carbone, résiliente au changement climatique et écologiquement durable d'ici 2050 » ; et « préserver les ressources naturelles et écologiques abondantes de l'Irlande grâce à une gestion durable de l'eau, des déchets et des autres ressources de l'environnement ».
Source : Auteurs

En Nouvelle-Zélande, le ministère des Industries primaires (MPI) a défini une stratégie visant à accomplir sa mission d'« assurer la croissance et la protection de la Nouvelle-Zélande » (MPI, 2017[24]). Cette stratégie comprend quatre principaux objectifs, dont le premier est la croissance de la production et le deuxième la durabilité. Les écosystèmes et le changement climatique ne sont pas mentionnés expressément dans cette stratégie (bien qu'ils puissent être considérés comme implicites du fait de l'objectif de durabilité). Le MPI rend aussi compte de ses activités. Le document « Strategic Intentions 2015-2020 » publié par ce ministère comprend des indicateurs permettant de mesurer les progrès, notamment en matière de durabilité. Ces indicateurs portent surtout sur l'eau, la gestion des nutriments, et la pêche. Le document ne parle pas de la biodiversité.

### *Au-delà des frontières nationales : la problématique de l'utilisation des terres dans la politique commerciale*

Étant donné les interactions étroites entre les échanges internationaux et l'utilisation des terres, il est important que la politique commerciale se prête à la durabilité de celle-ci. Les échanges internationaux, vus en général comme un vecteur de croissance économique, font l'objet d'une grande attention de la part des responsables publics dans les différents pays étudiés. Bien que la promotion des échanges internationaux fasse partie de la plupart des stratégies ou des plans nationaux de développement, peu d'entre eux évoquent explicitement les interactions qui existent entre les échanges et la problématique de l'utilisation des terres (tableau 3.6).

De même, la plupart des stratégies et plans des pays étudiés en matière d'échanges ou d'exportations ne mentionnent pas expressément les incidences de la politique commerciale sur l'utilisation des terres. Dans la plupart des pays, ces documents fournissent des détails sur le niveau attendu des échanges de produits concernés par cette problématique (tableau 3.7). Pourtant, alors que les plans et stratégies qui le font définissent principalement des objectifs et des stratégies pour augmenter les exportations de produits agroalimentaires, seuls quelques-uns font allusion, brièvement, à la réalisation d'objectifs environnementaux, ou d'objectifs nationaux (Indonésie) ou internationaux (Brésil) relatifs à la sécurité alimentaire. L'absence relative de prise en compte des enjeux de la problématique de l'utilisation des terres dans les politiques commerciales générales pose un problème potentiel de cohérence des politiques publiques.

## Tableau 3.6. Objectifs relatifs aux échanges figurant dans les plans de développement ou les stratégies équivalentes

| | Objectifs commerciaux quantitatifs | Objectifs qualitatifs et références aux échanges de biens touchant à la sphère de l'utilisation des terres | Exemples d'incidences possibles sur l'utilisation des terres |
|---|---|---|---|
| Brésil (plan pluriannuel 2016-2019) (2016[17]) | Plusieurs indicateurs de ressources et objectifs quantitatifs sont définis pour les programmes de soutien aux échanges. | Amélioration de la performance commerciale du Brésil grâce à l'augmentation de la valeur ajoutée et du contenu technologique des exportations et à la diversification de la composition et de la destination des exportations, mais rien sur les incidences des échanges sur la sphère de l'utilisation des terres. | La diversification des exportations pourrait réduire les pressions sur les terres, si les produits qu'elles procurent sont remplacés par d'autres biens et services. |
| France (Stratégie nationale de transition écologique vers un développement durable 2015-2020) (2014[18]) | - | Engagement à réorienter les schémas de production, d'échange et de consommation dans le cadre de la transition vers une économie circulaire et bas-carbone. Engagement à réclamer des règles commerciales plus sévères sur le plan environnemental dans le cadre de l'OMC. | Des schémas de production, d'échange et de consommation plus respectueux de l'environnement pourraient réduire les pressions sur les terres sur le territoire national et à l'étranger. Une diminution des volumes d'échanges pourrait aussi accroître les pressions sur les terres dans le pays. |
| Indonésie (plan directeur pour le développement économique 2011-2025) (2011[19]) (plan de développement à moyen terme 2015-2019) (2014[20]) | Objectifs détaillés pour la croissance annuelle des exportations, notamment 8 à 14.3 % d'augmentation des exportations hors gaz et pétrole (2015-2019), hausse du ratio exportations de services/PIB pour passer de 2.7 % en 2015 à 3.5 % en 2019, et hausse de la part de produits manufacturés dans le total des exportations pour passer de 44 % en 2015 à 65 % en 2019. | Ambition de devenir l'un des principaux producteurs mondiaux de denrées alimentaires, et un centre de transformation pour les ressources agricoles, halieutiques et naturelles d'ici 2025. Annonce de restrictions sur les exportations de produits énergétiques. Référence à des mesures de protection garantissant l'intégrité de l'environnement et l'inclusivité sociale du secteur des échanges. | Les hausses de la production agricole destinée à l'exportation peuvent ou non accroître la déforestation en augmentant la demande de terres. En fonction de la politique bioénergétique intérieure, les restrictions sur les exportations de produits énergétiques peuvent ou non avoir des effets positifs sur les forêts sur pied, et elles peuvent avoir un impact négatif sur l'efficience commerciale et les actions d'atténuation à l'étranger. Les mesures de protection de l'environnement, à condition d'être strictement appliquées et respectées, sont susceptibles de réduire les impacts négatifs des échanges sur l'utilisation des terres. |
| Irlande (National Development Plan 2018-2027) (2018[21]) | | Vise à développer les exportations mondiales de l'Irlande et à renforcer la résilience aux crises externes dans le secteur des échanges irlandais. | Selon la composition des exportations et leurs effets sur les schémas d'échange et de production mondiaux, les effets sur l'utilisation des terres dans le pays et à l'étranger peuvent différer. |
| Mexique (plan national de développement 2013-2018) (2013[22]) | | Intention d'intensifier les relations commerciales dans le cadre de divers accords régionaux, d'accroître les capacités logistiques nécessaires aux échanges, de diversifier les exportations mexicaines et d'augmenter le pourcentage de valeur ajoutée intérieure dans les exportations mexicaines. | Selon la composition des exportations et des importations et leurs effets sur les schémas d'échange et de production mondiaux, les effets sur l'utilisation des terres dans le pays et à l'étranger peuvent différer. |
| Nouvelle-Zélande (Growing and Protecting New Zealand) (2018[23]) | En particulier, le « secteur alimentaire et primaire » augmentera la valeur de ses exportations. Objectif d'atteindre 90 % de biens exportés dans le cadre d'accords de libre-échange d'ici 2030. | Engagement à faire avancer les travaux de l'OMC sur les subventions à la production agricole intérieure | Avec les tendances actuelles, la croissance des exportations du secteur primaire aurait vraisemblablement des effets négatifs dans la sphère de l'utilisation des terres compte tenu de la place de la viande bovine et des produits laitiers. |

Note : Les objectifs quantitatifs du plan pluriannuel brésilien (PPA) ne sont pas spécifiés dans le document principal du PPA indiqué ici mais dans le plan de suivi qui l'accompagne, disponible à l'adresse http://www.planalto.gov.br/ccivil_03/_ato2015-2018/2016/Lei/L13249.htm
Source : Auteurs

Cela est vrai aussi dans les pays où des initiatives spécifiques existent déjà pour remédier aux effets négatifs des échanges internationaux sur la sphère de l'utilisation des terres. La France et l'Irlande ont mis en place des initiatives intéressantes dans ce domaine[16]. Ainsi, la France s'est dotée d'une Stratégie nationale de lutte contre la déforestation importée (SNDI)[17] (Ministère de la Transition écologique et solidaire, 2018[25]). Comme annoncé dans l'axe 15 de son Plan climat, la SNDI a été élaborée en 2018 de manière concertée par le ministère français de l'Agriculture, en collaboration avec les ministères français de l'Environnement, des Affaires étrangères, de l'Économie, et de la Recherche et de l'Innovation, et avec la participation de toutes les parties prenantes réunies dans le Groupe national sur les forêts tropicales (GNFT). Le GNFT lui-même a été élargi récemment afin d'intégrer des représentants du secteur agroalimentaire. La SNDI a pour but de contribuer à la réalisation de plusieurs objectifs internationaux relatifs au climat et aux forêts (c'est-à-dire les ODD, la Déclaration de New York sur les forêts, l'Accord de Paris, les déclarations d'Amsterdam). Elle s'efforce principalement de renforcer la coopération avec les pays producteurs, d'intégrer systématiquement la déforestation dans les politiques publiques, de mobiliser le secteur privé et lui donner les moyens d'agir, et de développer la recherche. La SNDI vise également à fédérer les compétences nationales pour fournir des informations fiables sur la déforestation importée, évaluer les engagements et aider le secteur privé à surveiller ses chaînes d'approvisionnement grâce à un mécanisme d'alerte rapide. La France étant l'un des 10 premiers importateurs de bois de la planète, cette initiative est susceptible d'avoir un impact mondial important (pour plus de détails sur la SNDI, voir aussi le chapitre 5).

Dans la même veine, l'objectif 7.4 du SPANB de l'Irlande est le suivant : Réduction de l'impact des échanges irlandais sur la biodiversité et les services écosystémiques. L'action en question est précisée au point 7.4.1. « Adopter des mesures destinées à réduire sensiblement les effets négatifs des échanges sur la biodiversité et à en améliorer les effets positifs ». Les grands organismes chargés de la mettre en œuvre sont clairement définies (à savoir le ministère de la Culture, du Patrimoine et de la Gaeltacht, le ministère des Affaires étrangères et du Commerce, et le ministère de l'Agriculture, de l'Alimentation et de la Mer), et deux indicateurs ont été définis pour évaluer les progrès à cet égard : 1. Connaissance des pressions générées sur la biodiversité par les activités et circuits d'échanges ; et 2. Mesures mises en œuvre pour réduire ou compenser ces pressions et leurs impacts. On ignore où en est cette initiative mais, en cas de succès, elle pourrait servir de modèle pour d'autres pays envisageant la même démarche.

Bien que ces initiatives soient louables sous l'angle de la sphère de l'utilisation des terres, leurs effets seront limités si les mesures recommandées ne sont pas intégrées systématiquement dans la politique commerciale générale. La France a beau s'être dotée d'une stratégie spécifique (la SNDI), sa Stratégie du Gouvernement en matière de commerce extérieur (Premier ministre de la République française, 2018[26]) ne fait aucune mention des effets de la politique commerciale française sur la problématique de l'utilisation des terres.

L'intégration des enjeux de cette problématique dans la formulation et la mise en œuvre de la politique commerciale constitue donc un moyen nécessaire et prometteur d'améliorer l'utilisation des terres et la cohérence des politiques publiques. Pour que la politique commerciale réduise effectivement les impacts sur l'utilisation des terres dans les autres pays (notamment en poursuivant des objectifs quantitatifs parallèlement aux objectifs de croissance des exportations), il convient d'acquérir des données chiffrées sur la nature et l'ordre de grandeur de ces impacts (chapitre 5) et d'en tenir compte dans la conception de la politique en question.

## Tableau 3.7. Éléments de la problématique de l'utilisation des terres figurant dans les stratégies et plans nationaux en matière d'échanges ou d'exportations

| | Produits agricoles et forestiers | Sécurité alimentaire | Changement climatique, biodiversité et autres |
|---|---|---|---|
| Brésil (Plano Nacional de Exportações, PNE 2015-2018) (2015[27]) | Liste des principaux segments de marché d'exportation à développer vers 32 pays, dont beaucoup comprennent des éléments du secteur agroalimentaire.<br>Engagement d'obtenir des « résultats satisfaisants » dans l'agriculture dans le cadre de l'OMC. | Expansion d'un programme prévoyant l'exportation de machines agricoles, en partie pour satisfaire des objectifs de sécurité alimentaire à l'étranger. | - |
| France (Stratégie du Gouvernement en matière de commerce extérieur, (2018[26])) | - | - | - |
| Indonésie (plan stratégique 2015-2019, ministère du Commerce (2015[28])) | Les objectifs de croissance des exportations du tableau 1.1 s'appliquent aussi expressément aux produits du secteur agroforestier, même si aucun objectif de croissance des exportations de ce sous-secteur n'est quantifié.<br>La croissance des exportations dans ce secteur devrait être obtenue d'abord et surtout dans les produits alimentaires et forestiers transformés.<br>Objectif de faire de l'Indonésie, important producteur mondial, un acteur de la fixation des prix sur les marchés internationaux des matières premières, notamment pour la noix de coco, le palmier à huile (HPB), le cacao, le café et le caoutchouc. | Reconnaît la nécessité de fournir des aliments de base à des prix abordables et stables, similaires d'une région à l'autre, et appelle à élaborer une politique unificatrice pour coordonner la production alimentaire, les importations alimentaires et la distribution alimentaire. | Parmi les sept principes directeurs mentionnés, deux concernent particulièrement la sphère de l'utilisation des terres :<br>2. Améliorer la gestion durable des ressources naturelles et la valeur ajoutée que l'on peut en retirer<br>4. Améliorer la qualité de l'environnement, réduction des risques de catastrophe, nature et changement climatique |
| Irlande (*Ireland Connected: Trading and Investing in a Dynamic World*) (2017[29])) | Objectif d'accroître les exportations nationales, y compris alimentaires, pour les porter à 26 milliards EUR d'ici 2020 (en hausse de 26 % par rapport à 2015). Référence à l'objectif de Food Wise 2025 d'augmenter les exportations de produits agroalimentaires et de boissons de 85 % d'ici 2025 pour atteindre 19 milliards EUR. Entre 60 et 70 % des nouvelles exportations de produits alimentaires et horticoles et de boissons doivent avoir pour destination l'Asie, l'Amérique du Nord et l'Afrique. Objectif d'augmenter la valeur ajoutée contenue dans les produits alimentaires, halieutiques et ligneux exportés de 70 % d'ici 2025 pour dépasser 13 milliards EUR. | - | Référence à la protection que confèrent les règles de fonctionnement des échanges établies par les différentes instances et organisations internationales du commerce, en particulier en ce qui concerne les « questions environnementales ». |
| Mexique (programme national de développement innovant 2013-2018, (2013[30])) | - | - | Référence à l'objectif d'encourager les PME à protéger l'environnement et de promouvoir les dispositifs de certification relatifs à la durabilité, mais pas directement dans le contexte des échanges. |
| Nouvelle-Zélande (2030 Trade Agenda, (2017[31])) | Mentionne la suppression des subventions aux exportations agricoles dans le cadre de l'OMC. | - | Parle de la réglementation en matière d'environnement, notamment de l'Accord de Paris, dans le contexte d'ALE qui « renforcent la compréhension et les engagements communs » (p. 5). |

Note : Le Mexique n'a pas de stratégie commerciale en tant que telle. Les objectifs et les stratégies en matière d'échanges sont exposés dans le programme sectoriel du ministère de l'Économie, qui se fonde lui-même sur le plan national de développement.
Source : Auteurs

## Références


Allen, C. et al. (2018), *Good Farming Practice Action Plan for Water Quality 2018*, Good Farming Practice Governance Group, Wellington, http://www.hortnz.co.nz/assets/Our-Work-files/Good-farming-practice-for-water-action-plan-2018.pdf (consulté le 6 juin 2019). [16]

CAS (2011), *Public Subsidies Harmful to Biodiversity*, Centre d'analyse stratégique, http://archives.strategie.gouv.fr/cas/system/files/rapport_43_web_0.pdf (consulté le 18 septembre 2019). [8]

CE (2011), « Feuille de route pour une Europe efficace dans l'utilisation des ressources », *Communication de la Commission au Parlement européen, au Conseil, au Comité économique et social européen et au Comité des régions, n° COM/2011/0571*, Commission européenne, https://eur-lex.europa.eu/legal-content/FR/TXT/?uri=CELEX%3A52011DC0571 (consulté le 12 juin 2019). [37]

Champions 12.3 (2018), *2018 Progress Report: An annual update on behalf of Champions 12.3*, http://www.champions123.org. [2]

DAFM (2015), *Food Wise 2025*, Department of Agriculture, Food and the Marine. [14]

Department of Foreign Affairs and Trade (2017), *Ireland Connected: Trading and Investing in a Dynamic World*, Gouvernement irlandais, Dublin, https://www.dfa.ie/media/dfa/alldfawebsitemedia/ourrolesandpolicies/tradeandpromotion/Ireland-Connected_Main-Report.pdf (consulté le 21 mars 2019). [29]

Department of Public Expenditure and Reform (2018), *National Development Plan 2018-2027*, Gouvernement irlandais, Dublin, Irlande. [21]

Ellis, J. et al. (2018), « Operationalising selected reporting and flexibility provisions in the Paris Agreement », *Climate Change Expert Group Paper*, n° 3, OCDE/AIE, https://doi.org/10.1787/315131cc-en (consulté le 3 juin 2019). [1]

Gouvernement brésilien (2018), *National Biodiversity Strategy and Action Plan*, Ministère de l'Environnement, Secrétariat d'État à la biodiversité, https://www.cbd.int/doc/world/br/br-nbsap-v3-en.pdf. [7]

Gouvernement français (2017), *Climate Plan*, https://www.gouvernement.fr/en/climate-plan (consulté le 28 septembre 2018). [36]

Gouvernement français (2017), *Plan Climat*, Ministère de la Transition écologique et solidaire, https://www.ecologique-solidaire.gouv.fr/sites/default/files/2017.07.06%20-%20Plan%20Climat_0.pdf. [35]

Gouvernement français (2015), *Plan de developpement de l'agroforesterie*, Ministère de l'Agriculture, de l'Agroalimentaire et de la Forêt, http://agriculture.gouv.fr/sites/minagri/files/151215-ae-agrofesterie-v2_plan.pdf (consulté le 28 septembre 2018). [10]

Gouvernement mexicain (2013), *Plan Nacional De Desarollo 2013-2018 [plan national de développement 2013-2018]*, Gouvernement mexicain, Mexico, https://observatorioplanificacion.cepal.org/sites/default/files/plan/files/MexicoPlanNacionaldeDesarrollo20132018.pdf (consulté le 21 mars 2019). [22]

Government of Ireland (2018), *Climate Action Plan 2019: To tackle climate breakdown*, https://www.dccae.gov.ie/en-ie/climate-action/publications/Documents/16/Climate_Action_Plan_2019.pdf (consulté le 4 octobre 2019). [4]

Kazaglis, A. et al. (2017), « Net zero in New Zealand Scenarios to achieve domestic emissions neutrality in the second half of the century ». [34]

MAA (2016), *Programme national de la forêt et du bois 2016-2026*, Ministère de l'Agriculture et de l'Alimentation, Paris. [6]

Ministère de l'Agriculture et de l'Alimentation (2013), *Projet agro-écologique pour la France*, Gouvernement français, Paris, https://agriculture.gouv.fr/ministere/projet-agro-ecologique-pour-la-france. [13]

Ministère de l'Écologie, du Développement durable et de l'Énergie (2015), *Stratégie nationale bas-carbone*, Gouvernement français, Paris, https://www.ecologique-solidaire.gouv.fr/sites/default/files/SNBC_France_low_carbon_strategy_2015.pdf (consulté le 5 juin 2019). [3]

Ministère de l'Écologie, du Développement durable et de l'Énergie (2014), *Stratégie nationale de transition écologique vers un développement durable 2015-2020*, Gouvernement français, Paris, https://www.ecologique-solidaire.gouv.fr/sites/default/files/SNTEDD%20-%20La%20strat%C3%A9gie.pdf (consulté le 21 mars 2019). [18]

Ministère de l'Économie (2013), *Programa Nacional de Desarrollo Innovador 2013-2018.* [30]

Ministère de la Planification du développement national et Agence de la Planification du développement national (2014), *National Medium Term Development Plan 2015-2019*, Gouvernement indonésien, Jakarta, Indonésie, http://www.lse.ac.uk/GranthamInstitute/wp-content/uploads/laws/1328.pdf (consulté le 21 mars 2019). [20]

Ministère de la Transition écologique et solidaire (2018), *Stratégie nationale de lutte contre la déforestation importée 2018-2030*, Gouvernement français, Paris, https://www.ecologique-solidaire.gouv.fr/sites/default/files/2018.11.14_SNDI_0.pdf (consulté le 4 février 2019). [25]

Ministère des Affaires économiques (2011), *Master Plan for Acceleration and Expansion of Indonesia's Economic Development 2011-2025*, Gouvernement indonésien, Jakarta, Indonésie. [19]

Ministère des Affaires étrangères et du Commerce (2017), *Trade Agenda 2030*, Gouvernement néozélandais, Wellington, https://www.mfat.govt.nz/assets/Trade2030/Trade-Agenda-2030-Strategy-document.pdf (consulté le 21 mars 2019). [31]

Ministère du Commerce (2015), *Rencana Strategis Kementerian Perdagangan Tahun 2015 - 2019*, Gouvernement indonésien, Jakarta. [28]

Ministère du Développement, de l'Industrie et du Commerce extérieur (2015), *Plano Nacional de Exportações 2015-2018 [plan national sur les exportations 2015-2018]*, Gouvernement brésilien, Brasilia. [27]

Ministério da Agricultura, Pecuária e Abastecimento (2018), *Plano Agrícola e Pecuário 2018/19 [Plan pour l'agriculture et l'élevage 2018/19]*, Gouvernement brésilien, Brasilia, http://www.agricultura.gov.br/assuntos/politica-agricola/plano-agricola-e-pecuario/arquivos-pap/copy_of_PlanoAgricolaePecurio20182019.pdf (consulté le 6 juin 2019). [12]

Ministério da Agricultura, Pecuária e Abastecimento (2016), *Plano Setorial de Mitigação e de Adaptação às Mudanças [National Plan for Low Carbon Emissions in Agriculture]*, Gouvernement brésilien, Brasilia, http://www.agricultura.gov.br/assuntos/sustentabilidade/plano-abc/arquivo-publicacoes-plano-abc/download.pdf/view (consulté le 6 juin 2019). [11]

Ministry for Primary Industries (2018), *Our strategy*, https://www.mpi.govt.nz/about-us/our-strategy/ (consulté le 21 mars 2019). [23]

Ministry of Business, Innovation and Employment (2017), *The Business Growth Agenda 2017*, Gouvernement néozélandais, Wellington, https://enz.govt.nz/assets/Uploads/BGA-2017-refresh-report.pdf (consulté le 21 mars 2019). [33]

MPI (2017), *Afforestation Grant Scheme.* [24]

New Zealand Government (2012), « The Business Growth Agenda - Building Natural Resources ». [32]

OCDE (2016), *Examens environnementaux de l'OCDE : Brésil 2015*, Examens environnementaux de l'OCDE, Éditions OCDE, Paris, https://dx.doi.org/10.1787/9789264255913-fr. [9]

Planejamento, M. (2016), *Plano Plurianual 2016-2019 [plan puriannuel 2016-2019]*, Gouvernement brésilien, Brasilia, http://www.siteal.iipe.unesco.org/sites/default/files/sit_accion_files/siteal_brasil_0577.pdf (consulté le 21 mars 2019). [17]

Premier ministre de la République française (2018), *Stratégie du Gouvernement en matière de commerce extérieur*, Gouvernement français, Roubaix, https://www.gouvernement.fr/sites/default/files/document/document/2018/02/dossier_de_presse_-_presentation_de_la_strategie_du_gouvernement_en_matiere_de_commerce_exterieur-_23.02.2018.pdf (consulté le 7 mars 2019). [26]

SAGARPA (2013), *Programa Sectorial de Desarrollo Agropecuario, Pesquero y Alimentario 2013-2018 [programme sectoriel de développement agricole, halieutique et alimentaire 2013-2018]*, Gouvernement mexicain, Mexico, https://www.gob.mx/fnd/documentos/programa-sectorial-de-desarrollo-agropecuario-pesquero-y-alimentario-2013-2018_dof (consulté le 6 juin 2019). [15]

SEMARNAT-INECC (2016), *Mexico's Climate Change Mid-Century Strategy*, Ministère de l'Environnement et des Ressources naturelles (SEMARNAT) et Institut national d'écologie et du changement climatique (INECC), https://unfccc.int/files/focus/long-term_strategies/application/pdf/mexico_mcs_final_cop22nov16_red.pdf (consulté le 5 juin 2019). [5]

## Notes

[1] L'Accord de Paris conclu dans le cadre de la CCNUCC prévoit de limiter le réchauffement climatique bien en dessous de 2°C, l'objectif fixé étant de poursuivre les efforts pour maintenir le réchauffement bien en dessous de 1.5°C. Dans le cadre de la CDB, un cadre directeur a été fixé avec les 20 Objectifs d'Aichi pour la biodiversité. Les Parties sont encouragées, mais sans obligation, à prendre les Objectifs d'Aichi comme référence pour élaborer leurs propres stratégies nationales et définir les objectifs associés.

[2] L'article 5 de l'Accord de Paris stipule que les Parties doivent prendre des mesures pour conserver et, le cas échéant, renforcer les puits et réservoirs de GES, notamment les forêts. Il encourage aussi les Parties à prendre des mesures de REDD.

[3] Les Parties ont aussi été encouragées à le faire à la COP17 en 2011.

[4] https://unfccc.int/process/the-paris-agreement/long-term-strategies

[5] Les Parties comprennent les pays industrialisés qui étaient membres de l'OCDE (Organisation de coopération et de développement économiques) en 1992, et des pays dont les économies sont en transition, dont la Fédération de Russie, les États baltes, et plusieurs pays d'Europe centrale et orientale.

[6] L'Objectif 15 énonce : D'ici à 2020, la résilience des écosystèmes et la contribution de la diversité biologique aux stocks de carbone seront améliorées, grâce aux mesures de conservation et restauration, y compris la restauration d'au moins 15% des écosystèmes dégradés, contribuant ainsi à l'atténuation des changements climatiques et l'adaptation à ceux-ci, ainsi qu'à la lutte contre la désertification.

[7] NB : La France et l'Irlande ayant des objectifs pour l'ensemble du territoire, l'agriculture et la foresterie sont incluses par définition.

[8] Des lignes directrices sur les CDN sont en cours de négociation. Leur but est de favoriser la clarté, la transparence et la compréhension des CDN.

[9] D'après Richards et al. (2015; 2016), qui ont analysé 162 CDN, le secteur AFAT est bien représenté dans la plupart des CDN des Parties et constitue un élément essentiel de la stratégie d'atténuation du changement climatique dans une majorité de pays. Les mesures d'atténuation liées aux forêts sont mentionnées dans les CDN encore plus souvent que celles en rapport avec l'agriculture, puisque 80 % des CDN soumises comportaient des objectifs associés au secteur UTCATF, contre 64 % pour l'agriculture.

[10] Voir https://unfccc.int/files/focus/long-term_strategies/application/pdf/snbc_4pager_fr_en.pdf.

[11] Voir (Gouvernement français, 2017[36]) https://www.gouvernement.fr/en/climate-plan et https://www.ecologique-solidaire.gouv.fr/sites/default/files/2017.07.06%20-%20Plan%20Climat_0.pdf (Gouvernement français, 2017[35]).

[12] Le « facteur 4 » fixe une réduction de 75 % du total des émissions de GES en 2050 par rapport aux niveaux de 1990.

[13] Il s'agit des activités entraînant l'imperméabilisation des sols sur une vaste étendue sur des terrains naturels, agricoles ou boisés, du fait de l'étalement urbain et d'infrastructures de transport, entre autres. L'objectif français est en phase avec l'objectif de l'UE de « zéro consommation nette d'espace » (CE, 2011[37]).

[14] Le Brésil évalue actuellement un indice de morcellement et de connectivité des paysages qui pourrait servir à établir des objectifs quantitatifs dans de futures révisions du SPANB.

[15] Les subventions potentiellement néfastes qui pourraient être incluses dans ces évaluations sont notamment les prêts aidés, les crédits bonifiés, le soutien des prix du marché pour le soja et les assurances subventionnées pour les agriculteurs, susceptibles d'encourager la conversion de terres agricoles au Brésil, et les subventions à des pratiques agricoles non durables, génératrices de distorsions, dans le cadre de la PAC de l'UE en Irlande. On trouvera au chapitre 5 plus de détails sur les subventions potentiellement néfastes, ainsi que des exemples tirés des autres pays étudiés.

[16] En un sens, la France a adopté une démarche sectorielle, ciblée sur les forêts, tandis que l'Irlande traite les enjeux liés aux échanges d'une manière plus générale, mais pour un domaine de l'action environnementale, à savoir la biodiversité.

[17] Par « déforestation importée », on entend les produits importés dont la production a contribué directement ou indirectement à la déforestation ou à la dégradation des forêts (par exemple, le bois provenant de forêts écologiquement sensibles ayant été abattues, et des produits comme le bœuf ou l'huile de palme provenant de zones d'agriculture sur brûlis (source : https://frenchfoodintheus.org/3977).

# 4 Coordination et cohérence des institutions pour une utilisation durable des terres

Les institutions nationales et infranationales jouent un rôle fondamental dans l'utilisation des terres. Pour que l'action touchant aux différentes dimensions de la sphère de l'utilisation des terres, de la biodiversité, du climat et de l'alimentation soit harmonieuse, il est important d'assurer la coordination aussi bien des institutions nationales (coordination horizontale) que des institutions nationales et infranationales (coordination verticale). Ce chapitre indique le degré de coordination entre les institutions gouvernementales concernées et décrit les mécanismes existant dans les pays étudiés (Brésil, France, Indonésie, Irlande, Mexique et Nouvelle-Zélande). Il donne des exemples de coordination horizontale et de la collaboration interministérielle mise en place à l'échelon national pour élaborer les politiques et gérer les différents domaines de la sphère de l'utilisation des terres. Il met ensuite en lumière les difficultés auxquelles se heurtent les mécanismes existants de coordination verticale. Il porte aussi sur le rôle des acteurs institutionnels et privés des échanges internationaux dans la gestion des impacts sur la sphère de l'utilisation des terres.

## Nécessité d'une étroite coordination des institutions dans la sphère de l'utilisation des terres

La problématique de l'utilisation des terres ne peut être correctement gérée sans une très bonne coordination institutionnelle, tant horizontale (entre différents ministères nationaux) que verticale (entre parties prenantes nationales et infranationales). D'une manière générale, les fonctions et missions des institutions doivent être clairement définies pour favoriser la transparence et aider à rendre des comptes.

Parce qu'ils ont davantage besoin de poursuivre simultanément de nombreux objectifs stratégiques, beaucoup de pays cherchent aujourd'hui à définir des cadres institutionnels performants. Il est donc aussi nécessaire de laisser des possibilités de modifier les institutions, par exemple pour pouvoir répondre à de nouveaux problèmes, ou encourager l'intégration de deux ou plusieurs domaines d'action particuliers. Dans certains des six pays étudiés, des comités interministériels ont été établis au sommet de la pyramide institutionnelle. L'intérêt de ce type de comités est notamment d'aider à décloisonner le travail en facilitant le dialogue entre différentes parties prenantes et leur participation aux processus décisionnels. Mais ils peuvent aussi provoquer des conflits et des résistances de la part des institutions existantes. Pour que les institutions concernées assument effectivement leurs fonctions, elles doivent également disposer de capacités, de compétences techniques et de moyens financiers suffisants.

Les structures institutionnelles en place peuvent être particulièrement complexes dans les pays très étendus et décentralisés comme le Brésil, l'Indonésie et le Mexique. En Indonésie, par exemple, au moins 8 ministères nationaux, 6 entités non ministérielles et la Présidence peuvent définir des politiques dans les domaines considérés. Les autorités locales ont également des pouvoirs importants en matière de gestion des forêts (Wardojo et Masripatin, 2002[1]). Par conséquent, il est particulièrement important que les missions et fonctions soient clairement définies, et d'éviter les chevauchements. Au Brésil, deux instances de coordination ont été créées en rapport avec le changement climatique : un comité interministériel sur le changement climatique (CIM) et une commission interministérielle sur le changement climatique mondial (CIMGC). Chacune d'elles réunit plusieurs parties prenantes : 15 ministères participent au CIM, qui est coordonné par la Présidence (CIM, 2007[2]). Il n'est pas surprenant qu'une structure institutionnelle complexe soit utilisée pour gérer différents enjeux interconnectés touchant une multitude de parties prenantes. Une entité rassemblant plusieurs ministères est effectivement une bonne chose dans la mesure où elle reconnaît explicitement la nécessité de réunir des compétences transsectorielles pour s'attaquer à des problèmes en rapport avec la sphère de l'utilisation des terres, de la biodiversité, du climat et de l'alimentation.

## Degré de coordination horizontale dans l'élaboration des politiques nationales

Les pays savent l'importance de la coordination horizontale en matière de politique publique et ont créé différents outils institutionnels pour l'améliorer. Les mécanismes de coordination transversale en font partie. Ils peuvent réunir de nombreux ministères différents et d'autres parties concernées, et constituer un espace de communication. En Nouvelle-Zélande, par exemple, c'est le cas du Natural Resources Sector (NRS), qui vise à « améliorer la productivité des secteurs d'activité néo-zélandais liés aux ressources naturelles tout en réduisant leur impact sur l'environnement afin de construire une économie plus productive et compétitive » (MfE, 2015, p. 1[3])[1]. Le Brésil et le Mexique ont aussi mis en place des comités interministériels pour favoriser la cohérence, par exemple au Brésil le Conseil national de l'environnement (CONAMA), comité à haut niveau consultatif et délibératif qui comprend aussi des représentants de la société civile, des milieux scientifiques, des syndicats, et des entreprises.

Les mécanismes de coordination interministérielle sont particulièrement importants lorsque les compétences sur des éléments de la problématique climat-utilisation des terres-écosystèmes-alimentation sont réparties entre plusieurs ministères. C'est le cas en Indonésie, où les secteurs de la foresterie, de l'agriculture, de l'énergie (y compris la bioénergie) et l'aménagement du territoire relèvent de quatre ministères différents (le ministère de l'Environnement et de la Foresterie, le ministère de l'Agriculture, le ministère de l'Énergie et des Ressources minérales, et le ministère de l'Aménagement agricole et territorial, respectivement). La structure actuelle des ministères indonésiens devrait assurer une certaine coordination horizontale dans la sphère de l'utilisation des terres puisque, par exemple, le ministère de l'Environnement et de la Foresterie est aussi chargé de définir la politique publique en matière de biodiversité et d'écosystèmes. Néanmoins, la politique sur la biodiversité et les écosystèmes et la politique climatique sont élaborées de manière indépendante, malgré des synergies évidentes (par exemple REDD+) et le fait que le ministère de l'Environnement et de la Foresterie s'occupe des deux secteurs. Dans ses SPANB, l'Indonésie indique qu'« il est nécessaire de synchroniser les actions en matière de changement climatique et de biodiversité mises en œuvre par le ministère de l'Environnement et de la Foresterie » (Gouvernement indonésien, 2016[4]).

La coordination entre les institutions peut être mise en place ponctuellement ou institutionnalisée. En France, en Irlande et au Mexique, elle est institutionnalisée, ce qui facilite la coordination. En France par exemple, deux ministères (le MTES et le MAA) sont chargés d'œuvrer ensemble à favoriser les synergies et recenser et gérer les hiatus entre la croissance de la productivité agricole, la préservation de la biodiversité, et l'atténuation du changement climatique et l'adaptation à ses effets. En France, pour les questions concernant plusieurs ministères, le Secrétariat général des affaires européennes (SGAE) supervise la coordination des politiques et veille à l'établissement d'un consensus. En Irlande, des institutions sont en train d'être créées pour coordonner les mesures d'atténuation du changement climatique. À titre d'exemple, dans le cadre du nouveau plan d'action climatique 2019 (Climate Action Plan 2019), un conseil coprésidé par le bureau du Taioseach et le ministère des Communications, de l'Action climatique et de l'Environnement sera constitué pour superviser la mise en œuvre du plan (Government of Ireland, 2018[5]). Ce conseil, le Climate Action Delivery Board, aura pour mission d'examiner les grands projets, de repérer les difficultés de mise en œuvre, et de rendre compte de l'avancement du plan.

**Encadré 4.1. Gouvernance des tourbières en Indonésie et en Irlande**

Les tourbières présentent un grand intérêt sur le plan de la biodiversité mondiale, constituent un important puits de carbone et, à l'inverse, sont une source potentielle majeure d'émissions de GES (via l'usage direct de tourbe riche en carbone ou via l'assèchement puis l'oxydation des sols tourbeux) (Parish, F. et al. (dir. pub.), 2008[6]). Du point de vue de la problématique de l'utilisation des terres, il est donc important d'assurer une gouvernance cohérente des tourbières.

En Indonésie comme en Irlande, un organe spécifique est chargé de régir les tourbières. Cette organisation a entraîné certaines discordances et incohérences dans les deux pays. Ainsi, l'agence indonésienne de restauration des tourbières (BRG) est une instance non ministérielle créée par un décret présidentiel. La BRG n'est donc pas habilitée à recevoir des financements de l'État, et ses activités doivent être financées par les budgets ministériels correspondants (ministère de l'Agriculture, ministère de l'Environnement et de la Foresterie) ou d'autres sources intérieures ou internationales (BRG, 2016[7]). En outre, bien que chargée de la restauration des tourbières, la BRG n'a d'autorité directe sur aucune zone de tourbières. Elle ne dispose donc ni des moyens, ni des pouvoirs nécessaires pour pouvoir raisonnablement atteindre ses objectifs, à savoir 2 millions d'hectares restaurés d'ici 2021.

En Irlande, Bord na Móna est un office quasi public chargé de mettre en valeur et de gérer les ressources tourbeuses du pays. Il exploite une grande entreprise d'extraction de tourbe ainsi que deux des trois centrales électriques irlandaises fonctionnant à la tourbe. Il possède et gère aussi 80 000 ha de terres, dont environ 7 % de la superficie totale de tourbières (Bord na Móna, 2018[8]). Pourtant, les politiques publiques relatives aux tourbières sont définies par une autre instance, le National Parks and Wildlife Service (service des parcs nationaux et de la vie sauvage). Des subventions peuvent être obtenues pour produire de l'électricité à partir de tourbe (103.4 millions EUR en 2017-18), ce qui a des conséquences négatives tant sur le plan des émissions que de la biodiversité (CER, 2017[9]). La stratégie nationale pour les tourbières représente néanmoins un grand progrès. La reconnaissance des effets positifs des tourbières sur l'environnement et des services écosystémiques qu'elles procurent, la suppression progressive de la production d'électricité d'ici 2028, et la décision de Bord na móna de décarboner ses activités en portant à 75 % d'ici 2020 la part des énergies renouvelables utilisées pour produire de l'électricité et de diminuer la production de tourbe pour la faire redescendre à 2 Mt en 2020 (contre 6.5 Mt en 2013, son niveau record), sont des avancées concrètes qui auront un impact positif sur les zones de tourbières. Cela signifie également une bien meilleure coordination des objectifs en rapport avec la tourbe dans la sphère de l'utilisation des terres.

Des institutions ont aussi été créées pour assurer la coordination horizontale au niveau infranational dans certains pays, dont le Mexique et l'Indonésie. Au Mexique par exemple, l'État du Chiapas a mis en place une commission de coordination interministérielle sur le changement climatique (CCICCCH) (Banque mondiale, CIAT et CATIE, 2014[10]). En Indonésie, chaque administration provinciale possède une agence de développement local spécialisée (BAPPENDA), qui est chargée d'élaborer des plans de développement au niveau de la province et de veiller à ce qu'ils soient en phase avec les principes et les objectifs des politiques nationales. S'agissant du changement climatique, le secrétariat (fédéral) du RAN-GRK apporte une assistance technique aux administrations provinciales et de district pour faciliter l'intégration des plans d'atténuation dans leurs plans de développement. Mais comme au niveau national, il manque une coordination générale – transcendant les BAPPENDA – des politiques infranationales relatives à la problématique de l'utilisation des terres, qui ne sont donc pas toujours cohérentes ou coordonnées.

Pour améliorer la coordination horizontale, il peut aussi être nécessaire de modifier les mandats de plusieurs ministères nationaux. Actuellement, ces mandats peuvent être relativement explicites, ou beaucoup plus généraux – ce qui pourrait, au moins en théorie, favoriser la cohérence des politiques publiques. En Indonésie par exemple, le ministère de l'Agriculture est chargé de définir les politiques qui dictent la production des denrées alimentaires et des autres produits agricoles. Il délivre les autorisations et définit les règles qui régissent l'utilisation des terres n'appartenant pas au domaine forestier national. Le ministère irlandais de l'Agriculture, de l'Alimentation et de la Mer a un mandat légèrement plus étendu, et celui du ministère mexicain est encore plus large puisqu'il comprend le développement rural et la sécurité alimentaire (ministère de l'Agriculture, de l'Élevage, du Développement rural, de la Pêche et de l'Alimentation, SAGARPA). En France, le ministère de la Transition écologique et solidaire (MTES) a des compétences très étendues puisqu'il couvre le développement durable, l'environnement et le climat et supervise l'Agence française pour la biodiversité (AFB) et l'Agence française de l'environnement et de la maîtrise de l'énergie (ADEME). Les questions d'agriculture et d'alimentation relèvent d'un ministère distinct (le ministère de l'Agriculture et de l'Alimentation, MAA), mais les enjeux environnementaux y occupent une grande place – peut-être en partie du fait que le MAA et le MTES sont supposés travailler ensemble sur les synergies et les hiatus entre objectifs (voir plus haut).

### *Influence des actions et des accords multilatéraux sur les institutions*

L'ordre du jour international influe aussi sur l'action publique, les institutions et la cohérence des politiques dans la sphère de l'utilisation des terres. Il s'agit notamment des actions et des accords supranationaux, tels que ceux liés aux ODD. Plusieurs pays ont mis en place des comités interministériels pour aider à élaborer et mettre en œuvre des politiques qui font avancer les ODD d'une manière cohérente (voir le Tableau 4.1). Par exemple, le Mexique a créé un conseil national pour le plan 2030 afin de coordonner la mise en œuvre des Objectifs de développement durable (ODD). Piloté par le bureau de la Présidence, cet organe a pour mission de « coordonner la conception, l'exécution, le suivi et l'évaluation » des actions menées en rapport avec les ODD – notamment en faisant travailler ensemble des représentants du gouvernement fédéral et du pouvoir exécutif, ainsi que des administrations locales et d'autres parties prenantes.

Les initiatives internationales du type des programmes ciblés sur l'offre et les institutions associées, comme le mécanisme REDD+ établi dans le cadre de la CCNUCC, ont amené de nouveaux dispositifs institutionnels destinés à favoriser la coopération[2]. Certains pays ont donc créé des institutions nationales ou infranationales. Par exemple, le Brésil a établi une commission nationale pour la REDD+, assistée de groupes techniques et de panels consultatifs thématiques (Gouvernement brésilien, 2017[11]). De son côté, le Mexique a élaboré des partenariats entre différentes institutions de niveau national dans le but précis d'améliorer la coordination et la collaboration. Ainsi, en 2011, le SAGARPA a signé un accord de coopération avec la commission nationale de la foresterie en vue de mettre en place des mécanismes de coordination, dans le domaine de l'agriculture et des forêts (Gouvernement mexicain, 2015[12]). Le Mexique a, d'autre part, mentionné expressément la question de la biodiversité dans sa « loi générale sur le changement climatique » (PECC), entrée en vigueur en 2012.

La pression internationale a aussi conduit à la création de programmes axés sur la demande et d'institutions associées. Ils comprennent des dispositifs bénéficiant d'une reconnaissance internationale tels que le Forest Stewardship Council (FSC, qui a certifié à ce jour plus de 200 millions d'hectares de forêts gérées de manière responsable dans le monde) (FSC, 2017[13]), mais également des dispositifs nationaux comme l'IFCC (Indonesian Forestry Certification Corporation, société indonésienne de certification de la foresterie). La gouvernance de ce type de dispositifs est souvent pilotée par des acteurs non gouvernementaux.

**Tableau 4.1. Dispositifs institutionnels nationaux de coordination de l'action visant les ODD**

| | Brésil | France | Indonésie | Irlande | Mexique | Nouvelle-Zélande |
|---|---|---|---|---|---|---|
| Organe de coordination | Commission nationale pour les ODD (CNODS) | Comité de pilotage interministériel (comprenant des représentants de tous les ministères) | Équipe de coordination nationale conduite par le ministère du Développement national (BAPPENAS) | Groupe de hauts fonctionnaires (représentants de tous les ministères) | Conseil national pour le programme 2030 | Sans objet (pas d'organe de coordination sur les ODD) |
| Supervision | Bureau de la Présidence | Délégué interministériel au développement durable (mandaté par le Premier ministre) | Bureau de la Présidence | Gouvernement (*cabinet*) | Bureau de la Présidence | Sans objet |
| Chaque ODD est-il affecté à un ministère particulier ? | | Oui | Oui | Oui | Oui | Sans objet |
| Représentation d'entités infranationales ? | Oui | Oui | Dans les groupes de travail | Non | Oui | Sans objet |
| Représentation des OSC et du secteur privé ? | Oui | Oui | | Non, mais il est prévu d'intégrer des interactions avec les parties prenantes (notamment l'agriculture) par la suite | Oui | Sans objet |

Source : UNDESA (2017[13]) *Compendium of National Institutional Arrangements for implementing the 2030 Agenda for Sustainable Development*, https://sustainabledevelopment.un.org/content/documents/22008UNPAN99132.pdf ; Government of Ireland (2018[14]), *The Sustainable Development Goals National Implementation Plan 2018-2020*, https://www.dccae.gov.ie/documents/DCCAE-National-Implement-Plan.pdf; PNUD (2017[165]), *Institutional and Coordination Mechanisms - Guidance Note on Facilitating Integration and Coherence for SDG implementation*, https://www.undp.org/content/undp/en/home/librarypage/sustainable-development-goals/institutional-and-coordination-mechanisms---guidance-note.html

Les parlements nationaux peuvent aussi participer à la coordination des politiques publiques touchant à la problématique de l'utilisation des terres, ce qui est utile pour assurer la cohérence entre les pouvoirs exécutif et législatif. Au Brésil par exemple, la Chambre des députés a une cellule parlementaire spéciale travaillant sur les ODD (CEPALC, 2017[14]), et le Sénat mexicain a lui aussi un groupe de travail sur le suivi de la mise en œuvre législative des ODD (Gouvernement mexicain, 2018[15]).

## Degré de coordination verticale dans l'élaboration des politiques nationales

La coordination verticale des politiques publiques est importante pour que les mesures prises à l'échelon infranational et les pratiques d'utilisation des terres soient en phase avec les politiques et les objectifs nationaux. Au niveau national, le besoin de coordination verticale dépend beaucoup du degré de décentralisation dans un pays, ainsi que des missions des instances nationales et infranationales. Dans plusieurs pays, les administrations infranationales ont soit l'obligation (en France, par exemple), soit la possibilité (au Brésil, par exemple) d'élaborer des politiques climatiques infranationales. Ainsi, en France, les 12 régions sont tenues d'intégrer des mesures climatiques dans leur plan régional d'aménagement du territoire. Cette obligation d'établir un document d'orientation couvrant plusieurs thèmes différents a précisément pour but d'éliminer les contradictions entre des ensembles d'objectifs plus ciblés (sur l'énergie issue de la biomasse, par exemple) conçus indépendamment les uns des autres (Gouvernement français, 2010[16]). Au Brésil, les États et les villes peuvent définir leur propre plan climatique, et 14 États l'ont fait (sur 27) (Barbi et da Costa Ferreira, 2017[17]). Le cadre national brésilien pour l'environnement (Sisnama) vise à mettre en place un ensemble coordonné de mesures de gestion de l'environnement et intègre des représentants du pouvoir national, des États et des municipalités (Gouvernement brésilien, 2016[18]).

Des stratégies pour la biodiversité sont aussi de plus en plus élaborées au niveau infranational, notamment au Brésil, en France, en Irlande, au Mexique et en Nouvelle-Zélande (CDB, 2017[19]). Au Mexique, la commission nationale pour la connaissance et l'utilisation de la biodiversité (CONABIO) encourage les États à définir des plans infranationaux pour la biodiversité, ce que huit États mexicains ont fait (Gouvernement du Michoacan, 2007[20]). Pour élaborer ces stratégies, un large éventail de parties prenantes ont parfois été consultées. L'État mexicain du Michoacán a ainsi consulté tous les secteurs et organisé des ateliers et une consultation publique pour concevoir sa stratégie pour la biodiversité, et un plan d'action sera établi au niveau de l'État fédéré pour la mettre en œuvre (Gouvernement du Michoacan, 2007[20]).

La gouvernance des questions de biodiversité n'est pas forcément organisée comme pour les questions d'utilisation des terres. En Nouvelle-Zélande par exemple, les autorités locales sont chargées de gérer plusieurs aspects importants de la biodiversité sur les propriétés privées (Schneider et Samkin, 2012[21]). Un grand nombre d'entre elles ont effectivement défini des plans locaux spécifiquement destinés à gérer les pressions sur la biodiversité.

En France, pour garantir l'intégration verticale des plans régionaux comportant des mesures climatiques avec les priorités nationales, ces plans doivent impérativement être élaborés conjointement par une Région administrative et le gouvernement central (Gouvernement français, 2010[16]). Le but des plans climatiques régionaux est de fixer des objectifs à court terme (2020) et à long terme (2050), par exemple sur l'atténuation des émissions de GES et la séquestration du carbone.

La coordination verticale peut aussi aider à favoriser la cohérence entre les politiques nationales et les cadres supranationaux. La coordination verticale pour les États membres de l'UE comprend également la coordination entre les politiques nationales et celles de l'UE. Par exemple, la Commission européenne a lancé le Plan de mise en œuvre pluriannuel accompagnant la nouvelle Stratégie forestière de l'UE, qui vise à « coordonner les politiques forestières et les initiatives touchant aux forêts et au secteur forestier » (CE, 2015[22]). Ce plan prévoit expressément d'utiliser davantage les forêts à des fins d'atténuation, de protéger les forêts et d'améliorer les services écosystémiques, et de « travailler ensemble afin de gérer... les forêts de manière cohérente » (CE, 2015[22]).

En règle générale, si les autorités nationales définissent le cadre d'ensemble devant régir les décisions d'utilisation des terres, ce sont les administrations infranationales qui sont chargées de prendre les décisions finales dans ce domaine et dans celui de l'aménagement du territoire. De ce fait, parce que les administrations infranationales n'ont pas toutes les mêmes priorités, elles peuvent interpréter et appliquer différemment les principes nationaux au niveau local. En Nouvelle-Zélande par exemple, les décisions en matière d'utilisation des terres sont prises en grande partie par les propriétaires fonciers, mais les règles nationales – comme le Resource Management Act – limitent leurs possibilités d'action. Il peut toutefois y avoir d'importantes variations à l'intérieur d'un pays dans la gestion de problèmes particuliers. Par exemple, le manque d'uniformité entre certains plans régionaux néo-zélandais a abouti à des incohérences dans la manière de gérer les impacts des activités agricoles sur l'eau douce (Baker-Galloway, 2013[23]). Au Mexique, la gouvernance locale de la foresterie (*ejidos* et *comunidades*) joue un rôle important dans la gestion des terres, mais l'État est quand même en droit d'« imposer les mesures qu'il juge nécessaire pour préserver les ressources naturelles » (Gouvernement mexicain, 2017[24]).

Le degré de centralisation ou de décentralisation de l'élaboration des politiques publiques dans la sphère de l'utilisation des terres pose différents problèmes pour la coordination des institutions. La décentralisation complique la coordination verticale de l'action publique en la matière. Pour qu'à la fois les principes fixés au niveau national se traduisent dans les décisions d'utilisation des terres prises au niveau local, et que les enjeux locaux d'utilisation des terres soient convenablement pris en compte dans le processus national d'élaboration de la politique publique, il faut que les informations circulent en permanence entre les institutions nationales et infranationales. L'une des solutions, adoptée par l'Indonésie et le Mexique, est d'avoir une représentation des institutions nationales à l'échelon infranational. Au Mexique, le ministère de l'Agriculture, de l'Élevage, du Développement rural, de la Pêche et de l'Alimentation (SAGARPA) est représenté dans chaque État mexicain, ainsi que dans des centaines de districts de développement rural (Gouvernement mexicain, 2018[25]). Un état des lieux sur la préparation de l'Indonésie au programme REDD+ a également souligné l'importance des institutions infranationales pour la mise en œuvre d'activités à leur échelon – par exemple, le groupe de travail provincial sur la REDD+ se réunit une fois par mois (FPCF, 2015[26]). Cette présence décentralisée des ministères, des agences ou des comités favorise les échanges d'informations et la coordination entre les producteurs agricoles et les autorités infranationales.

Malgré ces difficultés, la décentralisation peut être l'occasion de mettre en place des solutions et des institutions novatrices adaptées au contexte (en particulier dans les pays très étendus et hétérogènes). Au Brésil par exemple, les crédits agricoles ont été interdits dans les communes affichant les taux de déboisement les plus élevés, de même que l'accès du bétail de leurs grands éleveurs aux abattoirs (Le Tourneau, 2016[27]). Si la décentralisation conduit à augmenter l'influence des populations locales sur les terres et les bénéfices pouvant en être retirés, cela pourra encourager des initiatives plus durables à long terme. Ainsi, certaines données montrent qu'au Mexique, la gestion collective des forêts pourrait être plus durable (par exemple se traduire par une plus grande quantité de carbone stockée) que les autres modes de gestion (CCMSS et Rights and Resources Initiative, 2010[28]).

## Échanges internationaux et coordination avec les acteurs non gouvernementaux

Étant donné le caractère transnational des activités des instances chargées du commerce international, il est important, non seulement de faire travailler ensemble les institutions gouvernementales concernées par l'utilisation des terres et par les échanges internationaux, mais aussi de coordonner les actions des organisations publiques et privées. Dans plusieurs des six pays étudiés, des partenariats réunissant de nombreux acteurs publics et privés à l'échelon national et infranational ont démontré leur capacité à infléchir les incidences des chaînes d'approvisionnement mondiales sur l'utilisation des terres. Les institutions gouvernementales doivent trouver le moyen de se rapprocher de ces initiatives et se coordonner avec elles afin qu'elles soient en phase avec la politique nationale et donnent les meilleurs résultats possibles.

Le moratoire sur le soja brésilien (examiné plus en détail au chapitre 5) offre un exemple d'initiative de ce type engagée par l'industrie dans le biome amazonien au Brésil. C'est seulement après sa création par des acteurs privés que les autorités brésiliennes y ont adhéré. Une initiative similaire a été lancée dans le Cerrado : le « manifeste de Cerrado ». Publié par un ensemble d'ONG, de fondations et d'organismes scientifiques en septembre 2017 et signé par plus d'une centaine d'entreprises et d'investisseurs brésiliens et internationaux, ce manifeste appelle à ne plus s'approvisionner dans les zones récemment déboisées et à mettre fin à la déforestation et à la disparition de la végétation naturelle dans le biome du Cerrado (The Consumer Goods Forum, 2019[29]). Une autre initiative, la stratégie du Mato Grosso « Produire – Conserver – Inclure », est un partenariat multipartite comptant 40 membres – institutions gouvernementales, ONG et entreprises privées (Gouvernement du Mato Grosso, 2019[30]). De même, la coalition brésilienne sur le climat, les forêts et l'agriculture compte plus de 190 institutions membres et encourage la collaboration directe entre les autorités gouvernementales et les entreprises privées dans tout le pays (Brazilian Coalition on Climate, Forests and Agriculture, 2019[31]).

Des institutions et des partenariats multisectoriels du même type s'emploient à alléger les pressions sur les terres dans d'autres pays étudiés. En Indonésie, la plateforme indonésienne sur l'huile de palme (InPOP) est une initiative qui vise à établir des partenariats et à coordonner le secteur de l'huile de palme et les initiatives de développement durable existantes au niveau national. Lancée en 2014 par le ministère de l'Agriculture, InPOP comptait 56 membres en février 2019, dont des institutions gouvernementales nationales et infranationales, des partenaires de développement, et des membres du secteur privé et de la société civile (Indonesian Palm Oil Platform (InPOP), 2019[32]). En Irlande, 321 agriculteurs et entreprises agroalimentaires ont choisi d'adhérer à un programme sectoriel de développement durable appelé « Origin Green » (voir aussi l'encadré 5.1) (Bord Bia, s.d.[33]).

## Références

Baker-Galloway, M. (2013), *The Inconsistent Regional Management of Farming Effects on Waterways*, New Zealand Agricultural and Resource Economics Society, Christchurch, Nouvelle-Zélande, https://econpapers.repec.org/paper/agsnzar13/160192.htm (consulté le 4 février 2019). [23]

Banque mondiale, CIAT et CATIE (2014), *Climate-Smart Agriculture in Chiapas, Mexico*, Groupe de la Banque mondiale. [10]

Barbi, F. et L. da Costa Ferreira (2017), « Governing Climate Change Risks: Subnational Climate Policies in Brazil », *Chinese Political Science Review*, vol. 2/2, pp. 237–252, https://doi.org/10.1007/s41111-017-0061-3. [17]

Bord Bia (s.d.), *Origin Green: Ireland's food and drink sustainability programme*, https://www.origingreen.ie/ (consulté le 25 février 2019). [33]

Bord na Móna (2018), *Bord na Móna - Naturally Driven*, https://www.bordnamona.ie/ (consulté le 31 août 2018). [8]

Brazilian Coalition on Climate, Forests and Agriculture (2019), *The Coalition*, http://www.coalizaobr.com.br/home/index.php/en/ (consulté le 25 février 2019). [31]

BRG (2016), *Wapres JK Larang BRG Pakai APBN untuk Restorasi*, https://brg.go.id/wapres-jk-larang-brg-pakai-apbn-untuk-restorasi. [7]

CCMSS et Rights and Resources Initiative (2010), *Sustainable Forest Management as a strategy to combat Climate Change: lessons from*, https://theredddesk.org/sites/default/files/resources/pdf/2010/forests_imprenta.pdf (consulté le 31 août 2018). [28]

CDB (2017), *Stratégies et plans d'actions infra nationaux pour la biodiversité (SPARB)*, https://www.cbd.int/nbsap/related-info/sbsap/ (consulté le 31 août 2018). [19]

CE (2015), *Commissions Staff Working Document - Multi-annual Implementation Plan of the new EU Forest Strategy*, https://ec.europa.eu/transparency/regdoc/rep/10102/2015/EN/10102-2015-164-EN-F1-1.PDF (consulté le 31 août 2018). [22]

CEPALC (2017), *Annual report on regional progress and challenges in relation to the 2030 Agenda for Sustainable Development in Latin America and the Caribbean*, https://repositorio.cepal.org/bitstream/handle/11362/41189/S1700474_en.pdf?sequence=7&isAllowed=y (consulté le 31 août 2018). [14]

CER (2017), *Public Service Obligation Levy 2017/18*, Commission for Energy Regulation. [9]

CIM (2007), *Decreto n° 6.263, de 21 de Novembro 2007, Institui o Comitê Interministerial sobre Mudança do Clima - CIM, orienta a elaboração do Plano Nacional sobre Mudança do Clima, e dá outras providências*, FAOLEX, http://extwprlegs1.fao.org/docs/pdf/bra77881.pdf. [2]

FPCF (2015), *REDD+ Annual Country Progress Reporting (with semi-annual update)*, https://www.forestcarbonpartnership.org/sites/fcp/files/2016/Oct/230916_Final%20NS_FCPF%20%20Country%20Progress%20Report.pdf (consulté le 31 août 2018). [26]

FSC (2017), *Qu'est que la certification ? Offrir des avantages commerciaux en garantissant une responsabilité sociale et environnementale*, https://ic.fsc.org/en (consulté le 31 août 2018). [13]

Gouvernement brésilien (2017), *Implementation of the Brazil's National Strategy for REDD+*, http://redd.mma.gov.br/images/conaredd/implementaoredd-resumoexecutivo-EN-Nov17-COP23.pdf (consulté le 31 août 2018). [11]

Gouvernement brésilien (2016), *National Biodiversity Strategy and Action Plan*, https://www.cbd.int/doc/world/br/br-nbsap-v3-en.pdf (consulté le août 31 2018). [18]

Gouvernement du Mato Grosso (2019), *Produzir, Conservar e Incluir - Estratégia de MT para mitigar Mudanças Climáticas*, http://pci.mt.gov.br/#apresentacao (consulté le 25 février 2019). [30]

Gouvernement du Michoacan (2007), *Estrategia para la conservación y uso sustentable de la diversidad biológica del Estado de Michoacán*, https://www.cbd.int/doc/nbsap/sbsap/mx-sbsap-michoacan-es.pdf. [20]

Gouvernement français (2010), *Schéma régional du climat, de l'air et de l'énergie*, http://outil2amenagement.cerema.fr/IMG/pdf/schema_regional_du_climat_de_l_air_et_de_l_energie_cle77bbb5_cle71c139.pdf (consulté le 31 août 2018). [16]

Gouvernement indonésien (2016), *Indonesian Biodiversity Strategy and Action Plan 2015-2020*, Ministère de la planification du développement national, https://www.cbd.int/doc/world/id/id-nbsap-v3-en.pdf. [4]

Gouvernement mexicain (2018), *Secretaría de Agricultura, Ganadería, Desarrollo Rural, Pesca y Alimentación: Delegaciones Estatales*, https://www.gob.mx/sagarpa/acciones-y-programas/delegaciones-estatales-90613 (consulté le 31 août 2018). [25]

Gouvernement mexicain (2018), *Voluntary National Review for the High-Level Political Forum on Sustainable Development*, https://sustainabledevelopment.un.org/content/documents/20122VOLUNTARY_NATIONAL_REPORT_060718.pdf (consulté le 31 août 2018). [15]

Gouvernement mexicain (2017), *Estrategia National para el REDD+ 2017-2030*, http://www.enaredd.gob.mx/wp-content/uploads/2017/09/Estrategia-Nacional-REDD+-2017-2030.pdf (consulté le 31 août 2018). [24]

Gouvernement mexicain (2015), *Mid-Term Progress Report of Mexico*, https://www.forestcarbonpartnership.org/sites/fcp/files/2015/May/MTR%20Mexico_Eng%20with%20GRM.pdf. [12]

Government of Ireland (2018), *Climate Action Plan 2019: To tackle climate breakdown*, https://www.dccae.gov.ie/en-ie/climate-action/publications/Documents/16/Climate_Action_Plan_2019.pdf (consulté le 4 octobre 2019). [5]

Indonesian Palm Oil Platform (InPOP) (2019), *About Us - Indonesia Palm Oil Platform*, http://foksbi.id/en/about-inpop (consulté le 25 février 2019). [32]

Le Tourneau, F. (2016), « Is Brazil now in control of deforestation in the Amazon? », *Cybergeo*, http://dx.doi.org/10.4000/cybergeo.27484. [27]

MfE (2015), *Natural Resources Sector Diagram*, http://nrs.mfe.govt.nz/sites/default/files/NRS%20Goal%20and%20Focus%20Areas%20Diagram.pdf. [3]

Parish, F. et al. (dir. pub.) (2008), *Assessment on Peatlands, Biodiversity and Climate change*, Global Environment Centre, Kuala Lumpur et Wetlands International, Wageningen, http://www.imcg.net/media/download_gallery/books/assessment_peatland.pdf (consulté le 31 août 2018). [6]

Schneider, A. et G. Samkin (2012), « A biodiversity jigsaw: A review of current New Zealand legislation and initiatives », *e-Journal of Social & Behavioural Research in Business*, vol. 3/2, pp. 10-26, https://researchcommons.waikato.ac.nz/handle/10289/7743 (consulté le 4 février 2019). [21]

The Consumer Goods Forum (2019), *Business for the Cerrado - Supporting the Cerrado Manifesto*, https://www.theconsumergoodsforum.com/initiatives/environmental-sustainability/key-projects/deforestation/soy/business-for-the-cerrado/ (consulté le 1 mars 2019). [29]

Wardojo, W. et N. Masripatin (2002), *Trends in Indonesian Forest Policy*, https://pdfs.semanticscholar.org/2476/e43a3e5dab1ee62ce15d915ca33a84c542c3.pdf. [1]

## Notes

[1] Il regroupe des organes du gouvernement central chargés de la gestion et de la protection des ressources naturelles de la Nouvelle-Zélande et comprend le ministère de la Conservation, le ministère de l'Environnement, le ministère des Industries primaires, le ministère des Entreprises, de l'Innovation et de l'Emploi, le ministère de l'Information foncière, le ministère du Développement maori, et le ministère de l'Intérieur.

[2] REDD+ signifie « réduction des émissions imputables à la déforestation et à la dégradation des forêts dans les pays en développement ». Dans le cadre de la CCNUCC, les activités de REDD+ ont été reconnues comme un moyen potentiellement important de réduire les émissions de GES, et des décisions de la CCNUCC invitent les pays à désigner un centre de liaison national susceptible, entre autres, de recevoir des paiements basés sur les résultats.

# 5 Instruments d'action pour une utilisation durable des terres

Ce sont les instruments d'action qui, en définitive, guident le comportement des acteurs des systèmes d'utilisation des terres, à telle enseigne qu'il est essentiel, pour gérer la situation dans la sphère de l'utilisation des terres, de la biodiversité, du climat et de l'alimentation, de comprendre les interactions entre ces instruments et les effets de celles-ci sur l'utilisation des terres. Ce chapitre explique qu'il est nécessaire que les droits fonciers soient clairement établis et sûrs pour que l'élaboration des politiques puisse être efficace. Il analyse ensuite certains instruments importants employés actuellement dans les pays étudiés (Brésil, France, Indonésie, Irlande, Mexique et Nouvelle-Zélande), qu'ils soient de nature économique, réglementaire, informationnelle ou volontaire, et explique dans quels cas ils sont efficaces et pourquoi. Il porte aussi sur la lutte contre les pertes et le gaspillage alimentaires, qui peut jouer un rôle important dans la réduction des émissions de l'agriculture et des pressions exercées sur les systèmes d'utilisation des terres.

## La nécessité de cadres et d'instruments d'action cohérents

Pour se conformer aux engagements pris au niveau national et international dans la sphère de l'utilisation des terres, il faudra mettre en œuvre des politiques ambitieuses et cohérentes, efficaces par rapport aux coûts et équitables. Ce chapitre décrit certains des principaux instruments réglementaires (contraignants), économiques et informationnels en place dans les six pays étudiés (Brésil, France, Indonésie, Irlande, Mexique et Nouvelle-Zélande) et présente une première analyse des domaines où l'on constate une cohérence ou des décalages. Le Tableau 5.1 offre des exemples d'instruments d'action applicables dans la sphère de l'utilisation des terres.

Le degré d'incertitude des coûts et des dommages évités ou des avantages environnementaux induits constitue un déterminant fondamental de l'efficacité relative d'un instrument d'action (Newell et Pizer, 2003[1]). Dans le cas des activités concernant les terres, des incertitudes (souvent importantes) entourent les variables pertinentes et compliquent le choix entre les divers instruments d'action destinés à remédier aux impacts sur la sphère de l'utilisation des terres. Ainsi, les méthodes d'estimation des émissions de GES imputables à l'utilisation des terres et aux activités agricoles sont généralement moins précises que pour d'autres secteurs, et elles aboutissent le plus souvent à de plus grandes marges d'incertitude. Dans le cas de l'Irlande, par exemple, plus de 88 % de l'incertitude relative aux émissions totales de GES notifiées dans le cadre de la CCNUCC étaient liés à l'agriculture en 2015 (Environmental Protection Agency, 2018[2]). De même, une connaissance imparfaite de la biodiversité et un recours souvent insuffisant aux approches d'évaluation des services écosystémiques (voir ci-dessous) peuvent entraver le choix d'instruments d'action efficients. Aussi l'amélioration de notre compréhension des externalités de l'utilisation des terres devrait-elle constituer un élément important des efforts visant à assurer la cohérence des politiques au sein de la sphère de l'utilisation des terres.

Des approches cohérentes de l'action publique dans la sphère de l'utilisation des terres se révèlent nécessaires pour éviter la « fuite » des impacts négatifs (tels que les émissions de GES (Blanco et al., 2014[3]) ou les atteintes à la biodiversité (Maestre Andrés et al., 2012[4] ; Lambin et Meyfroidt, 2011[5])). Cette fuite peut se produire en cas de déplacement de la production (à l'intérieur même des pays ou entre ceux-ci) par réaction à la mise en œuvre d'un instrument d'action donné, par exemple si la protection d'une zone donnée contre la déforestation entraîne la déforestation de zones avoisinantes. Compte tenu des échanges internationaux de biens agricoles et forestiers, une fuite a lieu, à l'échelle internationale, si un pays A protège ses forêts, mais autorise les importations des bien en question en provenance d'un pays B où les forêts sont sacrifiées. Les approches cohérentes de l'action publique réduisent au minimum et préviennent les discordances qui aboutissent à des fuites.

Les tendances environnementales observées dans les pays étudiés font généralement apparaître une augmentation des émissions absolues de GES et de la dégradation des écosystèmes (voir le chapitre 2), bien qu'avec des variations notables à l'intérieur même des pays. Bon nombre des politiques en vigueur ont un impact positif sur les systèmes d'utilisation des terres, mais les tendances mises en lumière au chapitre 2 donnent à penser qu'il est possible d'étendre la portée des instruments d'action et de renforcer leur mise en œuvre. Une vision nationale claire de l'utilisation des terres, assortie d'objectifs quantitatifs sectoriels pertinents, pourrait aider à garantir que les instruments d'action déployés suffisent pour faire face aux éventuels incidences préjudiciables de l'utilisation des terres sur la biodiversité, le climat et l'alimentation.

### *Un régime foncier clairement défini est un important préalable transversal pour une politique efficace*

Un régime foncier clair et sûr constitue un important préalable de la mise en œuvre de politiques efficaces dans la sphère de l'utilisation des terres. Selon Robinson et al. (2013[6]), ce régime est l'ensemble des droits de propriété liés à la terre et des institutions qui assurent la validité de ces droits, et sa sécurité est l'assurance que les droits de propriété sur les terres sont reconnus par la société. Les régimes fonciers revêtent diverses formes dans les pays étudiés, depuis les plus répandues, telles que la propriété publique ou privée, jusqu'à des formes d'occupation collective comme les *Ejidos* et les *Comunidades* au Mexique, les *Quilombos* au Brésil et les *Hutan Desa* (forêts villageoises) en Indonésie. Extrêmement variables, certains d'entre eux confèrent des droits de propriété sur des superficies définies et d'autres uniquement des droits de gestion, mais en général les formes de propriété collective sont plus répandues dans les pays tropicaux, surtout dans les zones forestières (Robinson, Holland et Naughton-Treves, 2013[6]).

Si le régime n'est pas clair sur un territoire donné, il est difficile de savoir qui est responsable des terres, ce qui n'aide pas à promouvoir les activités écologiquement durables. En outre, dans ce cas, il est difficile de déterminer si une activité donnée est ou non légale. Lorsque le régime n'est pas sûr, les activités maximisant la valeur à court terme risquent de s'en trouver favorisées, tout comme celles visant à accroître la sécurité du régime, ce qui se traduit souvent par le défrichage dans les zones forestières tropicales. Ces problèmes sont mis en lumière par la situation de l'Indonésie, où des revendications concurrentes sur les terres (Gaveau et al., 2017[7]) et une grande fragmentation des institutions compétentes en matière d'utilisation des terres (voir chapitre 4 et (Sahide et Giessen, 2015[8])) aboutissent à une généralisation des activités forestières, minières et agricoles illégales. Les exportations indonésiennes de bois d'origine illégale ont parfois atteint 80 % du total (Observatoire de l'OCDE sur l'innovation dans le secteur public (OPSI), 2013[9]), et l'on attribue à l'exploitation illégale du bois la déforestation de 2.3 millions d'hectares entre 1991 et 2014 et un manque à gagner fiscal de 6.5 à 9 milliards USD sur la période 2003-2014 (Chitra et Cetera, 2018[10] ; Corruption Eradication Comission (KPK), 2015[11]). L'exploitation forestière illégale pourrait certes avoir diminué ces dernières années, mais elle reste un facteur non négligeable de changement d'affectation des terres en Indonésie. Tel n'est pas seulement le cas en raison des exportations de produits du bois d'origine illégale, mais aussi parce que l'exploitation forestière illégale est souvent le prélude de la création de palmeraies à huile ou de forêts de production (à vocation largement exportatrice) (OCDE, 2019a[12]).

Comme en Indonésie, l'exploitation forestière illégale constitue un problème au Mexique et au Brésil. Au Brésil, le manque de clarté du régime foncier a exacerbé le problème de l'exploitation forestière illégale en Amazonie, car la conversion des terres est le moyen le plus facile d'obtenir des droits sur elles (OCDE, 2016[13]). Les efforts déployés récemment pour clarifier la situation ont certes entraîné une réduction de la déforestation, mais le manque de contrôles (Azevedo et al., 2017[14]) et l'affaiblissement de la gouvernance environnementale (Rochedo et al., 2018[15]) font que le problème persiste. Au Mexique, la déforestation illégale et la dégradation des forêts pour répondre à la demande croissante de produits agricoles, tels que les avocats (Hansen, 2018[16]), demeurent un problème d'actualité qui menace la fourniture de services écosystémiques (tels que la séquestration du carbone) ainsi qu'un habitat crucial pour le papillon monarque (Leverkus et al., 2017[17]). D'après les estimations, jusqu'à 70 % de la demande intérieure de bois serait satisfaite par l'exploitation illégale des forêts (Chapela y Mendoza, 2018[18]), et une bonne partie des importations mexicaines de bois sont issues d'activités illégales dans des pays tiers tels que le Pérou (Urrunaga, Johnson et Orbegozo Sánchez, 2018[19]).

L'utilisation illégale des terres revêt une importance cruciale pour la sphère de l'utilisation des terres, car elle peut provoquer une dégradation généralisée de l'environnement ainsi que d'importantes émissions de GES, compromettant la capacité d'un pays à atteindre ses objectifs nationaux et internationaux. En outre, les activités illégales échappent par définition aux instruments d'action destinés à promouvoir une gestion des terres écologiquement durable. Leur réduction, grâce par exemple à la mise en place de droits fonciers garantis, constitue par conséquent une condition préalable de la mise en œuvre d'une politique écologiquement efficace dans la sphère de l'utilisation des terres.

**Tableau 5.1. Instruments d'action visant à faire face au changement climatique et à la dégradation des écosystèmes dans les secteurs de l'agriculture et de la foresterie**

| Approches réglementaires (contraignantes) | Instruments économiques | Information et autres instruments volontaires | Autres |
|---|---|---|---|
| Outils et exigences en matière d'utilisation des terres / d'aménagement de l'espace (études d'impact sur l'environnement [EIE] et évaluations environnementales stratégiques [EES], par exemple) | Instruments fondés sur les prix :<br>Taxes (par exemple sur le carbone, sur l'extraction d'eaux souterraines, ou sur l'utilisation de pesticides et d'engrais)<br>Redevances/droits<br>Subventions pour promouvoir la biodiversité (par exemple, en ciblant les investissements publics sur les technologies vertes) | Écolabellisation et certification<br>(programmes de labellisation de l'agriculture biologique ou ; certification des forêts / du bois durables, par exemple) | Mesures commerciales, telles que l'abaissement des droits de douane sur les produits respectueux du climat et/ou de la biodiversité, ou la réduction des aides à l'exportation |
| Règles et normes de gestion de l'eau, de la qualité des sols, et des terres | Réforme des subventions préjudiciables pour l'environnement (par exemple, découplage du soutien à l'agriculture des volumes de production et du prix des produits) | Marchés publics écologiques (garantissant par exemple que les approvisionnements publics sont issus de sources durables) | Effort de R-D, par exemple pour découpler les émissions de GES et la production alimentaire, l'énergie issue de la biomasse et la capture et le stockage du carbone |
| Normes et mesures de contrôle de l'utilisation excessive de produits agrochimiques et d'engrais dans le processus de production | Paiements pour services écosystémiques (y compris REDD+) et mesures agroenvironnementales (retrait des terres agricoles dégradées ou subventionnement des pratiques de production propices à la préservation, par exemple) | Approches volontaires (accords négociés entre les entreprises et le gouvernement pour la protection de la nature ou programmes volontaires de compensation, par exemple) | Planification nationale inclusive, tenant compte des préoccupations en matière de climat et de biodiversité, et associant le gouvernement national et les collectivités locales, ainsi que les acteurs non partisans |
| Mesures de restriction ou d'interdiction de l'utilisation, telles que les moratoires sur la déforestation (comme celles mises en œuvre avec succès par le Brésil pour ralentir la déforestation) ; zones protégées ; CITES. | Compensations/banques de compensation des atteintes à la biodiversité (paiement compensatoire ou compensation sur la base de projets, par exemple) | Programmes de transfert financier (tels que le transfert de ressources interadministrations au sein d'un même pays) | Aide au développement (prise en compte cohérente des éléments de la sphère de l'utilisation des terres dans la gestion des ressources naturelles, projets de foresterie et de biodiversité, par exemple) |
| Concessions pour la gestion durable des forêts | Permis négociables (émissions de carbone, droits sur l'eau, par exemple) | | Renforcement des capacités (notamment en matière d'éducation et de formation) |
| | Droits de propriété et sécurité foncière<br>Instruments fondés sur la responsabilité<br>Amendes de non-conformité | | |

Source : les auteurs, d'après l'OCDE (OCDE, 2014[20]) *Scaling Up Finance Mechanisms for Biodiversity*, https://dx.doi.org/10.1787/9789264193833-en et l'OCDE (2011[21]) *Food and Agriculture*, https://dx.doi.org/10.1787/9789264107250-en.

## *Les approches de l'évaluation des services écosystémiques peuvent éclairer les décisions d'utilisation des terres*

Les services écosystémiques procurent à la société d'importants avantages qui sont bien souvent non tarifés ou sous-évalués par les marchés (OCDE, 2019b[22]). La diminution de ces services (tels que l'épuration de l'eau) du fait de la dégradation de l'environnement risque par conséquent d'avoir des coûts importants s'ils doivent être remplacés – et elle pourrait avoir des conséquences sur le bien-être et des effets redistributifs. En Indonésie, par exemple, le recul des forêts est associé à une augmentation des affections pédiatriques en milieu rural et à une hausse des températures ambiantes locales (Herrera et al., 2017[23] ; Wolff et al., 2018[24]).

Des instruments économiques destinés à lutter contre la raréfaction des services écosystémiques sont utilisés dans plusieurs des pays étudiés (voir plus loin). L'intégration de l'évaluation économique de ces services dans les mécanismes d'aménagement du territoire pourrait utilement contribuer à concilier les différents objectifs de la sphère de l'utilisation des terres. La quantification des variations enregistrées par les services écosystémiques en fonction des différentes options mises en œuvre, et de la valeur attachée à ces variations par la société, constitue une étape fondamentale pour mieux gérer les différentes composantes de la sphère de l'utilisation des terres. Cependant, bien que plusieurs programmes en cours visent à mieux comprendre la cartographie et l'évaluation des services écosystémiques, aucun des pays étudiés n'a systématiquement intégré cette approche dans les systèmes d'aménagement du territoire.

Le Groupe de travail de l'UE sur la cartographie et l'évaluation des écosystèmes et de leurs services (MAES) vise à créer un modèle conceptuel établissant un lien entre les pressions sur l'état des écosystèmes et à définir un large éventail d'indicateurs pour suivre l'évolution des écosystèmes et des services qu'ils procurent au sein de l'UE. Dans le cadre de cette initiative, l'EFESE (*L'évaluation française des écosystèmes et des services écosystémiques*) vise en France à évaluer l'ampleur, la qualité et la valeur des écosystèmes. L'EFESE a déjà procédé à six évaluations portant sur différents écosystèmes[1]. Bien que l'utilisation des conclusions de l'EFESE pour aider à la conception des politiques ait remporté un certain succès, une récente évaluation par l'UE suggère que les résultats obtenus ne sont pas encore suffisants pour tenir efficacement compte de la valeur des SE dans la prise de décision (Ling et al., 2018[25]).

À l'extérieur de l'UE, l'approche fondée sur le capital naturel a été utilisée par l'Indonésie et le Mexique afin de tenir compte de la valeur des services écosystémiques dans la prise de décision. L'Indonésie suit l'évolution des ressources forestières depuis plus de 30 ans à l'aide d'un outil novateur : le Système intégré de comptabilité économique et environnementale (SISNERLING). Dans ce pays, tous les ministères sont légalement tenus de mettre en valeur et d'inventorier les ressources naturelles[2]. La mise au point du SISNERLING est en cours avec le soutien du partenariat WAVES (Wealth Accounting and the Value of Ecosystem Services – comptabilité de patrimoine et valeur des services écosystémiques), qui inclut une comptabilité améliorée, l'élaboration d'une comptabilité foncière pour le changement d'utilisation et d'occupation des sols et un compte pilote des ressources en eau pour le bassin du fleuve Citarum (WAVES, 2017[26]).

Malgré de considérables progrès dans le cadre des initiatives décrites ci-dessus, les données disponibles ne sont pas suffisantes pour servir de fondement à l'élaboration des politiques, et il subsiste des déficits de capacités dans les pays étudiés. Il n'est donc pas attesté, loin de là, que cette approche puisse permettre de concilier les différents objectifs dans la sphère de l'utilisation des terres. L'accélération de la mise au point et du renforcement des approches existantes fondées sur la comptabilité du capital naturel et sur l'évaluation des services écosystémiques offre une occasion notable d'accroître la capacité des mécanismes d'aménagement du territoire à gérer les hiatus entre les différentes composantes de la sphère de l'utilisation des terres.

## Instruments réglementaires (contraignants)

### *Aménagement du territoire*

L'aménagement du territoire est un instrument réglementaire important pour les différentes composantes de la sphère de l'utilisation des terres. Il est défini comme suit par Metternicht (2017[27]) :

> « l'évaluation systématique du potentiel des ressources foncières et hydriques, des différentes possibilités d'utilisation des terres et des conditions économiques et sociales, en vue de sélectionner et d'adopter les possibilités les meilleures. Son objet est de choisir et de mettre en œuvre les utilisations des terres qui répondront au mieux aux besoins de la population tout en préservant les ressources pour l'avenir. »

L'aménagement du territoire recouvre donc les questions liées à l'aménagement de l'espace, au zonage à des fins spécifiques, et aux droits de gestion des terres dans les zones urbaines et rurales. Les approches de l'aménagement du territoire adoptées par les pays étudiés sont variables et reflètent les différences nationales du point de vue du développement et du régime foncier.

Ces approches présentent toutefois quelques points communs à l'ensemble des pays étudiés, dont une décentralisation des compétences et un large recours aux approches fondées sur l'aménagement de l'espace. Dans la plupart des pays étudiés, la décentralisation des compétences dans le domaine de l'aménagement du territoire suppose que les gouvernements nationaux établissent un cadre légal général et élaborent des lignes directrices et des normes pour orienter les choix en matière d'utilisation des terres vers les options les plus appropriées. Dans la plupart des cas, les compétences en matière d'aménagement du territoire sont en outre réparties entre les différents niveaux d'administration – État, régions, provinces et communes – et elles s'exercent au travers de l'élaboration de plans d'aménagement de l'espace, de la désignation de zones protégées, de la délivrance de permis et de la mise en œuvre des politiques adoptées au niveau national.

Cette décentralisation de l'aménagement du territoire au profit des administrations infranationales n'est pas surprenante étant donné que cet instrument a une incidence sur les recettes fiscales perçues au niveau local. Elle permet également aux autorités infranationales d'adapter l'aménagement aux circonstances socioéconomiques et environnementales locales, et de mettre en œuvre les solutions les plus appropriées pour gérer les objectifs de la sphère de l'utilisation des terres, conformément au cadre général et aux lignes directrices définis au niveau national. Les budgets publics locaux sont tributaires de certains types d'utilisation des terres sources de recettes, même si la fourniture de services écosystémiques n'en produit généralement pas. Certains des pays étudiés, tels que le Brésil et la France, mettent en œuvre des mécanismes en vertu desquels les autorités locales bénéficient d'une compensation financière en contrepartie de l'affectation de terres à la fourniture de services écosystémiques. Ces mécanismes se traduisent par des transferts budgétaires interadministrations (voir plus loin) et ils peuvent permettre aux autorités locales de favoriser des utilisations des terres qui leur portent moins atteinte que leur aménagement.

Cependant, pour ce qui est de la mise en œuvre de la décentralisation de l'aménagement du territoire, il existe un écart considérable entre la théorie et la pratique. En Indonésie et au Brésil, par exemple, les défaillances de la mise en œuvre à l'échelon régional des lignes directrices en matière d'aménagement de l'espace établies au niveau national se traduit par une importante dégradation de l'environnement et compromet la capacité de ces pays à concilier les différents objectifs de la sphère de l'utilisation des terres. En Indonésie, l'absence d'un régime foncier clairement défini et le fait que les différents ministères compétents dans la sphère de l'utilisation des terres (tels que le ministère de l'Agriculture et celui de l'Environnement et des Forêts) ne s'appuient pas tous sur les mêmes cartes alimentent des conflits fonciers (Abram et al., 2017[28]) et ouvrent la voie à des activités forestières, minières et agricoles illégales (Gaveau et al., 2017[7] ; Carlson et al., 2012[29]). Il est essentiel que tous les ministères compétents dans ce domaine s'appuient sur des données spatiales cohérentes pour établir leurs plans. L'Indonésie s'efforce d'harmoniser l'utilisation de données spatiales au moyen de son initiative *One Map*, qui comprendra 85 couches thématiques, dont les limites des concessions, et étaiera les décisions d'utilisation des terres. Depuis son lancement en 2011, les progrès ont été entravés par des problèmes de capacité, les différends interministériels et le manque d'enthousiasme des parties prenantes (Shahab, 2016[30]). Malgré tout, 83 des 85 couches étaient terminées en 2019 et les données sont publiées depuis 2018 (OCDE, 2019a[12]). Une fois achevée, l'initiative *One Map* devrait être utile à la résolution des problèmes liés au régime foncier et à la délivrance de permis.

Au Brésil, l'affaiblissement de la gouvernance environnementale menace de saper encore davantage les systèmes d'aménagement du territoire (Rochedo et al., 2018[15]). La « suspension de sécurité » (« *suspensão de segurança* ») est souvent utilisée pour contourner la loi et permettre la construction d'infrastructures, telles que des barrages hydroélectriques, dans les zones écologiquement vulnérables (Fearnside, 2015[31]). La facilité avec laquelle le gouvernement national peut contourner les mesures de protection de l'environnement lui permet de privilégier les grands projets d'infrastructure plutôt que la satisfaction des besoins des populations locales (indigènes en particulier), et elle compromet la capacité du Brésil à concilier les différents objectifs de la sphère de l'utilisation des terres. L'important écart qui existe entre la théorie et la pratique en matière d'aménagement du territoire au Brésil comme en Indonésie crée des problèmes au sein de la sphère de l'utilisation des terres. Ces deux pays auraient avantage à ce que les normes et lignes directrices nationales en matière d'aménagement du territoire soient uniformément appliquées et respectées à l'échelon des communes. Il est toutefois difficile d'assurer la nécessaire coordination verticale des normes et lignes directrices nationales, et des mécanismes institutionnels spécifiques (chapitre 4) devront être mis en place, tout comme un ensemble d'incitations (telles que des transferts budgétaires interadministrations) et de mesures dissuasives comme la constitution de listes noires interdisant l'accès au crédit (par exemple au Brésil).

L'expansion urbaine fait peser une menace sur les terres cultivables partout dans le monde et elle devrait aboutir à une diminution de 1.8-2.4 % des surfaces agricoles d'ici 2030 (Bren d'Amour et al., 2016[32]). Les zones urbaines à faible densité sont également associées à des niveaux d'émission plus élevés du fait de la circulation routière, ainsi qu'à une fragmentation des habitats (OCDE, 2018[33]). Aussi les dispositions visant à limiter l'étalement urbain et à encourager la densification réduisent-elles l'intensification potentielle des pressions sur les terres agricoles et les espaces naturels dans l'ensemble du monde, ce qui constitue un important élément d'alignement des politiques liées à l'utilisation des terres. La France et l'Irlande mettent toutes deux en œuvre des mesures spécifiquement destinées à encourager la densification dans le cadre de leurs systèmes d'aménagement de l'espace. Depuis 2018, la France a adopté le principe « zéro artificialisation nette », ce qui signifie que les zones agricoles et les autres zones non urbaines devraient être à l'abri de tout aménagement. En Irlande, le cadre national de planification de l'utilisation des terres (Projet Irlande 2040) a spécifiquement pour objectif de lutter contre l'étalement urbain, la cible étant que 40 % de tous les nouveaux logements soient construits dans des zones déjà bâties (Gouvernement irlandais, 2018[34]). Enfin, l'Irlande et la France incluent également des références à la biodiversité, soit en tant qu'objectif spécifique visant à accroître la biodiversité (comme en Irlande), soit pour assurer la cohérence écologique grâce à la création de trames vertes et bleues. Les mesures de d'aménagement spécifiquement axées sur la biodiversité et les efforts pour limiter l'étalement urbain sont conformes aux objectifs de la sphère de l'utilisation des terres et devraient être plus largement mises en œuvre.

### Aires protégées

Les aires protégées (AP)[3] constituent l'outil fondamental pour préserver la biodiversité. Dans les pays étudiés, le taux de couverture des AP n'a cessé d'augmenter, mais d'importantes variations demeurent, puisqu'elles représentaient de 12.2 % (Indonésie) à 32.7 % (Nouvelle-Zélande) de la superficie totale des terres émergées du pays en 2019 (voir Graphique 5.1). Les AP recouvrent cependant tout un éventail d'approches allant de la protection stricte jusqu'au classement des zones concernées conformément aux normes nationales ou internationales, ce qui permet aux pays de maîtriser ou de restreindre les types d'utilisation des terres autorisés dans une zone donnée.

Les types d'AP employés par les pays sont fonction du contexte foncier national, notamment du régime foncier et des espaces naturels. Dans les pays où les droits fonciers sont sûrs et où les espaces naturels sont peu étendus (Irlande et France), les restrictions à l'utilisation des terres tendent à être mises en œuvre à l'aide du classement en AP de superficies situées en tout ou partie dans des propriétés privées. En Irlande et en France, par exemple, des sites sont classés Natura 2000 en vertu de la législation de l'UE. D'autres aires protégées ayant des objectifs différents sont délimitées, par exemple les parcs nationaux. Les sites Natura 2000 ont pour objectif de protéger les habitats de grande qualité ou les parcs naturels régionaux, et ils visent à concilier certains types d'aménagement de l'espace avec la préservation de la biodiversité. En Irlande, les sites Natura 2000 sont souvent partiellement situés sur des propriétés privées et les activités autorisées y sont restreintes, afin de maintenir la qualité du lieu. La situation est similaire en France, qui doit se conformer aux mêmes règlements de l'UE que l'Irlande. Cependant, si elle n'est pas bien mise en œuvre et ne bénéficie pas d'une mobilisation suffisante des parties prenantes, cette approche risque de susciter des conflits entre les agriculteurs et les défenseurs de l'environnement, qui considèrent souvent poursuivre des objectifs antagonistes (même si leurs efforts vont dans le même sens), comme c'est le cas en Irlande (Woodworth, 2018[35] ; Visser et al., 2007[36]). Une approche plus décentralisée, prenant appui sur une vaste consultation des parties prenantes et sur des plans de gestion spécialement établis pour chaque site, telle que celle mise en œuvre en France, peut réduire les risques de conflit (OCDE, 2016[37]).

En Nouvelle-Zélande, outre les AP appartenant à l'État et gérées par lui, les « conventions de préservation » constituent un important mécanisme destiné à protéger les écosystèmes importants. Dans le cadre d'une telle convention, les propriétaires terriens passent des contrats juridiquement contraignants avec le gouvernement pour protéger les caractéristiques naturelles ou les superficies abritant des habitats naturels situées sur leurs terres. Bien souvent, la signature de conventions de préservation peut être économiquement intéressante dans la mesure où elle améliore la régulation et la qualité de l'eau , confère une valeur d'agrément à la propriété, exclut le bétail des zones difficiles d'accès ou difficiles à exploiter, et procède à des transferts financiers au profit des agriculteurs (QEII National Trust, 2018[38]).

## Graphique 5.1. Aires protégées en pourcentage de la superficie terrestre totale

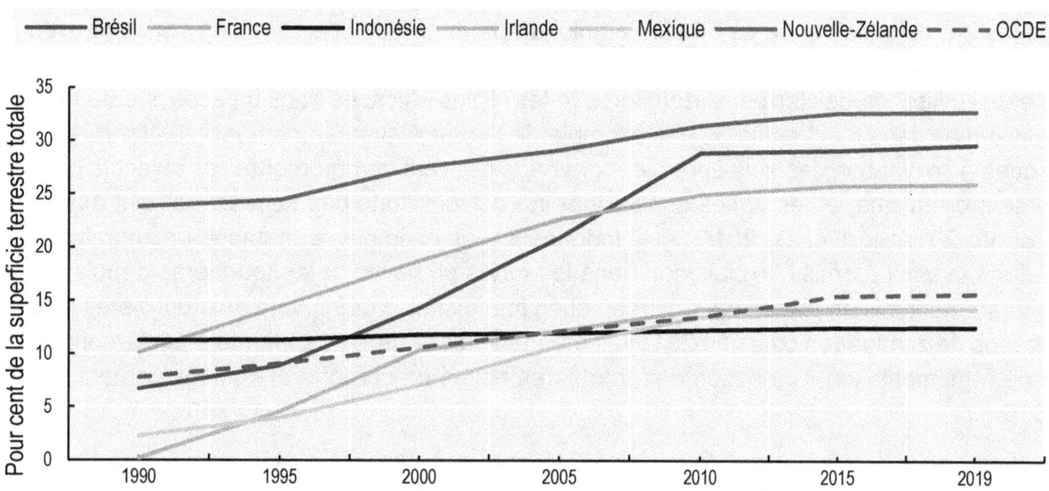


Note : Ce graphique présente un chiffre englobant l'ensemble de toutes les AP notifiées à l'UICN, qui inclut les AP des catégories I-VI ainsi que celles qui ne sont classées dans aucune catégorie. Pour la méthodologie complète, voir la source.
Source : OCDE (2019[39]), Protected Area Statistics, https://doi.org/10.1787/4ce04f45-fr.

Dans les pays dotés de vastes superficies de terres non aménagées, les AP jouent un rôle essentiel en évitant la conversion des forêts (et d'autres écosystèmes) et en conservant les zones de nature vierge. Bien que leur fonctionnement ne soit pas encore optimal, les aires protégées ont réduit la déforestation au Brésil (Nolte et al., 2013[40]) au Mexique (Pfaff, Santiago-Ávila et Joppa, 2016[41]) et en Indonésie (Gaveau, Wandono et Setiabudi, 2007[42] ; Gaveau et al., 2012[43]). Au Mexique, au Brésil et en Indonésie, les déficits de financement passés et présents ont constitué un frein à leur efficacité. En maîtrisant la conversion des terres, les AP peuvent contribuer à réduire les émissions dues au changement d'affectation des terres. En Amazonie brésilienne, un réseau d'AP pourrait éviter 8 Gt éq-$CO_2$ (les émissions dues au secteur UTCATF au Brésil se sont élevées à 1.17 Gt éq-$CO_2$ en 2016 (SEEG, 2018[44])) entre 2010 et 2050 (Soares-Filho et al., 2010[45]) tout en offrant des avantages sur le plan de la biodiversité. À l'inverse, les AP mal gérées peuvent devenir une importante source d'émissions. À titre d'exemple, la déforestation au sein des AP a contribué en Indonésie à l'émission de 139.4 Mt éq-$CO_2$ par an entre 2000 et 2012 (Collins et Mitchard, 2017[46]).[4] Pour finir, la simple exclusion d'une activité d'une certaine zone au travers de la création d'une AP peut déplacer cette activité vers une autre région, à l'intérieur ou à l'extérieur du même pays, ce qui réduit la capacité à concilier les différents objectifs de la sphère de l'utilisation des terres. Pour qu'un réseau d'AP réduise efficacement la dégradation des écosystèmes et les émissions dues au changement d'affectation des terres, ces fuites doivent être prises en considération.

Au Brésil, 80 % de l'actuel réseau d'AP ont été classés après 2000 et la superficie couverte représente désormais 29.1 % de l'ensemble des terres émergées du pays (OCDE, 2019[39]). Parallèlement aux AP plus traditionnelles, le Brésil a aussi largement recours aux territoires indigènes, qui couvrent désormais 21 % de la région de l'Amazonie (Le Tourneau, 2015[47]) outre les 22.6 % déjà situés au sein d'autres AP (de Marques, Schneider et Peres, 2016[48]). Cette approche a efficacement réduit la déforestation jusqu'en 2015 (bien que les récentes évolutions puissent ne pas aller dans le même sens). Même si les avantages du point de vue de la biodiversité sont moins évidents, la clarté du régime foncier associé à cette approche des AP présente un intérêt pour la sphère de l'utilisation des terres, puisqu'elle évite la conversion si des mesures suffisantes sont mises en œuvre pour faire respecter le droit. Les réserves indigènes (et les autres formes d'AP gérées de manière collectives) pourraient être plus largement utilisées pour maîtriser le changement d'utilisation des terres et offrir un avantage connexe supplémentaire en remédiant aux importants problèmes de droits de l'homme.

### *Moratoires et autres restrictions à l'utilisation des terres*

Des moratoires sur certaines activités ou sur l'emploi de produits issus de certaines zones peuvent, tout comme d'autres restrictions ciblées sur l'utilisation des terres, contribuer à concilier les différents objectifs de la sphère de l'utilisation des terres, surtout lorsque les règles efficaces dans un écosystème ne doivent pas être appliquées dans d'autres lieux. Par exemple, la teneur élevée en carbone des tourbières et les émissions dues à l'oxydation des sols après leur drainage peuvent compromettre les objectifs en matière de changement climatique, et les zones concernées ne doivent donc pas nécessairement être boisées (Miettinen et al., 2017[49] ; DAHG, 2015[50]). L'Indonésie, par exemple, a instauré un moratoire sur la délivrance de nouveaux permis d'exploitation dans les forêts primaires et les tourbières depuis 2011[5], et elle a plus récemment mis en place une réglementation interdisant le défrichage des tourbières jusqu'à ce qu'un processus de zonage (en cours fin 2018) ait été mené à son terme[6]. L'Irlande a également restreint, à l'aide d'une règlementation, l'utilisation des tourbières riches en carbone et écologiquement sensibles (DAHG, 2015[50]).

À lui seul, un moratoire ne permet pas de maîtriser efficacement l'utilisation des terres, en particulier dans des conditions de gouvernance difficiles où le contrôle du respect du droit en général n'est pas toujours assuré. Il devrait au contraire faire partie intégrante d'une panoplie plus large d'instruments d'action incluant une série de mesures de réforme, d'incitation et de désincitation destinées à modifier l'utilisation des terres. En 2006, les pressions exercées par les clients situés en aval (dont McDonalds et Wal-Mart) et par voie de conséquence par les négociants en matières premières (tels que Cargill) pour que soit évité l'achat de soja cultivé dans des zones d'Amazonie victimes de déforestation, ont conduit au moratoire sur le soja au Brésil. La contribution à une réduction de 70 % de l'ampleur annuelle de la déforestation de l'Amazonie observée dès 2013 a été portée au crédit de ce moratoire (bien que les évolutions récentes puissent donner à penser que cette tendance est en train de s'inverser) (Gibbs et al., 2015[51]). Point important, l'adoption du moratoire sur le soja a coïncidé avec des efforts parallèles du gouvernement brésilien pour ralentir le rythme de la déforestation au travers de l'enregistrement des terres (dans le cadre du CAR), améliorer le suivi, faire mieux respecter le droit et développer le réseau d'AP (Gibbs et al., 2015[51] ; Nepstad et al., 2014[52]). Il s'ensuit que le moratoire n'était qu'un élément parmi d'autres d'une stratégie plus large pour limiter le changement d'affectation des terres. Par contre, en Indonésie, où les efforts visant à améliorer le respect du droit de l'environnement sont moindres, de même que le suivi et la réforme du régime foncier, les moratoires sur l'octroi de nouvelles concessions ne sont pas aussi efficaces contre la déforestation (malgré un ralentissement de celle-ci depuis 2015) (Hansen et al., 2013[53] ; Busch et al., 2014[54]).

La restriction de l'utilisation des terres au sein d'un seul biome ou d'un seul écosystème peut déplacer vers d'autres lieux les comportements néfastes pour l'environnement (conformément au processus décrit plus haut), compromettant les avantages potentiels de ces approches du point de vue de la sphère de l'utilisation des terres. Tel a été dans une certaine mesure le cas du moratoire sur le soja au Brésil, qui ne couvre que le biome amazonien et a déplacé l'expansion de la production de soja vers le biome non forestier du Cerrado, situé à proximité. Dans le Cerrado, la disparition d'habitats a systématiquement été 2.5 fois plus importante qu'en Amazonie entre 2002 et 2011 (Strassburg et al., 2017[55]). L'absence de prise en considération du risque de fuite des activités limitées par des moratoires pourrait entraîner d'importantes divergences entre les différents objectifs de la sphère de l'utilisation des terres dans d'autres zones. Aussi les restrictions ciblées sur certaines zones devraient-elles être compatibles avec les autres politiques nationales et locales d'utilisation des terres et tenir compte des impacts de fuites éventuelles.

### *Normes et restrictions*

Les normes réglementaires peuvent avoir d'importante répercussions sur la sphère de l'utilisation des terres, soit en définissant directement quelles sont les activités légales ou non légales dans une zone donnée, soit en réglementant officiellement l'utilisation de ressources. Ces normes peuvent toucher différents aspects de cette sphère, tels que l'occupation ou l'utilisation des sols, le type et le volume des intrants agrochimiques (tels que les engrais et les pesticides), la qualité de l'eau et la lutte contre la pollution. Les normes et restrictions peuvent être appliquées de diverses manières (zonage et permis, par exemple) aux niveaux local, national et international (directive-cadre sur l'eau de l'UE, par exemple).

En Irlande, le nombre de bovins a augmenté de 740 000 unités (10.3 %) entre 2010 et 2018, du fait principalement d'une augmentation de 38 % du cheptel laitier (Central Statistics Office, 2019[56]). Cet accroissement a également correspondu à une progression de 10 % des ventes d'engrais en 2017 comme en 2018 à la suite de l'intensification de l'élevage laitier. Pour remédier aux conséquences environnementales de cette intensification de l'agriculture, l'Irlande a mis en œuvre un programme d'action nitrates qui bénéficie d'une dérogation accordée par la Commission européenne et exige que les exploitations d'élevage intensif (définies comme celles dépassant le seuil de 170 kg d'azote dans les effluents d'élevage/ha) adhèrent à des mesures dérogatoires conçues pour réduire la pollution. Ces mesures visent principalement à ralentir le transport d'éléments nutritifs (en jouant par exemple sur le moment et sur le mode d'épandage des engrais) (DAFM, 2019[57]). Ces mesures dérogatoires favorisent en principe une intensification durable de l'agriculture, de manière à permettre une augmentation de la création de valeur par le secteur tout en assurant une réduction au minimum de l'impact sur l'environnement, et elles concordent donc bien avec les objectifs de la sphère de l'utilisation des terres. Cependant, l'intensification croissante de l'élevage laitier s'est accompagnée d'une diminution continue de la qualité de l'eau en Irlande (baisse de 3 % entre 2013 et 2015). Une dégradation qui donne à penser que cette approche pourrait ne pas pleinement suffire à réduire les impacts environnementaux de l'agriculture intensive (EPA, 2018[58]). L'efficacité de ce type de mesures dérogatoires pourrait être renforcée en leur adjoignant d'autres incitations économiques, telles que des taxes (voir ci-dessous). Cette approche a été récemment proposée en Nouvelle-Zélande, où des problèmes d'environnement similaires se posent du fait de l'intensification de l'élevage laitier (The Tax Working Group, 2019[59]).

Les objectifs de mélange de biocarburants fixés au niveau national offrent un bon exemple de norme pouvant être en décalage avec les objectifs de la sphère de l'utilisation des terres. Par exemple, en Indonésie, les objectifs de mélange de biocarburants sont vraisemblablement en train de provoquer une dégradation des écosystèmes et une hausse des émissions à cause de changements d'utilisation des terres ; de saper les objectifs de production alimentaire du fait que les cultures vivrières disposent de moins de superficies ; et d'encourager l'agrandissent des palmeraies à huile. Cette politique particulière a été adoptée pour répondre aux craintes suscitées par la dépendance à l'égard des importations de pétrole et non dans le souci des objectifs liés à la sphère de l'utilisation des terres, ce qui est probablement à l'origine du décalage (Wright, Rahmanulloh et Abdi, 2017[60]).

Le Brésil et l'Indonésie réglementent directement l'occupation des sols, mais ces deux pays ont adopté des approches contrastées. En vertu du code forestier (CAR), le Brésil exige un niveau minimum de couvert forestier au sein des exploitations, variable selon les biomes (80 % dans l'Amazonie et 20 % dans le Cerrado). Il s'est avéré difficile d'en assurer le respect, puisqu'une étude a constaté que 6 % seulement des propriétés ayant fait l'objet d'une déforestation illégale avaient pris des mesures de reboisement (Azevedo et al., 2017[14]). L'obligation légale de respecter les objectifs en matière de couvert forestier offrira vraisemblablement des avantages du point de vue de la biodiversité et des écosystèmes. Cependant, les modifications apportées au CAR en 2012 (dont la constitutionnalité a été confirmée par la cour suprême en 2018), pourraient en réduire les impacts environnementaux. Ces modifications autorisent une réduction du taux de couvert forestier exigé sur les terres privées (de 80 % à 50 %) dans les États de l'Amazonie si plus de 65 % de la superficie de l'État en question est couverte par des unités de préservation et des territoires indigènes, ce qui autorise potentiellement la conversion de pas moins de 15 millions d'hectares de forêts (Freitas et al., 2018[61]). L'Indonésie adopte une approche inverse à celle du Brésil, en exigeant légalement la conversion de toute terre[7] (des forêts jusqu'aux plantations, par exemple) située au sein d'une concession de plantation dans les six ans suivant la délivrance du titre de concession[8]. Les sociétés qui s'abstiendraient de le faire risqueraient de voir les zones non converties transférées à d'autres sociétés, une politique qui est déjà entrée en conflit avec les normes internationales en matière de durabilité, telles que celles établies par la Table-ronde pour une huile de palme durable (Round Table on Sustainable Palm Oil – RSPO) (examinée dans la section sur la certification, qui figure ci-dessous).

Les normes réglementaires peuvent également établir le statut juridique de certains types de produits d'importation et de pratiques commerciales, et elles peuvent constituer d'importants instruments pour garantir la légalité des produits forestiers. Des protocoles d'accord bilatéraux ou multilatéraux portant sur des produits spécifiques, ou certaines dispositions des accords commerciaux peuvent être un moyen efficace pour éviter une exploitation forestière illégale axée sur l'exportation, promouvoir des normes de production durable et remédier aux effets de fuite[9]. Un exemple en est offert par les accords de partenariat volontaire (APV) conclus par l'UE avec l'Indonésie et avec divers autres pays. Les APV régissent les échanges de bois tropicaux et imposent le respect de certaines normes de production, notamment au moyen du plan d'action relatif à l'application des réglementations forestières, à la gouvernance et aux échanges commerciaux (FLEGT). L'UE interdit la commercialisation sur le marché de l'UE de bois d'œuvre et de produits dérivés issus de l'exploitation illégale des forêts, et elle exige que les importateurs contrôlent avec toute la diligence requise le bois et les produits du bois[10]. En exonérant de ces contrôles le bois bénéficiant de licences FLEGT délivrées par le gouvernement indonésien en vertu de l'APV, l'UE fournit une puissante incitation à l'exploitation légale du bois et au respect des normes de production durable en Indonésie. Le Mexique a également adopté en 2018 une nouvelle loi forestière régissant les échanges de produits forestiers[11], mais ses détracteurs soulignent la persistance de lacunes permettant l'entrée de bois de source illégale dans le pays (Ortiz Tapia, 2018[62]). Il importera donc d'observer l'impact de cette loi destinée à lutter contre les échanges de produits forestiers illégaux.

### *Dispositions environnementales des accords commerciaux et autres mesures commerciales*

Imposer et soutenir des pratiques durables d'utilisation des terres dans les accords mutuels régissant les relations entre partenaires commerciaux (tels que les accords commerciaux régionaux) peut être utile pour améliorer les performances dans la sphère de l'utilisation des terres. La grande majorité des accords commerciaux régionaux (ACR) comportent des dispositions générales relatives à l'environnement, mais un tiers environ des ACR qui font référence à l'environnement ne le mentionnent que dans leur préambule (Monteiro, 2016[63]). Les dispositions portant spécifiquement sur un aspect particulier tel que l'utilisation des terres sont par ailleurs moins fréquentes. Un exemple en est l'Accord économique de large portée entre l'Indonésie et les États membres de l'Association européenne de libre-échange (AELE) (Gouvernement indonésien et Association européenne de libre-échange, 2018[64]) qui a été signé fin 2018. Cet accord contient un chapitre sur le développement durable et les échanges qui comporte des sous-sections consacrées à des secteurs et sous-secteurs particuliers. La stricte application et un contrôle rigoureux du respect des principes énoncés dans ce chapitre seront essentiels pour garantir un impact positif sur l'utilisation des terres. Il demeure toutefois exceptionnel que les accords commerciaux passés par l'Indonésie comportent un chapitre sur l'environnement ou des dispositions relatives à la coopération et à la participation sur les questions d'environnement (OCDE, 2019a[12]).

Diverses références à l'utilisation des terres figurent également dans les accords commerciaux passés par d'autres pays étudiés. Au Mexique, par exemple, l'Accord nord-américain de coopération dans le domaine de l'environnement (ANACDE), un traité parallèle à celui de l'ALENA, régit les aspects environnementaux des échanges avec le Canada et avec les États-Unis, principal partenaire commercial du Mexique. Bien que les impacts de l'ALENA sur l'utilisation des terres paraissent contrastés (voir chapitre 1, (Mayrand, Paquin et Gagnon-Turcotte, 2008[65]) et (Aguilar et al., 2011[66])), un nouvel accord destiné à succéder à l'ALENA a été signé en 2018 : l'Accord Canada – États-Unis – Mexique (ACEUM). L'ACEUM contient un chapitre sur l'environnement dont certains articles portent spécifiquement sur les échanges et la biodiversité, les échanges et la préservation, et les échanges et la gestion durable des forêts (faisant notamment référence au stockage du carbone) (Gouvernements du Canada, des États-Unis et du Mexique, 2018[67]). Les dispositions environnementales de l'ACEUM sont par ailleurs développées et précisées dans l'Accord de coopération environnementale qui en est le complément (Commission de coopération environnementale (CCE), 2018[68]) et qui prévoit en outre une coopération entre les trois pays sur des questions telles que la protection de la biodiversité, la gestion des ressources naturelles et la gouvernance environnementale.

L'influence positive que les dispositions environnementales des accords commerciaux peuvent avoir sur les interactions entre les échanges et l'utilisation des terres est notamment déterminée par le degré auquel leur mise en œuvre est réellement assuré et leur respect contrôlé. De manière générale, les informations disponibles sur la mise en œuvre des dispositions environnementales des accords commerciaux en vigueur dans les pays étudiés sont limitées. L'analyse réalisée par l'OCDE montre que certains dispositifs institutionnels et mécanismes de gouvernance, tels que ceux visant à une participation accrue du public à la vérification de la mise en œuvre des dispositions environnementales, peuvent favoriser l'application concrète de ces dispositions (George et Yamaguchi, 2018[69]).

Les mesures commerciales unilatérales peuvent également avoir une grande incidence sur l'utilisation des terres. Parmi les exemples de mesures de ce type sur le versant de la demande figurent les droits de douane préférentiels pour les produits respectueux du climat et/ou de la biodiversité (« biens et services environnementaux »), tels que les équipements assurant une gestion efficace des déchets. Du côté de l'offre, un exemple en est la réduction des aides ou des crédits à l'exportation pour certains biens agricoles dont la production nécessite beaucoup de terres, comme c'est le cas de la plupart des produits animaux. L'application de droits à l'exportation sur les biens ayant d'importantes répercussions sur la sphère de l'utilisation des terres en offre un autre exemple. À titre d'exemple, en fonction des cours internationaux, le gouvernement indonésien applique non seulement des droits à l'exportation (allant de 0 USD à 50 USD, (Ministère des Finances, 2018[70]), mas aussi une taxe (allant de 0 % à 22.5 % (FAO, 2017a[71])) sur les exportations d'huile de palme et de ses dérivés. Qui plus est, le produit des droits à l'exportation est en partie utilisé pour soutenir la production intérieure de biodiesel à partir d'huile de palme. Du côté de la demande, le gouvernement indonésien impose des restrictions à l'importation de biens qui ont une incidence sur la sphère de l'utilisation des terres, tels que le blé ou le riz, en vue d'atteindre les objectifs d'auto-approvisionnement du pays (FAO, 2017a[71]).

### *Études d'impact sur l'environnement (EIE) et évaluations environnementales stratégiques (EES)*

Les EIE sont utilisées partout dans le monde pour limiter les impacts du développement. Généralement, les EIE sont appliquées sur la base de projets et font appel à un expert de l'évaluation des impacts probables du projet dans des domaines prédéfinis liés à l'environnement tels que la biodiversité, la pollution de l'eau ou le changement climatique. Les résultats de l'EIE peuvent ensuite être utilisés par l'autorité de planification compétente pour recommander des modifications (qui peuvent être légalement contraignantes) au projet envisagé afin de limiter les impacts sur l'environnement. Les meilleures pratiques en matière d'EIE sont succinctement présentées à l'Encadré 5.1. Dans le cas des plans stratégiques de développement de grande envergure qui englobent de multiples projets, l'impact sur l'environnement de chacun des projets pourrait ne pas être notable, mais l'impact global de l'ensemble des projets prévus dans le plan peut s'avérer non négligeable. Dans de tels cas, où des EIE isolées portant sur des projets particuliers ne suffiraient pas pour maîtriser les impacts de l'ensemble du plan de développement, l'EES peut être utilisée afin d'évaluer également les effets de l'ensemble du plan.

#### *EIE*

Tous les pays étudiés recourent à l'EIE pour évaluer et limiter les impacts négatifs des projets d'aménagement. L'EIE peut aider à assurer la cohérence entre les différentes composantes de la sphère de l'utilisation des terres. Cependant, pour jouer efficacement son rôle, elle doit être transparente, et suffisamment vaste pour tenir compte de tous les impacts de l'aménagement. En Irlande, elle doit évaluer les habitats et les espèces touchés, en accordant une attention toute particulière à ceux qui sont protégés par les directives Habitats et Oiseaux de l'UE, aux émissions potentielles de GES du projet et à sa vulnérabilité au changement climatique (EPA, 2017[72]). Dans ce pays, l'EIE couvre également les activités agricoles, certains types de changement d'affectation des terres potentiellement négatifs[12] devant être évalués.

Par contre, en Indonésie, l'EIE ne parvient souvent pas à maîtriser efficacement les impacts de l'aménagement. La limitation des capacités locales et provinciales disponibles procéder à un examen efficace des EIE et un manque d'indépendance (les évaluateurs sont souvent rémunérés par le promoteur) a pour effet que les EIE sont souvent manipulées par les porteurs de projets, aussi les EIE sont-elles considérées en Indonésie comme une simple formalité administrative (Nugraha, 2015[73]). Beaucoup de projets sont par conséquent approuvés malgré des EIE insatisfaisantes ou l'absence pure et simple d'EIE. Des efforts sont néanmoins déployés pour renforcer le processus d'EIE. Par exemple, des sanctions pénales ont été instaurées en 2016 pour les responsables qui approuveraient des projets sans une EIE, ainsi que pour les agents économiques qui mèneraient leurs activités sans les permis appropriés (OCDE, 2019a[12]). Les efforts soutenus visant à renforcer le processus d'EIE et à le mettre en conformité avec les meilleures pratiques internationales (Encadré 5.1) sont encouragés.

### *EES*

Les EES sont utilisées pour évaluer les impacts des plans et programmes de plus grande ampleur et elles peuvent constituer un important outil pour assurer la cohérence entre les plans d'aménagement et les objectifs liés à la sphère de l'utilisation des terres. En Irlande et en France, la législation de l'UE exige que des EES soient réalisées pour les grands programmes stratégiques et plans d'aménagement mis en œuvre dans 11 secteurs[13]. En vertu de la législation indonésienne[14], tous les grands plans d'aménagement doivent faire l'objet d'EES dans le cadre du processus de planification. Cela vaut pour les plans de développement national et régional à moyen et long terme. Cependant, des contraintes de capacités au niveau national et régional entravent la mise en œuvre des EES et réduit leur aptitude à influer sur la politique de développement de l'Indonésie (Van Der Sluys, 2018[74]). Une utilisation plus systématique des EES et le renforcement des capacités nécessaires à leur réalisation renforceraient la cohérence entre les stratégies et plans nationaux (examinés au chapitre 3) et les objectifs liés à la sphère de l'utilisation des terres.

#### Encadré 5.1. Principes pour des évaluations efficaces

Pour remplir efficacement leur fonction, les évaluations telles que l'EIE et l'EES doivent respecter certaines normes garantissant l'intégrité du processus, son efficience et sa qualité globale. La Commission européenne (Commission européenne, 2016[75]) a défini huit principes directeurs qui devraient régir les EIE, et dont beaucoup devraient également s'appliquer aux EES :

1. Participation – accès approprié et en temps voulu pour les parties intéressées
2. Transparence – décisions d'évaluation ouvertes et accessibles
3. Certitude – procédure et échelonnement dans le temps convenus à l'avance
4. Obligation de rendre des comptes – les décideurs sont responsables de leurs actes et de leurs décisions
5. Crédibilité – réalisée avec professionnalisme/objectivité
6. Efficacité-coût – protection de l'environnement au moindre coût pour la société
7. Souplesse – adaptabilité afin de faire efficacement face à toute situation impliquant l'examen d'une proposition et une prise de décision
8. Utilité – informations/conclusions aisément utilisables dans les prises de décision et la planification

## Instruments économiques

Les instruments économiques susceptibles d'être appliqués dans la sphère de l'utilisation des terres sont largement mis en œuvre dans l'ensemble des six pays étudiés, bien qu'ils revêtent le plus souvent la forme de subventions. Les instruments économiques définissent le dispositif incitatif en matière d'utilisation des terres, et ils visent à influer sur les décisions prises par les acteurs à titre individuel en accroissant ou en diminuant le coût de certaines actions. Les pays étudiés ont recours à un vaste éventail d'instruments économiques différents (décrits plus en détail ci-dessous), ce qui crée un ensemble complexe d'incitations interdépendantes auquel sont confrontés les acteurs de l'utilisation des terres.

Bien qu'il soit souvent difficile de discerner les effets individuels de chaque instrument d'action, les incitations en vigueur se traduisent dans l'ensemble par une dégradation persistante de l'environnement (chapitre 2). Malgré tout, les instruments économiques ont dans certains cas des impacts positifs (voir la politique ABC du Brésil ou le programme en faveur du plateau de Burren et les paiements pour services écosystémiques de l'Indonésie, du Mexique et du Brésil), ce qui met en évidence le rôle qu'ils peuvent potentiellement jouer en tant que moyen d'accroître la durabilité des systèmes d'utilisation des terres. Cependant, en général, les externalités environnementales associées à l'utilisation des terres demeurent pour une large part non tarifées et bon nombre de services écosystémiques sont sous-évalués, si tant est qu'ils soient évalués. Par ailleurs, la majeure partie du soutien au titre de l'utilisation des terres va à l'agriculture, qui a reçu plus de 50 milliards USD de subventions au cours de la seule année 2016[15]. Bien qu'une forte proportion de ce soutien soit subordonnée au respect de certaines contraintes environnementales, une grande partie ne l'est pas, et lorsque tel est le cas, ces contraintes ne sont souvent pas assez rigoureuses pour assurer la durabilité de l'utilisation des terres.

La valeur que revêtent les forêts naturelles pour la préservation de la biodiversité est bien connue et tous les pays étudiés ont conscience de l'importance de la foresterie pour l'atténuation du changement climatique. Certains des pays étudiés (Irlande, Nouvelle-Zélande et France) se sont fixé des objectifs ambitieux de piégeage des émissions et d'expansion de la foresterie. Mais le soutien économique à la foresterie demeure inférieur aux mesures d'incitation dont dispose l'agriculture, ce qui remet en cause la capacité de ces pays à atteindre leurs objectifs en matière de foresterie. Il est manifestement nécessaire d'examiner globalement la structure des incitations fournies par les instruments économiques pour les différentes utilisations des terres (agriculture, foresterie, expansion urbaine) afin de mieux comprendre comment ils influent sur le système d'utilisation des terres au niveau national et local.

### *Taxes liées à l'environnement*

Les taxes liées à l'environnement peuvent être utilisées pour fournir un signal de prix destiné à réduire les activités ayant des impacts préjudiciables, telles que la pollution, les émissions de GES et les prélèvements d'eau. Ces taxes peuvent par ailleurs permettre de dégager des recettes susceptibles de financer d'autres interventions dans la sphère de l'utilisation des terres. Les taxes liées à l'environnement ont généralement pour effet d'accroître le prix d'une activité ou d'un bien préjudiciables pour l'environnement, réduisant par conséquent la demande et les impacts environnementaux qui lui sont liés. Les taxes peuvent réduire l'impact d'une activité efficacement et à moindre coût en permettant aux pollueurs d'ajuster leur utilisation d'intrants de la manière qui leur convient. Les taxes liées à l'environnement peuvent également être efficientes d'un point de vue dynamique dans la mesure où elles créent une incitation constante à trouver des moyens nouveaux et innovants de réduire les impacts. Cependant, leur efficacité-coût et, en dernière analyse, leur degré d'efficacité environnementale par rapport aux autres instruments d'action dépend de divers facteurs, dont l'élasticité de la demande d'intrants préjudiciables pour l'environnement et la sensibilité relative de l'environnement à certaines activités particulières (Hardelin et Lankoski, 2018[76]).

#### *Taxes sur les pesticides et les engrais*

Bien que les engrais minéraux et les pesticides soient importants dans la production alimentaire, les apports excessifs entraînent une pollution diffuse qui a des répercussions sur la qualité de l'eau, la qualité de l'air, les émissions de GES et la dégradation des écosystèmes (Sutton et al., 2011[77]). Il est essentiel d'en contrôler l'utilisation afin de garantir des apports optimaux compte tenu de ces externalités environnementales, de manière à assurer une harmonie dans toute la sphère de l'utilisation des terres. Bien que les produits agrochimiques aient de considérables impacts sur l'environnement dans les pays étudiés, la France et le Mexique sont les seuls à taxer les externalités liées à l'utilisation de pesticides (mais pas celles imputables aux engrais chimiques) (Tableau 5.2). La France et le Mexique appliquent une méthode de taxation des pesticides en fonction du risque, le taux de taxe auquel est soumis chaque pesticide étant fondé sur la toxicité de la substance active.

La taxation des pesticides en fonction du risque permet de réduire les impacts environnementaux sans porter atteinte au niveau global des revenus agricoles tirés de la production alimentaire, en détournant les consommateurs de pesticides des produits chimiques plus toxiques qui peuvent être appliqués moins souvent (Finger et al., 2017[78]). Cependant, si les taux ne sont pas suffisamment différenciés, ces taxes risquent de finir par encourager un déplacement de la demande vers des produits chimiques plus nocifs pour l'environnement qui peuvent être utilisés en moindres quantités, comme c'est souvent le cas lorsque les taxes sont fonction des volumes (Böcker et Finger, 2016[79]). Cependant, les approches fondées sur le risque peuvent s'avérer coûteuses à administrer et compliquées à mettre en œuvre, ce qui a jusqu'à présent limité leur adoption.

Malgré l'instauration de cette taxe, la France n'est pas parvenue à atteindre ses ambitieux objectifs de réduction de l'utilisation de pesticides, le nombre de doses unitaires (un indicateur des applications) ayant progressé de 29 % entre 2008 et 2014 (bien qu'aucune évaluation de ce qui se serait produit en l'absence de la taxe n'ait été réalisée) (OCDE, 2016[37]). Compte tenu de l'élasticité généralement faible de la demande de pesticides, le taux de taxe doit être relativement élevé pour exercer une influence sur le comportement des producteurs (Böcker et Finger, 2017[80]). Aussi les taux de taxe peu élevés du Mexique et de la France (le taux relatif appliqué par la France est d'environ 5 % de la valeur) n'encourageront-ils probablement pas une utilisation plus durable des pesticides, pas plus qu'ils n'auront d'effets positifs sur la sphère de l'utilisation des terres (OCDE, 2017[81] ; Böcker et Finger, 2016[79]).

### Tableau 5.2. Taxes sur les ventes d'engrais et de pesticides dans les pays étudiés

| | Engrais | Pesticides |
|---|---|---|
| Brésil | Subventionnés | Subventionnés |
| France | TVA | Externalités taxées |
| Indonésie | Subventionnés | TVA |
| Irlande | Subventionnés | TVA |
| Mexique | Subventionnés | Externalités taxées1 |

Note : « Subventionné » signifie que certaines formes d'exonérations fiscales sont disponibles, « TVA » signifie que la vente est soumise à la TVA ou à une TPS sous une forme ou une autre, et « externalités taxées » signifie qu'une forme ou une autre de taxe progressive assise sur l'impact sur l'environnement est appliquée.

[1] Au Mexique, les pesticides sont généralement exonérés de TVA/TPS mais soumis à une taxe progressive établie en fonction de leur toxicité.

Source : les auteurs.

Les taxes sur les pesticides ont efficacement contribué à la génération de recettes. En France, il était prévu que la taxe sur les pesticides génère environ 150 millions EUR dès 2016, alors qu'au Mexique elle était censée produire 109 millions USD (2133.32 millions MXN) entre février 2014 et septembre 2017 (OCDE, 2017[82]). Les recettes générées en France sont divisées en deux parties : une somme de 71 millions EUR est affectée au plan Ecophyto II (un système de certificat d'économie des produits phytosanitaires) alors que le reste est alloué aux Agences de l'eau (OCDE, 2017[81]). Ces deux dispositifs fournissent des avantages environnementaux, ce qui met en évidence que les taxes liées à l'environnement peuvent néanmoins avoir des impacts positifs même si elles n'ont que des effets limités sur le comportement.

La taxation des apports excessifs d'engrais pourrait réduire les effets de la pollution diffuse et avoir de ce fait des répercussions bénéfiques pour les écosystèmes et le climat sans conséquences notables sur le volume global de la production alimentaire. Il est difficile de quantifier ce qui constitue un apport d'engrais excessif, car un certain nombre de facteurs doivent être pris en compte, dont la culture, le type de sols, l'hydrologie et les pratiques agricoles. En conséquence, des modèles d'évaluation des déperditions d'éléments nutritifs sur les terres agricoles doivent être mis au point pour permettre de mettre en œuvre des restrictions ciblées, telles que les niveaux de référence de l'azote établis par le conseil régional de Waikato[16]. En raison de ces difficultés techniques et des enjeux politiques, la taxation des engrais n'est pas très utilisée dans le monde et aucun des pays étudiés ne taxe actuellement les apports excessifs d'engrais minéraux. Cependant, le récent rapport au Groupe de travail sur la fiscalité de la Nouvelle-Zélande a recommandé la mise en œuvre d'une forme ou d'une autre de taxe sur les engrais pour faire face aux impacts de l'agriculture sur l'environnement (The Tax Working Group, 2019[59]). Par ailleurs, les instruments fondés sur les prix, tels que les taxes, ou encore les limitations quantitatives des déperditions d'azote et de phosphore dues à l'agriculture, qui donnent lieu à des difficultés techniques similaires, sont considérés comme des éléments importants d'un point de vue stratégique. À titre d'exemple, les restrictions quantitatives au sein des bassins versants apparaissent comme un instrument essentiel pour améliorer la qualité de l'eau en Nouvelle-Zélande (Muller et Neal, 2018[83]).

À l'inverse, plusieurs des pays étudiés appliquent une TVA à taux réduit ou à taux zéro sur les engrais (Irlande, Indonésie et Brésil, par exemple), ce qui revient à subventionner implicitement leur utilisation. Les taxes sont loin d'être les seuls instruments disponibles pour réduire les impacts des excès d'engrais et de pesticides, et tous les pays étudiés mettent déjà en œuvre des approches réglementaires pour aider à remédier à ces problèmes. L'Irlande, par exemple, met en œuvre un programme d'action nitrates complexe et dérogatoire qui prescrit comment, quand et où les engrais azotés devraient être appliqués. Cependant, la dégradation persistante des écosystèmes dans tous les pays étudiés suggère que les mesures réglementaires pourraient ne pas suffire pour remédier aux impacts environnementaux de l'agriculture. Les taxes sur les excédents d'engrais et de pesticides (ou du moins la suppression des subventions implicites sous la forme de réductions ou d'exonérations de TVA) peuvent constituer une incitation économique pour renforcer l'impact des règlementations en vigueur et favoriser une meilleure gestion des objectifs de la sphère de l'utilisation des terres.

#### *Taxes sur le carbone*

La plus grande partie des émissions de carbone imputables au secteur de l'utilisation des terres ne sont pas payantes et, bien que les informations soient limitées, on estime que 70 % des émissions non routières ne le sont pas et ne sont pas taxées (OCDE, 2016[84]). La tarification du carbone est généralement assurée par la mise en place de taxes et de permis d'émission négociables (voir ci-dessous). L'efficacité d'une taxe sur le carbone est fonction de son taux (c'est-à-dire du prix qu'elle assigne au carbone), qui doit être suffisamment élevé pour inciter à prendre des mesures d'atténuation. Certaines émissions imputables à l'utilisation des terres peuvent certes être payantes du fait des taxes sur le carbone contenu dans les produits énergétiques, mais des exonérations sont souvent accordées aux agriculteurs (voir la section sur le soutien public à l'utilisation des terres). La possibilité de concilier les différents objectifs de la sphère de l'utilisation des terres au moyen de taxes sur les émissions dues aux activités agricoles n'est pas attestée, mais de récentes études théoriques laissent supposer que la tarification des émissions de carbone imputables à l'utilisation des terres aurait d'importants impacts sur la sécurité alimentaire (Frank et al., 2017[85]). L'utilisation des taxes sur le carbone en tant que moyen de concilier les différents objectifs de la sphère de l'utilisation des terres devrait par conséquent faire l'objet de nouvelles recherches.

### *Systèmes d'échange de droits d'émission*

Les systèmes d'échange de droits d'émission (SEDE) fixent une limite maximale aux niveaux d'émission admissibles. Les différents SEDE peuvent se distinguer par leur niveau de couverture (géographique, sectorielle, ou du point de vue des gaz concernés, par exemple), comme par leur degré de rigueur. Dans trois des pays étudiés, des systèmes d'échange de droits d'émission nationaux ou supranationaux sont en vigueur. Il s'agit du SCEQE (en Irlande et en France) et du SEDE national en Nouvelle-Zélande. Actuellement, les émissions de l'agriculture et de la foresterie ne sont couvertes par le SCEQE et les émissions de l'agriculture ne sont pas prises en compte dans le système néo-zélandais (bien que les émissions agricoles doivent être notifiées dans le cadre du système). Les émissions agricoles ont jusqu'ici été exclues du SCEQE (à l'exception des émissions de $NO_2$ liées à la production d'engrais chimiques) du fait des problèmes qui entourent leur suivi, leur notification et leur vérification, lesquels pourraient avoir une incidence sur la répartition au travers de l'attribution d'un nombre excessif, ou au contraire insuffisant, de permis (Commission européenne, 2008[86]). Des progrès technologiques plus récents donnent cependant à penser que son exclusion pourrait être revue (Grosjean et al., 2018[87]). Le Système d'échange de droits d'émission de la Nouvelle-Zélande (SEDE NZ) est le principal instrument d'action sur lequel s'appuient les efforts d'atténuation de la Nouvelle-Zélande et, en principe, le seul SEDE au monde à couvrir tous les secteurs de l'économie (OCDE, 2017[88]). Cependant, du fait des contraintes politiques et des craintes concernant les répercussions économiques, l'élargissement du système au secteur agricole, le plus grand contributeur aux émissions nationales a été reporté plusieurs fois. De plus, dans le cadre du SEDE NZ, les prix du carbone sont bien inférieurs aux estimations des coûts sociaux du carbone, et trop peu élevés pour avoir l'influence escomptée (OCDE, 2016[84] ; OCDE, 2017[88]).

Au stade actuel, les système d'échange de droits d'émission et les autres marchés du carbone n'auront vraisemblablement pas d'incidence majeure sur les décisions d'utilisation des terres parce qu'ils ne tiennent pas compte de l'un des principaux facteurs à l'origine des changements d'affectation des terres, de la dégradation des écosystèmes, et des émissions non liées à l'énergie : l'agriculture (Grosjean et al., 2018[87] ; OCDE, 2016[84]). La Nouvelle-Zélande possède le seul système au monde couvrant ce secteur, mais jusqu'ici il n'a été que lentement mis en œuvre. Il reste à savoir si les échanges de droits d'émission peuvent aider à concilier les objectifs climatiques et alimentaires en encourageant l'innovation et les gains d'efficience dans le secteur agricole, ainsi que les changements d'affectation des terres d'un secteur à l'autre (par exemple par leur transfert de l'agriculture vers la foresterie). Il est recommandé de procéder à une intégration plus poussée de l'agriculture dans le SEDE NZ, car cela permettrait d'éprouver le concept. Malgré son impact limité sur les émissions, le SEDE NZ encourage le reboisement. Si ce dernier aboutit à la création d'une forêt naturelle, il peut également s'ensuivre des avantages du point de vue de la biodiversité, ce qui contribue dans une grande mesure à la cohérence des politiques dans la sphère de l'utilisation des terres (Leining et Kerr, 2016[89]).

Outre les SEDE (supra)nationaux des pays étudiés présentés dans cette section, il en existe bien d'autres dans le monde à l'échelon infranational. Les SEDE infranationaux peuvent avoir des effets importants sur l'utilisation des terres en prenant en considération les crédits d'émission de carbone créés grâce à la réduction de la déforestation tropicale dans des pays tiers ou dans d'autres régions (tels que ceux délivrés dans le cadre du Système d'incitations pour les services environnementaux (*Sistema de Incentivos a Serviços Ambientais* – SISA) dans l'État brésilien d'Acre, (Duchelle et al., 2014[90])). Un exemple lié à l'un des pays étudiés illustre comment un SEDE infranational peut contribuer à réduire la déforestation : le programme de plafonnement et d'échange des droits d'émission de la Californie. CARB, l'organe qui en assure la gestion, a adopté une norme sur les forêts tropicales. Cette norme facilitera la future attribution, dans le cadre du SEDE, de crédits de compensation des atteintes aux forêts tropicales (CARB, 2018[91]), comme prévu dans un protocole d'accord entre les États de Californie (États-Unis), du Chiapas (Mexique) et d'Acre (Brésil) signé en 2010 (State Governments of Acre, Chiapas and California, 2010[92]).

Le SEDE peut contribuer à concilier les différents objectifs de la sphère de l'utilisation des terres à l'échelon national et infranational. Toutefois, chose importante, sans des lignes directrices détaillées définissant quelles activités peuvent bénéficier des crédits d'émission, le SEDE risquerait de donner lieu à des activités de séquestration du carbone ayant des conséquences négatives sur la biodiversité, voire des impacts négatifs sur le climat, si des activités telles que la foresterie dans des zones de tourbières sont encouragées.

### *Compensations des atteintes à la biodiversité*

Les compensations des atteintes à la biodiversité sont « des résultats mesurables sur le plan de la préservation découlant d'actions destinées à compenser les impacts négatifs résiduels d'ampleur notable entraînés par la mise en œuvre de projets après que des mesures de prévention et d'atténuation appropriées ont été prises » (BBOP, 2009[93]). Les compensations des atteintes à la biodiversité s'inscrivent généralement dans la hiérarchie des mesures d'atténuation (éviter, atténuer, compenser)[17]. En vertu du principe fondamental qui sous-tend les compensations des atteintes à la biodiversité, l'impact des activités d'aménagement peut être compensé si une quantité suffisante d'habitats similaires de grande qualité peut être créée ou remise en état. Aussi des politiques bien conçues de compensation des atteintes à la biodiversité peuvent-elles, en théorie, permettre un aménagement tout en atteignant l'objectif minimal consistant à éviter une diminution nette de la biodiversité, ou celui plus ambitieux d'en assurer l'augmentation au travers de mesures de compensation (OCDE, 2016[94]).

Les compensations des atteintes à la biodiversité peuvent permettre des aménagements tout en offrant des avantages connexes pour les écosystèmes et, dans certains cas, du point de vue du climat (par exemple si ces compensations aboutissent à la création de nouvelles forêts), et elles constituent un instrument utile pour concilier les différents objectifs de la sphère de l'utilisation des terres. À l'exception de l'Irlande, tous les pays étudiés ont mis en place, sous une forme ou une autre, des programmes de compensation des atteintes à la biodiversité, bien qu'ils s'avèrent très variables par leur champ d'application géographique, par leur couverture sectorielle, ainsi que par les caractéristiques de leur conception (obligatoires[18] ou volontaires, par exemple). Les caractéristiques générales de ces programmes sont présentées au Tableau 5.3, mais on ne dispose pas d'informations suffisantes pour comparer leur efficacité.

## Tableau 5.3. Systèmes de compensation des atteintes à la biodiversité dans les pays étudiés

| | Obligatoire ou volontaire | Couverture sectorielle | Année de démarrage | Transferts financiers | Problèmes |
|---|---|---|---|---|---|
| Brésil | Obligatoire | Agriculture, exploitation minière, industrie | 2000 | Oui | Suivi et notification laissant à désirer |
| France | Obligatoire | En théorie, tous les secteurs | 2007 | Non | Des lignes directrices et des institutions peu claires avant les réformes de la loi sur la biodiversité de 2016 |
| Indonésie | Obligatoire | En théorie, tous les secteurs | 2004 | Non | Législation peu claire, définitions trop larges, manque de contrôle, absence de mise en œuvre |
| Mexique, CUSTF[2] | Obligatoire | Dommages aux forêts imputables à diverses activités (agriculture, extraction minière, industries pétrolière et gazière, tourisme, par exemple) | 2003 | Oui | [voir (OCDE, 2016[95]) pour des exemples] |
| Nouvelle-Zélande | Volontaire | Toute action[1] | 1987 | Non | Non obligatoire, d'où une adoption limitée |

1. Plus communément appelée « compensation environnementale » en Nouvelle-Zélande, celle-ci est définie comme : « Toute action (travaux, services ou servitudes) destinée à éviter, réparer ou atténuer les effets négatifs des activités au sein d'une zone, d'un paysage ou d'un environnement dignes d'intérêt, à titre de compensation des effets négatifs non évités et non atténués de l'activité pour laquelle une demande d'autorisation est déposée ».
2. Programa de Compensación por Cambio de Uso de Suelo en Terrenos Forestales.
Source : les auteurs.

Un manque de lignes directrices claires et cohérentes en matière de compensations des atteintes à la biodiversité à un niveau national peuvent réduire le recours aux mécanismes de compensation et amoindrir leur capacité à éviter la dégradation de l'environnement. En Nouvelle-Zélande, par exemple, Brower et al. (2017[96]) ont constaté que seulement 15 % des concessions accordées par le ministère de la Préservation pour des activités commerciales sur des aires protégées prévoient des mesures de compensation, et que, parmi celles-ci, seulement 68 % sont parvenues à se mettre pleinement en conformité. Un manque de clarté, de capacités techniques et d'application effective a également fragilisé les programmes de compensation du Brésil (Souza et Sánchez, 2018[97]), ainsi qu'un programme de compensation ponctuel, désormais remplacé, au Mexique (OCDE, 2016[95]). En France, bien que le principe consistant à éviter, réduire et compenser les dommages ait été consacré par la loi dès 1976, l'absence de lignes directrices claires a compromis la mise en œuvre de compensations efficaces au niveau local jusqu'à une série de réformes entreprises en 2007 (OCDE, 2016[37]). Le processus de compensation adopté en France a encore été renforcé en 2013 par des lignes directrices sur l'application de la hiérarchie des mesures d'atténuation. En 2016, la loi française sur la biodiversité a conféré aux autorités locales des pouvoirs les habilitant à éviter les projets dont les mesures de compensation ne sont pas suffisantes pour respecter l'objectif d'absence de diminution nette de la biodiversité, et elle a officiellement intégré la hiérarchie des mesures d'atténuation dans le code de l'environnement. Enfin, la loi de 2016 a également confié au ministère de la Transition écologique et solidaire la responsabilité de créer une base de données pour assurer le suivi des mesures de compensation des atteintes à la biodiversité, de manière à renforcer ce processus.

Une conception et une supervision rigoureuses des compensations des atteintes à la biodiversité sont essentielles pour mettre en cohérence les différents objectifs de la sphère de l'utilisation des terres. Les systèmes de paiements compensatoires, par exemple, permettent des économies d'échelle, et les dépenses peuvent être ciblées sur certains écosystèmes menacés. Ils permettent également aux pays d'adopter une approche plus souple des mécanismes de compensation, garantissant ainsi que les actions mises en œuvre puissent être adaptées à des contextes socio-écologiques particuliers, sans qu'il soit besoin d'élaborer de fastidieuses lignes directrices. À titre d'exemple, le CUSTF (*Programa de Compensación por Cambio de Uso de Suelo en Terrenos Forestales*) mexicain vise à compenser tout projet d'aménagement situé dans des espaces forestiers en exigeant que leurs promoteurs alimentent le fonds forestier mexicain. Les sommes correspondantes sont ensuite utilisées pour mener des activités de remise en état des espaces forestiers. Le CUSTF couvre de nombreux secteurs dont les plus courants sont les industries extractives, le transport d'énergie, le tourisme et l'agriculture (OCDE, 2016[95]). De même, le Brésil met en œuvre un système de paiements compensatoires qui exige que les promoteurs alimentent un fonds assurant la gestion du Système national d'unités de préservation (*Sistema Nacional de Unidades de Conservação* – SNUC) (OCDE, 2016[94]).

Cependant, à moins que ces actions ne soient menées d'une manière spatialement et écologiquement équilibrée (par exemple en conformité avec le réseau Natura 2000), les approches fondées sur la compensation des atteintes à la biodiversité pourraient favoriser la destruction des écosystèmes dans les zones exposées à un risque élevé d'aménagement qui abritent par ailleurs une biodiversité d'importance mondiale. Qui plus est, les compensations peuvent être à l'origine de déséquilibres temporels si les mesures de compensation n'interviennent qu'après la conversion des habitats. Le programme CUSTF mexicain, par exemple, a éprouvé des difficultés à allouer les ressources collectées à des projets de compensation appropriés, entraînant des délais entre le changement d'utilisation des terres et la création des compensations (OCDE, 2016[95]). Il importe donc de concevoir des programmes de compensation prenant en considération les déséquilibres spatiaux et temporels.

Pour finir, l'adoption d'une approche nationale plus systématique pour compenser les pays fournisseurs peut éviter les problèmes liés aux approches fondées sur des projets ponctuels observées en Nouvelle-Zélande et en France (avant 2008) (Quétier, Regnery et Levrel, 2014[98] ; Brower et al., 2017[96]). Les systèmes de compensation des atteintes à la biodiversité qui s'appliquent aux écosystèmes tels que les forêts, ou à des activités sectorielles telles que l'extraction minière, l'industrie pétrolière et gazière ou l'agriculture, permettent de cibler les pressions qui s'exercent sur la biodiversité et sur le climat. Mais de meilleurs efforts de suivi, notification et vérification s'avèrent nécessaires pour garantir que les compensations fournissent ces avantages, surtout à la frontière agricole.

## Paiements pour services écosystémiques, y compris la REDD+

### Paiements pour services écosystémiques

Les systèmes de paiements pour services écosystémiques (PSE) sont des programmes volontaires qui visent à remédier aux défaillances du marché qui conduisent à une dégradation des écosystèmes et des services qu'ils fournissent, en encourageant les activités de gestion destinées à renforcer l'offre de ces services. Les PSE peuvent être utilisés pour fournir des services écosystémiques à l'échelon local, national et international, dont des habitats pour la biodiversité, une eau salubre, et la séquestration du carbone.

À l'exception du Mexique, aucun des pays étudiés ne disposent d'un cadre juridique cohérent d'ampleur nationale favorisant les PSE. Aussi l'application des PSE est-elle hétérogène et se caractérise-t-elle par des approches d'une grande diversité, par la faible quantité d'informations disponibles, ainsi que par un suivi et une évaluation variables (OCDE, 2016[13])[19]. Au Mexique, le système national de PSE (l'un des premiers au monde) a été mis en place en 2003. Il comporte deux éléments, qui ciblent tous deux les écosystèmes forestiers : les PSE pour la préservation de la biodiversité et les paiements pour services environnementaux hydrologiques (PSAH). Ces deux programmes ont couvert au total 2.4 millions ha en 2016 et ont distribué aux alentours de 924 millions MXN (48 millions USD) à 3 111 participants. Les PSE ont donné certains résultats au Mexique et, d'après les estimations, ils ont évité la déforestation de 18 000 ha entre 2003 et 2007 (OCDE, 2013[99]) et réduit le morcellement des forêts (Ramirez-Reyes et al., 2018[100]).

À l'inverse du Mexique, le Brésil n'a pas établi un cadre national pour régir les PSE, et permet au contraire aux autorités régionales/étatiques de formuler leurs propres lois et lignes directrices (OCDE, 2016[101]). Cette approche fragmentaire a abouti à la mise en œuvre de diverses approches différentes des PSE, mais dans la majorité des cas elles sont financées par l'État et plus de 70 systèmes locaux étaient opérationnels en 2012 (Guedes et Seehusen, 2012[102]). Le Brésil met en œuvre deux programmes au niveau national, *Bolsa Verde*[20] et *Bolsa Floresta* essentiellement destinés à réduire la pauvreté et à soutenir l'agriculture traditionnelle, moins intensive, et à offrir des moyens de subsistance aux populations implantées dans des aires protégées fédérales ou locales. Les premières données disponibles portent à croire que ces programmes ont tout à la fois réduit la déforestation et compensé les impacts potentiels sur les moyens d'existence résultant du renoncement à des pratiques plus rentables et destructrices (Börner et al., 2013[103] ; Alves-Pinto et al., 2018[104]). On estime que 9 programmes de PSE (y compris les projets REDD+) sont opérationnels en Indonésie, bien qu'ils couvrent une superficie relativement réduite (Suich et al., 2017[105]) (Tableau 5.4).

Bien qu'il existe des projets de PES au niveau local et fédéral au Brésil, et au niveau local en Indonésie, une législation nationale facilitant la mise en œuvre et l'adoption de ces paiements serait bénéfiques à la sphère de l'utilisation des terres (OCDE, 2016[13] ; OCDE, 2016[37]). Cependant, la législation doit prendre en compte les enseignements des programmes de PSE existants et préserver la souplesse qui a permis aux PSE de porter leurs fruits jusqu'à ce jour. Les programmes de suivi efficaces et efficients déployés au Brésil et au Mexique pour garantir la conformité constituent un facteur clé de réussite (OCDE, 2013[99]). Les pays qui ne se sont pas encore munis d'un système de PSE ratent peut-être une occasion de disposer d'un outil supplémentaire pour concilier les différents objectifs de la sphère de l'utilisation des terres et pour procurer des avantages connexes à la collectivité en rémunérant les responsables de la gestion des terres afin qu'ils adoptent des approches plus respectueuses de l'environnement et du climat.

### *Réduction des émissions imputables à la déforestation et à la dégradation des forêts et rôle de la préservation, de la gestion durable des forêts et de l'augmentation des stocks de carbone forestier dans les pays en développement (REDD+)*

L'Indonésie, en particulier, considère la REDD+ comme un outil essentiel pour atteindre ses ambitieux objectifs dans le secteur AFAT (République d'Indonésie, 2017[106]). Depuis 2007, d'importants progrès ont été faits dans sa mise en œuvre dans ce pays, y compris la mise en place d'institutions, de cadres juridiques et de réformes de la gouvernance (République d'Indonésie, 2017[106]). De considérables investissements ont par ailleurs été réalisés et la Norvège s'est engagée en 2010 à y apporter une contribution de 1 milliard USD ; de plus, 37 activités pilotes/de démonstration ont été mises en œuvre dès 2016 dans 15 provinces dans le cadre du programme (République d'Indonésie, 2017[106]). Une capacité insuffisante de suivi et de mise en œuvre freine pour l'instant la mise en œuvre de la REDD+, réduisant de ce fait la faculté de l'Indonésie d'atteindre ses objectifs de réduction des émissions de GES (Enrici et Hubacek, 2018[107]).

La REDD+ suscite un intérêt international considérable et, en 2010, la Norvège a promis 1 milliard USD pour soutenir les activités qui en relève en Indonésie. La majorité de cette somme est spécifiquement affectée à des paiements en fonction des résultats. Mais du fait de la lenteur des progrès, seuls 124 millions USD ont été versés en 2018, sous la forme de paiements indépendants des résultats. Cependant, les premiers paiements fondés sur la déforestation évitée ont été effectués en 2019 (9 ans après la création du fonds), ce qui indique que des résultats ont été obtenus récemment. La REDD+ n'en offre pas moins une occasion essentielle de gérer les objectifs de la sphère de l'utilisation des terres, et les efforts devront être poursuivis pour tirer parti des récents succès enregistrés en Indonésie.

Le Brésil a recouru à la REDD+ un peu plus tard que l'Indonésie, la stratégie nationale ENREDD+ ayant été publiée en 2015 (May et al., 2016[108]). Contrairement au cas de l'Indonésie, les meilleurs systèmes de suivi du Brésil (PRODES et DETER, par exemple) permettent un suivi en temps réel de la déforestation. Le programme REDD+ a été mis en œuvre avec plus de succès au Brésil, un montant de plus de 422 millions USD ayant été réparti dès fin 2017 entre 100 projets au travers du Fonds pour l'Amazonie de la Banque brésilienne de développement (BNDES, 2018[109]). L'approche brésilienne de la REDD+ fait appel à diverses mesures d'intervention, d'incitation et de désincitation (dont des PSE). Cependant, bien que les données disponibles indiquent que la REDD+ a efficacement contribué à une réduction de la déforestation jusqu'en 2014 (bien que les récentes évolutions puissent ne pas aller dans le même sens) (Simonet et al., 2018[110]), ses impacts sur la dégradation des forêts sont moins évidents et leur évaluation est malaisée en raison de problèmes techniques. La REDD+ pourrait être un outil d'un bon rapport coût-efficacité pour concilier les objectifs d'atténuation du changement climatique tout en fournissant des avantages connexes du point de vue des écosystèmes ; il conviendrait cependant de disposer de plus d'informations sur son degré d'efficacité, notamment vis-à-vis de la dégradation des forêts.

## Tableau 5.4. Programmes de PSE opérationnels en Indonésie en 2017

| Programme | Province | Année de démarrage | Vendeur | Acheteur | Paiement | Intermédiaire | Activité |
|---|---|---|---|---|---|---|---|
| **Eau** | | | | | | | |
| Cidanau | Banten | 2001 | env. 30 groupes d'agriculteurs | Entreprise publique | 1.2 million IDR par ha | Groupe de parties prenantes | Plantation d'arbres, agroforesterie |
| Paiements pour les services fournis par les bassins hydrographiques du Mont Rinjani | Lombok/Nusa Tenggara Barat | 2009 | 25 groupes dans 12 villages | Membres de l'association de gestion de l'eau et usagers | 30-80 millions IDR par ha | ONG | Remise en état, reboisement |
| Paiements pour les services fournis par les bassins hydrographiques de la province d'Aceh | Aceh | 2009 | 10 groupes d'agriculteurs | Sociétés | 70-90 millions IDR par contrat | ONG et groupe de parties prenantes | Plantation d'arbres, prévention de l'abattage d'arbres et de la pollution |
| Sumberjaya | Lampung | 2007 | 3 villages | Société | 1.5-1.6 million IDR par ha | ONG | Plantation d'arbres, protection des berges des cours d'eau, construction de terrasses et de fosses de sédimentation |
| **Carbone** | | | | | | | |
| Ketapand | Kalimantan occidental | 2013[1] | Villages | Donneurs (dont des fondations privées) | 100 000 000 IDR par village et par an | ONG | Évitement de la déforestation planifiée |
| Meragin | Jambo | 2013[1] | Villages | Donneurs (dont des fondations privées) | 100 000 000 IDR par village et par an | ONG | Évitement de la déforestation planifiée |
| Rimba Raya | Kalimantan central | 2008 (mais pas les ventes)[1] | Secteur privé (concessions pour la remise en état des écosystèmes) | Secteur privé | Sans objet (90 millions t, 30 ans ; 2.2 millions d'unités de carbone vérifiées) | Évitement de la déforestation planifiée | - |
| Programme carbone de la forêt de Berau | Kalimantan oriental | 2007 | Villages | Donneur (international) | 25 000 USD par village et par an | ONG | Déforestation réduite, remise en état des forêts |

1. Ces programmes versent un paiement au titre des moyens mis en œuvre (autrement dit, ils rémunèrent les participants pour leurs activités) et non en fonction des résultats obtenus.

Source : (Suich et al., 2017[105]), *Payments for ecosystem services in Indonesia*, http://dx.doi.org/10.1017/s0030605316000259.

### *Soutien public à l'utilisation des terres*

L'agriculture étant le principal secteur qui utilise des terres dans tous les pays étudiés, le soutien public dont elle bénéficie a vraisemblablement des impacts non négligeables sur cette utilisation. Le soutien en question est d'une grande diversité et peut notamment prendre la forme d'un soutien des prix du marché des produits agricoles, de paiements fondés sur les volumes de production (présents ou passés), d'un soutien direct à l'achat d'intrants tels que les engrais, l'énergie ou l'eau, de crédits à des conditions préférentielles pour l'achat de matériel ou de terres, d'un soutien à l'amélioration des pratiques agroenvironnementales, ou encore d'un soutien à la R-D technologique. Les subventions liées à la foresterie revêtent également une importance cruciale pour la sphère de l'utilisation des terres, compte tenu en particulier du rôle que les forêts sont censées jouer dans l'atténuation du changement climatique par le biais de la séquestration du carbone. Diverses subventions visent par ailleurs à soutenir le développement des infrastructures et à réduire les coûts de transport, qui peuvent jouer un rôle dans la modification des modes d'utilisation des terres et avoir par conséquent des répercussions sur la sphère de l'utilisation des terres.

#### *Soutien à l'agriculture*

**Graphique 5.2. Estimation du soutien aux producteurs en pourcentage des recettes agricoles brutes 1996-2016**

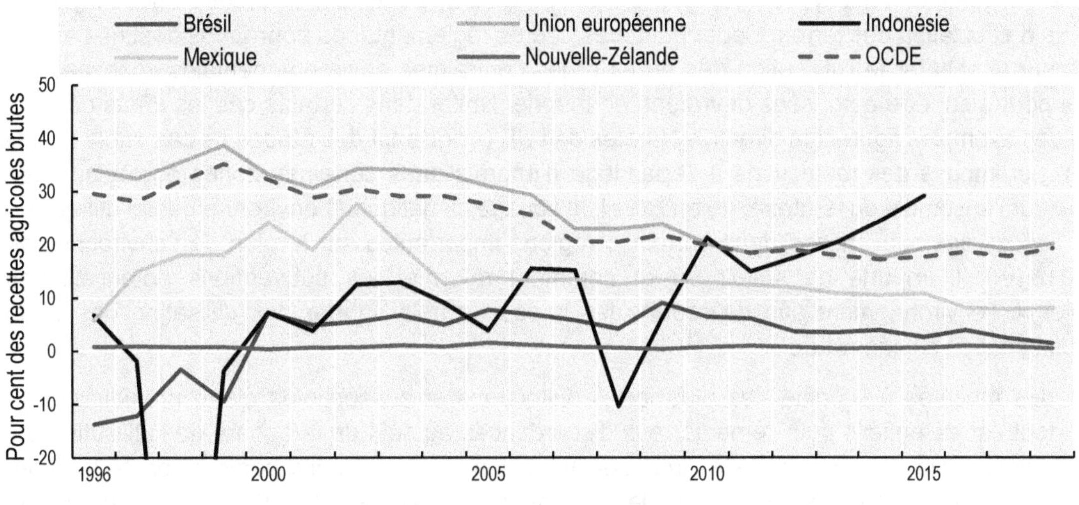


Note : Les données relatives à l'Indonésie ne sont disponibles que jusqu'en 2015
Source : OCDE (2019[111]), Base de données des estimations du soutien aux producteurs et aux consommateurs, https://doi.org/10.1787/c04db7df-fr.

Les régimes nationaux (et internationaux) de subvention peuvent constituer d'importants facteurs d'alignement ou de décalage des politiques liées à la sphère de l'utilisation des terres. Le soutien, en particulier en faveur de l'agriculture, peut avoir d'importants impacts, tant positifs que négatifs, sur les composantes de cette sphère. Le soutien public en faveur de l'agriculture est extrêmement variable dans les six pays (Graphique 5.2). L'Indonésie, par exemple, est, de tous les pays étudiés, celui qui accorde le taux le plus élevé de soutien à l'agriculture, puisque celui-ci atteignait, d'après les estimations, 29.1 % des recettes agricoles brutes (RAB) en 2015 (OCDE, 2019[111]).

L'environnement en matière de subventions liées à la sphère de l'utilisation des terres est compliqué par de nombreuses discordances, synergies et opportunités qu'il convient d'améliorer. Le soutien à l'agriculture peut prendre différentes formes dans les pays étudiés, que ce soit celle de paiements découplés[21] dans l'UE et au Mexique ou celle d'un soutien aux producteurs plus direct au Brésil et en Indonésie. Il peut avoir des effets négatifs sur l'environnement s'il abaisse le coût des moyens de financement dont les agriculteurs peuvent disposer sans aucune contrainte, s'il favorise des pratiques non durables en minorant le coût des intrants sans imposer aucune condition, s'il stimule directement la production, ou s'il crée un écart entre le prix intérieur des produits et leur prix sur les marchés internationaux (soutien des prix du marché – SPM) (OECD, 2016[112]). (Tableau 5.5). Ce soutien peut contribuer à perpétuer des pratiques agricoles non durables, à maintenir l'agriculture sur des terres marginales ou à favoriser l'expansion de l'agriculture, entraînant un changement d'affectation des terres – passant par la déforestation ou la conversion des zones humides – qui peut réduire l'offre de services écosystémiques.

Bien que le montant total du soutien par rapport à celui des recettes agricoles brutes soit extrêmement variable, le soutien des prix du marché (SPM) représente une grande partie du soutien total aux producteurs dans tous les pays étudiés (Tableau 5.5). Sur la base de leur cadre d'analyse, des indicateurs de l'environnement qu'ils ont retenus et des données qu'ils ont utilisées, Henderson et Lankoski (2019[113]) constatent que le soutien des prix du marché peut compter parmi les types de mesures de soutien aux producteurs les plus préjudiciables à l'environnement. Plusieurs pays subventionnent par ailleurs des intrants qui peuvent donner lieu à des pratiques non durables, telles que l'électricité nécessaire au pompage d'eau au Mexique et une TVA à taux zéro sur les engrais en Irlande et en Indonésie. En outre, les crédits et assurances à des conditions de faveur dont bénéficie l'agriculture, en particulier les prêts de fonds de roulement pour les exploitants commerciaux au Brésil et pour la création de forêts de production en Indonésie (Mcfarland, Whitley et Kissinger, 2015[114] ; OCDE, 2018[115]), risquent d'encourager des changements d'affectation des terres. Cependant, des cadres règlementaires appropriés destinés à gérer les impacts sur la sphère de l'utilisation des terres et les contraintes environnementales imposées aux activités qui pourraient être autorisées devraient, en théorie, limiter dans certains cas les effets négatifs. Au nombre des exemples figurent la directive Nitrates de l'UE (s'agissant des études de cas sur la France et l'Irlande), qui impose des restrictions à l'épandage d'engrais dans certaines zones écologiquement sensibles ou sur l'ensemble du territoire, et, au Brésil, le zonage climatique et environnemental utilisé pour restreindre l'accès aux subventions dans certaines régions importantes sur le plan de l'environnement (OCDE, 2018[115]). Il importe de savoir où et comment réformer les subventions potentiellement préjudiciables à l'environnement afin de réduire les impacts sur la sphère de l'utilisation des terres imputables au soutien à l'agriculture.

La réforme des mesures à l'origine des plus fortes distorsions et susceptibles d'être préjudiciables à l'environnement est essentielle pour remédier aux discordances au sein de la sphère de l'utilisation des terres, mais il est difficile de comprendre les impacts du soutien et il faut, pour y parvenir, procéder à une analyse en contexte. La première étape de la réforme des systèmes de subvention consiste par conséquent à identifier et à évaluer les impacts des subventions existantes sur la sphère de l'utilisation des terres. La France a entrepris une étude destinée à évaluer les effets des incitations publiques sur la biodiversité (Sainteny et al., 2011[116]), et l'Indonésie a récemment procédé dans le cadre du G20 à un examen par les pairs de ses subventions en faveur des énergies fossiles. Un plus large recours à des évaluations nationales et des examens par les pairs des systèmes de subvention pourrait aider à faire en sorte que soient réformées les incitations ayant des impacts négatifs sur la sphère de l'utilisation des terres.

D'autres formes de soutien agricole peuvent avoir des impacts complexes sur les composantes de la sphère de l'utilisation des terres. Par d'exemple, le Brésil consacre des ressources financières non négligeables aux activités de recherche-développement : 30 % du soutien aux services d'intérêt général y ont été affectés au savoir et à l'innovation, contre 0.5 % en Indonésie (Mcfarland, Whitley et Kissinger, 2015[114] ; OCDE, 2018[115]). Cela a permis au Brésil d'accroître la productivité de la culture du soja au cours des dernières décennies (Figueiredo, 2016[117]), et il s'est ensuivi un certain découplage de l'augmentation de la production alimentaire et de l'expansion des surfaces agricoles. Ces progrès peuvent permettre de développer la production alimentaire (et celle d'autres produits agricoles) sans avoir à convertir des espaces forestiers en terres agricoles, et favoriser par voie de conséquence la cohérence entre les diverses composantes de la sphère de l'utilisation des terres. Cependant, ils peuvent également inciter à accroître les surfaces cultivées si leur expansion n'est pas maîtrisée par d'autres moyens, tels que le moratoire sur le soja (examiné dans la section sur les instruments réglementaires) et d'autres mesures de préservation des forêts (Koch et al., 2019[118]). Un manque de moyens de financement dans ce domaine est, entre autres choses, à l'origine d'un important déficit de rendement dans le secteur indonésien du palmier à huile, dont le rendement moyen (3.6 t/ha) est bien inférieur au potentiel maximum théorique (7 t/ha) (Ministère des Affaires économiques, 2011[119]). Il existe également des rendements sous-optimaux dans les élevages bovins de certaines régions du Brésil, où les efforts de préservation des forêts pourraient mener à une intensification de la production, ce qui suggère qu'il reste des marges de progression considérables pour mieux concilier les différents objectifs de la sphère de l'utilisation des terres (Koch et al., 2019[118]).

Il existe de même de considérables possibilités d'amélioration de l'écoconditionnalité des paiements de soutien couplés et découplés en Irlande comme en France. Les paiements versés dans le cadre de la politique agricole commune (PAC) de l'Union européenne en Irlande et en France s'élevaient en 2016 à environ 1.2 milliard EUR et 7.1 milliards EUR respectivement, dont 99.9 % en Irlande et 85 % en France étaient découplés (Commission européenne, 2017[120]). D'après les estimations de l'OCDE (2019[121]), environ 50% du soutien au sein de l'Union européenne est subordonné à des contraintes environnementales, ce qui constitue un bon moyen d'améliorer les performances environnementales de l'agriculture dans ces pays. Bien que les mesures d'écoconditionnalité aient un caractère contraignant, de récents examens de leur efficacité environnementale et de leur rapport coût-efficacité suggèrent qu'elles ne sont pas suffisamment précises et rigoureuses pour réduire sensiblement les impacts environnementaux de l'agriculture (OCDE, à paraître[122]).

## Tableau 5.5. Soutien à l'origine de distorsions et potentiellement préjudiciable à l'environnement

| Soutien des prix du marché | | |
|---|---|---|
| **Pays** | **% du SPM dans l'ESP (moyenne 2016-18 en millions USD)** | **% du SPM dans les recettes agricoles brutes** |
| Brésil | 48.6% (1994) | 1.3 % |
| Indonésie[1] | 91.4 % (28 952)[1] | 22.6 % |
| Mexique | 28,2 % (1 261) | 2.3 % |
| Nouvelle-Zélande | 83.0 % (114) | 0.6 % |
| UE | 19.0 % (19 553) | 3.8 % |

| Autres formes de soutien à l'origine de distorsions et potentiellement préjudiciables à l'environnement | | | | |
|---|---|---|---|---|
| **Pays** | **Politique** | **Année d'entrée en vigueur** | **Dépenses (moyenne 2016-18)** | **Mécanisme potentiel par lequel a lieu l'impact** |
| Brésil | Taux d'intérêt préférentiels sur les emprunts de fonds de roulement | 2008-Aujourd'hui | 515 | Peut soutenir des pratiques non durables dans les exploitations commerciales. Cependant, des restrictions s'appliquent dans le cadre du zonage environnemental et climatique |
| Indonésie[1] | Engrais subventionnés | 2012-Aujourd'hui | 1 711[1] | Réduit le coût de l'utilisation d'engrais, ce qui favorise potentiellement les apports excessifs et encourage les activités agricoles sur des terres marginales |
| Mexique | Électricité subventionnée pour le pompage d'eau | 2001-Aujourd'hui | 404.3 | Pourrait soutenir une extraction et une consommation d'eau non durable, entraînant des impacts sur les écosystèmes et une demande accrue d'électricité |
| Nouvelle-Zélande | ND | ND | ND | ND |

1. Les données relatives à l'Indonésie ne sont disponibles que jusqu'en 2015, aussi les chiffres correspondent-ils à la moyenne 2013-15.
Source : (OCDE, 2019[121]) *Politiques agricoles : suivi et évaluation 2019,* https://doi.org/10.1787/agr_pol-2018-fr ; (OCDE, 2017[123]) *Politiques agricoles : suivi et évaluation 2017,* https://doi.org/10.1787/agr_pol-2017-fr.

L'architecture actuelle de la PAC sera remplacée à compter de 2020, et le nouveau cadre proposé vise à donner bien plus de liberté aux pays pour concevoir leurs propres conditions agroenvironnementales (Commission européenne, 2018[124]). Cela donne à la France et à l'Irlande une occasion d'adapter les mécanismes de paiement direct à leurs spécificités nationales et, par voie de conséquence, d'améliorer les performances de ces mécanismes sous l'angle de la gestion des objectifs de la sphère de l'utilisation des terres. On ne dispose toutefois d'aucune évaluation des impacts environnementaux de ces mesures, et les données sur leur efficacité environnementale demeurent équivoques (OCDE, 2018c[125]) (OCDE, à paraître[122]). Un meilleur suivi des impacts environnementaux de ces mesures, comme le propose en Irlande le plan *Food Wise 2025* (« sagesse alimentaire 2025 ») (DAFM, 2015a[126]), et une souplesse accrue concernant le type de contraintes environnementales autorisées, aideraient à garantir que les paiements découplés contribuent efficacement à la cohérence entre les diverses composantes de la sphère de l'utilisation des terres.

### Soutien à l'agriculture lié à l'environnement

Une part non négligeable du soutien à l'agriculture vise spécifiquement à atteindre des objectifs environnementaux. En théorie, ce type de soutien assure la cohérence entre les diverses composantes de la sphère de l'utilisation des terres en encourageant les agriculteurs à adopter des pratiques aboutissant à certains résultats environnementaux (par exemple, une réduction des pressions environnementales imputables à l'agriculture, ou la production de services écosystémiques). Souvent, ce soutien est destiné à améliorer la situation sous l'angle de la biodiversité, à réduire les émissions de GES, ou les deux à la fois. En Europe, la PAC 2016-20 consacre, dans le cadre du Pilier II, d'importantes ressources financières à ces programmes, dénommés programmes agroenvironnementaux (PAE). Les PAE sont des programmes volontaires qui rémunèrent les responsables de la gestion des terres en contrepartie de l'adoption de certaines pratiques respectueuses de l'environnement ou de la mise hors production des terres.

En Irlande, les PAE disposent d'un bon financement, environ 3.2 milliards EUR (sur un total de 4.01 milliards EUR) leur ayant été fournis par le fonds de développement rural entre 2014 et 2020 (DAFM, 2018[127]). Ces dépenses sont principalement consacrées à deux composantes : le programme agroenvironnemental vert et bas carbone (*Green and Low carbon Agri-environment Scheme* – GLAS)[22] (1.1 milliard EUR) et le programme en faveur des zones soumises à des contraintes naturelles (ZCN) (1.3 milliard EUR). Le GLAS est un programme extrêmement ciblé destiné à accroître la durabilité de divers actifs environnementaux prioritaires : les paysages, les espèces, et les cours d'eau vulnérables. Cependant, les paiements au titre du programme GLAS ou de celui en faveur des ZCN ne sont fondés ni sur les performances ni sur les résultats[23], bien qu'un suivi permanent soit assuré et qu'une évaluation systématique du GLAS soit en cours. Les répercussions du GLAS sur la pollution de l'eau par les éléments nutritifs, sur les émissions par hectare et sur la biodiversité (caractéristiques des habitats et espèces) ne sont pas connues (en 2018), mais les résultats initiaux montrent que la participation des élevage intensifs au programme est limitée (DAFM, 2017[128]). L'analyse d'un programme antérieur, le programme de protection de l'environnement rural (*Rural Environment Protection Scheme*), a mis en évidence des impacts positifs limités sur la biodiversité, ce qui donne à penser que les programmes de grande ampleur de ce type ne sont peut-être pas suffisamment souples et spécifiques pour atteindre une multiplicité d'objectifs (Feehan, Gillmor et Culleton, 2005[129] ; McMahon et al., 2010[130]).

Les approches fondées sur les performances et axées sur certains espaces (tels que les zones menacées) pourraient opter pour des solutions plus appropriées et disposer d'un meilleur bilan du point de vue des avantages environnementaux offerts que les approches non ciblées ou axées sur les pratiques mises en œuvre (DAFM et DAHG, 2014[131] ; OCDE, 2018c[125]). Un programme fondé sur les résultats présente plusieurs avantages par rapport aux autres approches ; premièrement, il encourage les responsables de la gestion des terres à procurer des avantages environnementaux (OCDE, à paraître[122]). En second lieu, il permet une plus grande souplesse d'intervention en autorisant un responsable de la gestion de terres à utiliser sa connaissance des terres pour mettre au point des interventions tenant compte des spécificités du contexte. Enfin, lorsque le paiement est fonction de l'impact sur l'environnement, une évaluation régulière doit constituer un élément essentiel du programme.

Le programme en faveur du plateau de Burren en Irlande en est un bon exemple. Il s'agit d'un PAE local parmi bien d'autres destinés à faire face à des problèmes environnementaux spécifiques (d'autres programmes visent à lutter contre le déclin des populations de busard Saint-Martin ou de moules perlières d'eau douce. À peine moins de 50 % des paiements versés dans le cadre du programme en faveur du plateau de Burren sont fonction de l'impact environnemental, tandis que le reste sert à soutenir des projets d'investissement, par exemple en vue d'améliorer les bâtiments d'exploitation (DAFM et DAHG, 2014[131]). Ce programme est centré sur les prairies calcaires abritant un grand nombre d'espèces, et son suivi a mis en évidence une amélioration constante de la qualité de l'environnement dans les parcelles participant à cette initiative (DAFM et DAHG, 2014[131]). Les approches fondées sur les résultats offrent potentiellement un meilleur rapport efficacité-coût, mais elles peuvent s'accompagner de coûts de transaction et de suivi plus élevés, ce qui pourrait limiter leur large attractivité (DAFM, 2017[128]) ; cependant, une plus grande expérience de ces programmes, ainsi que l'innovation technologique et institutionnelle, devrait abaisser ces coûts au fil du temps (OCDE, à paraître[122]).

En règle générale, les PAE peuvent améliorer la qualité environnementale des terres agricoles, tout en sauvegardant dans certains cas la production alimentaire. Cependant, lorsqu'ils sont appliqués à grande échelle (comme GLAS, BPS, etc.) ne prennent souvent pas en compte les spécificités du contexte afin d'offrir des avantages sur divers fronts. Le passage à des paiements en fonction des résultats pourrait également permettre de cumuler les avantages environnementaux connexes (dans le domaine de l'eau, du carbone et de la biodiversité, par exemple) procurés par la gestion des terres. Les approches axées sur le cumul des avantages pourraient permettre aux responsables de la gestion des terres de recevoir des paiements pour les différents services écosystémiques assurés grâce à leur gestion sur un même territoire, accroissant de ce fait l'incitation économique à gérer durablement les terres (pour un examen exhaustif du cumul des avantages, voir (Lankoski et al., 2015[132])). Pour que les PAE atteignent des objectifs multiples liés à l'utilisation des terres, une évaluation et un suivi plus systématiques des impacts sur l'environnement sont nécessaires, car les efforts actuels ne permettent pas une analyse efficace de leur degré de réussite, laquelle peut être employée pour étayer les futures éditions de ces programmes. Pour finir, la conception des PAE doit fixer des objectifs clairs et mesurables, de sorte que les performances des mesures mises en œuvre puissent être évaluées (OCDE, à paraître[122]).

Une autre approche de l'écoconditionnalité du soutien consiste à accroître la disponibilité du crédit pour la mise en œuvre de mesures visant à améliorer un ou plusieurs aspects de la gestion des terres. Le Brésil met en œuvre un dispositif de ce type, le programme pour une agriculture bas carbone (ABC), lancé en 2010 dans le cadre de la politique nationale de lutte contre le changement climatique (examinée au chapitre 3). Le programme ABC prend la forme d'une ligne de crédit assortie de conditions libérales destinée à faciliter l'investissement dans des pratiques de gestion bénéfiques à l'environnement et ayant pour effet de réduire les émissions de GES. Ces pratiques de gestion incluent les méthodes de culture sans travail du sol, la remise en état des sols dégradés et la mise en place d'installations de traitement des effluents d'élevage (OCDE, 2016[13]). En 2015, le programme ABC a accordé 25 189 prêts d'une valeur de 4 milliards EUR (Mello, 2015[133]) ; la participation a cependant ralenti depuis lors et le nombre de prêts consentis a reculé de 45 % en 2016 par rapport à 2015 (Newton et al., 2016[134]). Entre 2010 et 2018, le programme ABC aurait évité, d'après les estimations, environ 100-154 Mt éq-$CO_2$ (Ministério da Agricultura, Pecuária e abastecimento, 2018[135]), ce qui représente un alignement notable dans la sphère de l'utilisation des terres et met en lumière la capacité des prêts à des conditions de faveur à contribuer à la cohérence entre les différentes composantes de celle-ci.

### *Soutien en faveur de la foresterie*

L'Irlande, la France, la Nouvelle-Zélande et l'Indonésie considèrent la foresterie et l'utilisation des terres comme un élément essentiel pour le respect de leurs engagements concernant leurs contributions déterminées au niveau national (CDN). L'Irlande, la France et la Nouvelle-Zélande espèrent s'appuyer sur l'expansion du secteur de la foresterie pour séquestrer le carbone et améliorer la séquestration du carbone et en favoriser l'élimination par le secteur de l'utilisation des terres (DCCAE, 2017[136] ; MPI, 2018[137] ; MAA, 2016[138]). Par contre, l'Indonésie, qui possède l'un des secteurs caractérisés par l'un des niveaux les plus élevés d'émissions de GES imputables aux changements d'affectation des terres à l'échelle mondiale, vise à réduire les émissions liées au changement d'affectation des terres grâce à une diminution des taux de déforestation, une meilleure gestion des espaces forestiers existants et l'expansion des plantations de bois d'œuvre (République d'Indonésie, 2016[139]). Les programmes forestiers peuvent fournir des avantages connexes de nature écosystémique et climatique au travers de l'expansion des écosystèmes naturels abritant une abondante biodiversité, ainsi que de la séquestration du carbone.

L'Irlande s'est fixé un objectif ambitieux : porter la couverture forestière de 11 % à 18 % d'ici 2050. Pour atteindre ces objectifs, une augmentation annuelle de 8 290 ha de forêts devra être assurée d'ici 2020 (contre 7 140 en 2017) (DAFM, 2015b[140]). Des zones propices au boisement ont été identifiées au moyen d'un relevé forestier pour l'Irlande de nature indicative et fondé sur des données spatiales explicites. La plateforme dédiée aux demandes de boisement, un système d'information géospatiale (SIG) en ligne (iFORIS), permet de communiquer ces données aux parties prenantes concernées. Dans certaines circonstances, les zones situées au sein de sites Natura 2000 peuvent ne pas être acceptées, et leur cas peut être porté devant le Service des parcs nationaux et de la vie sauvage (*National Parks and Wildlife Service* – NPWS) ou devant d'autres organismes publics compétents.

Le programme forestier irlandais devrait coûter 263 millions EUR sur la période 2015-2020, montant dont la plus grande part, 199.5 millions EUR (soit 76 %), est affectée aux programmes de boisement couvrant en majeure partie la création de forêts d'exploitation à vocation commerciale (DAFM, 2015b[140]). Le programme contient également d'importantes dispositions en faveur de la biodiversité, qui imposent notamment l'aménagement de zones tampons constituées de surfaces boisées naturelles (de 20 m de large) sur le pourtour des cours d'eau, que 30 % au moins des arbres plantés chaque année soient constitués de feuillus et que le programme de création d'espaces boisés naturels soit centré sur des zones essentielles pour la biodiversité. En dernier lieu, un soutien (certes modeste) est accordé à l'agroforesterie, qui en bénéficie pour la première fois. Le programme forestier irlandais est par conséquent bien en phase avec les objectifs de la sphère de l'utilisation des terres et comporte les mesures de sauvegarde appropriées pour éviter les conséquences négatives potentielles sur la biodiversité impliquées par les programmes antérieurs, dans lesquels les forêts de production ont remplacé des prairies riches en espèces situées dans des zones marginales d'un point de vue agricole (ADAS, 2014[141]).

La situation de la France est similaire à celle de l'Irlande, les forêts et les espaces boisés devant vraisemblablement jouer un rôle fondamental dans la séquestration du carbone (INRA et IGN, 2017[142]). Le programme national de la forêt et du bois 2016-2026 souligne la nécessité de développer l'exploitation des forêts françaises en faisant appel à des pratiques de gestion durable, de maintenir la valeur d'agrément des forêts pour la population française, et de renforcer leur contribution à l'atténuation du changement climatique et à l'adaptation aux effets de celui-ci (MAA, 2016[138]). Les progrès dans la réalisation de ces objectifs sont mesurés à l'aide de 49 indicateurs différents, et des évaluations sont prévues en 2020 et 2026. Outre ce programme, une stratégie nationale vise par ailleurs à développer l'agroforesterie en vue d'améliorer la contribution des terres agricoles à l'atténuation du changement climatique.

La Nouvelle-Zélande avait auparavant recours à une série de mécanismes de financement pour encourager la plantation de forêts de production et de forêts permanentes, qui se conjuguent au système d'échange de droits d'émission pour fournir des incitations supplémentaires dans certains lieux, ou pour offrir d'autres options de financement afin de rendre les activités de boisement plus attractives pour les agriculteurs. Il s'agissait notamment du programme d'aide au boisement (*Afforestation Grant Scheme*), le programme de financement de la lutte contre l'érosion (*Erosion Control Funding Programme*) ou encore de l'initiative en faveur de la séquestration de carbone par les forêts permanentes (*Permanent Forest Sink Initiative*). Ensemble, ces instruments ont eu pour résultat que 55 % des nouvelles forêts plantées depuis 2008 ont bénéficié d'aides publiques (MfE, 2013[143]). En 2019, ces moyens de financement sont désormais abolis (ou en passe d'être supprimés), et ils ont été remplacés par le programme « un milliard d'arbres » (*One Billion Trees*), dont le financement est assuré par des subventions d'un montant de 153 millions USD (234 millions NZD) sur dix ans (2018-2027) (Te Uru Rākau, 2018[144]).

Les programmes de boisement en Nouvelle-Zélande sont bien en phase avec les objectifs climatiques du pays. Par exemple, l'un des objectifs fondamentaux du programme « un milliard d'arbres » consiste à procurer des avantages sur le plan de la biodiversité, des paiements d'un montant plus élevé étant accordés pour les essences indigènes et un financement complémentaire étant en outre octroyé pour le respect de critères additionnels de restauration écologique (Te Uru Rākau, 2018[144]). Il en est allé de même par le passé, l'initiative en faveur de la séquestration du carbone par les forêts permanentes donnant aux propriétaires terriens la possibilité d'obtenir des unités de réduction des émissions au titre du carbone séquestré depuis 2008 grâce aux forêts permanentes plantées sur leurs terres à compter du 1er janvier 1990. En 2013, cette initiative couvrait plus de 18 000 hectares de terres, dont les trois quarts environ ont été reboisés avec des essences indigènes (MfE, 2013[143]).

Le Brésil, l'Indonésie et le Mexique possèdent encore de vastes superficies de forêts primaires intactes (bien qu'elles soient en diminution), contrairement à la France et à l'Irlande, où il en subsiste très peu. Au Brésil et en Indonésie, sous l'effet de niveaux de déforestation et de dégradation des forêts sans précédent, d'importants volumes d'émission de GES sont imputables à l'utilisation des terres (Hansen et al., 2013[53] ; Ministère de l'Environnement et de la Forêt, 2018[145]), aussi les programmes forestiers de ces pays visent-ils à améliorer la gestion des superficies forestières qui existent encore plutôt qu'à les accroître. Au Mexique, il existe tout à la fois des programmes encourageant la gestion des forêts et d'autres promouvant l'expansion des plantations forestières à vocation commerciale.

Tous les programmes forestiers du Mexique ont été regroupés en 2013 dans le programme-cadre PRONAFOR, qui englobe le programme de PSE national (examiné plus haut) et le programme national de reboisement et de remise en état des forêts. Ce programme coordonne une série de mesures visant au reboisement et à la remise en état des forêts, y compris la régénération des sols, la distribution de jeunes plants, et l'entretien des espaces déjà reboisés. Depuis 2007, ce programme a permis de reboiser environ 2.8 millions ha au Mexique, bien que l'on ne sache avec certitude à quel volume de forêts cela équivaut de fait, puisque ce chiffre pourrait ne pas tenir compte des taux de survie différentiels (OCDE, 2013[99] ; OCDE, 2017[82]). En général, les mesures de reboisement bénéficiant d'un soutien visent à la mettre en place des essences forestières commerciales, de sorte que si elles fournissent des avantages climatiques et d'autres avantages écosystémiques, les avantages du point de vue de la biodiversité sont incertains, ce qui signifie que ces mesures ne sont que partiellement en phase avec la sphère de l'utilisation des terres.

L'Indonésie accorde également un vaste soutien public au reboisement, au travers du Fonds pour le reboisement, alimenté par un prélèvement imposé par le gouvernement sur le bois récolté (Barr et al., 2010[146]). Ce Fonds ne parvient toutefois pas à assurer un reboisement significatif du fait d'une mauvaise gestion financière chronique, de la corruption, ainsi que de problèmes de capacités au niveau local (Barr et al., 2010[146]). Enfin, la structure des transferts budgétaires interadministrations (examinés ultérieurement) a pour conséquence que le Fonds pour le reboisement de l'Indonésie encourage en fait la déforestation (Nurfatriani et al., 2015[147]). Aussi ce Fonds, ainsi que d'autres mesures plus générales de soutien aux producteurs agricoles (examinées plus haut), devient-il de fait un important facteur de discordance au sein de la sphère de l'utilisation des terres, entraînant une augmentation des émissions et une importante dégradation des écosystèmes.

Les programmes forestiers de l'Irlande, de la France et de la Nouvelle-Zélande et le programme de reboisement du Mexique procureront vraisemblablement des avantages sur le plan de la biodiversité et du climat, mais en l'absence de nouveaux progrès techniques ce pourrait être aux dépens de la production alimentaire. Une grande partie des avantages potentiels en termes de biodiversité sont réduits à néant du fait que la foresterie commerciale est encouragée au détriment de la remise en état des espaces boisés naturels. Les données disponibles portent à croire que les hiatus entre la foresterie et la production alimentaire deviendront vraisemblablement plus difficiles à gérer étant donné que l'offre de terres marginales susceptibles d'être converties à la foresterie se raréfie, au risque de limiter l'efficacité des mesures en faveur du boisement.

## Tableau 5.6. Soutien annuel aux producteurs agricoles et forestiers dans quelques pays

| | Estimation du soutien à la foresterie (% de soutien en proportion de la production forestière) | Soutien à l'agriculture (ESP en % des recettes agricoles brutes 2016-18) |
|---|---|---|
| Irlande | 12 % | 19.7 %1 |
| France | 1,5 % | 19.7 %1 |
| Nouvelle-Zélande | 15 % | 0.8 %1 |

Note : Moyenne des pays de l'UE, faute de données ventilées par pays.
Source : Programmes forestiers : France : (MAA, 2016[138]), Programme national de la forêt et du bois 2016-2026, https://agriculture.gouv.fr/le-programme-national-de-la-foret-et-du-bois-2016-2026 ; Irlande : (DAFM, 2015b[140]), Forestry Programme 2014-2020 : Ireland, https://www.agriculture.gov.ie/forestservice/forestryprogrammes2014-2020/ ; Nouvelle-Zélande : (Te Uru Rākau, 2018[144]), One billion trees fund : report on policy and design recommendations, https://www.mpi.govt.nz/dmsdocument/32908-3-appendix1-report-on-policy-and-design-recommendations-oia ; Statistiques forestières pour l'Irlande et la France tirées de (Eurostat, 2018[148]), *Agriculture Forestry and Fisheries Statistics: 2018 edition* ; Nouvelle-Zélande (NZIER, 2017[149]), *Plantation Forestry Statistics: Contribution of forestry to New Zealand.*
Soutien à l'*agriculture* : France, Irlande et Nouvelle-Zélande : (OCDE, 2019[121]), *Estimations du soutien aux producteurs et consommateurs* (base de données), https://doi.org/10.1787/agr_pol-2018-fr.

En particulier, le soutien à la foresterie en France et en Irlande est plus restreint que le soutien à l'agriculture en termes relatifs, et considérablement plus faible en termes absolus, mais il n'est guère aisé d'obtenir des données sur le soutien aux producteurs dans le secteur agricole à un niveau inférieur à celui de l'UE (Tableau 5.6). Il n'est pas souhaitable d'établir une équivalence parfaite entre le financement de la foresterie et celui de l'agriculture, compte tenu de l'importance économique et sociale respective de ces deux secteurs. Cependant, l'actuel déséquilibre entre l'agriculture et la foresterie a pour conséquence que les incitations en faveur de la seconde ne seront vraisemblablement pas suffisantes pour encourager le boisement et le reboisement sur les terres agricoles. La conversion de terres agricoles en espaces forestiers s'avère nécessaire dans les pays qui se sont fixé d'ambitieux objectifs d'absorption d'émissions du secteur de l'utilisation des terres (par exemple en Irlande). En Nouvelle-Zélande, le soutien relatif à la foresterie (par rapport à la taille du secteur) est plus important que celui accordé à l'agriculture, mais l'étendue des forêts de production est demeurée relativement stable depuis 2000, ce qui donne à penser que d'autres facteurs économiques et sociaux font que la foresterie constitue une option moins compétitive que l'agriculture. Par exemple, les agriculteurs pourraient ne pas vouloir sacrifier des pâturages de bonne qualité pour les consacrer à la foresterie, compte tenu du caractère quasi-permanent d'une telle conversion, qui s'accompagne de changements de mode de vie et ne donne pas lieu à une compensation de la perte de valeur des terres (Farrelly et Gallagher, 2015[150] ; Gawith et Hodge, 2018[151]).

Bien que la réévaluation de l'équilibre entre les incitations publiques respectivement accordées à la foresterie et à l'agriculture aux niveaux national et local constitue un premier pas dans le bon sens pour faire en sorte que les programmes forestiers puissent contribuer aux objectifs climatiques et écosystémiques, des recherches plus poussées sont nécessaires pour déterminer comment faire de la foresterie une option plus compétitive d'utilisation des terres. Pour finir, sans une règlementation judicieuse, le boisement peut également avoir des effets négatifs sur la biodiversité et le climat si les forêts de production remplacent des écosystèmes d'une grande valeur sous l'angle de la biodiversité, ou si elles sont situées dans des zones de tourbières, car les émissions dues à l'oxydation des tourbières pourrait être supérieure à la séquestration assurée par la croissance des arbres (Miettinen et al., 2017[49] ; Buscardo et al., 2008[152]).

### *Biocarburants, etc.*

Outre celles accordées à l'agriculture et à la foresterie, plusieurs autres types de subventions peuvent être nettement discordants par rapport aux objectifs de la sphère de l'utilisation des terres. Les intrants énergétiques subventionnés, souvent au moyen d'avantages fiscaux, comme les carburants (Brésil,

Indonésie), l'énergie utilisée dans l'agriculture (Irlande, France, Mexique) et l'électricité, risquent de doper les émissions de GES et de favoriser une utilisation inefficace des ressources (telles que l'eau au Mexique), et d'avoir ce faisant des impacts sur les écosystèmes. La valeur de ces subventions et leurs impacts sur l'utilisation des terres dans les pays étudiés sont difficiles à estimer, mais le soutien accordé à l'échelle mondiale aux énergies fossiles a été évalué à 373 milliards USD en 2015. Malgré les efforts de réforme (notamment en Indonésie), ces subventions représentent un important obstacle à une harmonisation à l'intérieur de la sphère de l'utilisation des terres (OCDE, 2018d[153]).

Dans plusieurs cas, les subventions encourageant les stratégies de réduction des émissions au travers du développement des capacités de production de biocarburants peuvent avoir des effets négatifs sur d'autres aspects de la sphère de l'utilisation des terres. Au Brésil, par exemple, les droits à l'importation sur les biocarburants produits à l'étranger favorisent la production intérieure à partir de soja (qui constituait 70 % des matières de base utilisées pour produire des biocarburants en 2016) (USDA, 2017[154]), ce qui risque d'avoir des conséquences négatives sur les écosystèmes en raison de la poursuite de l'expansion de l'agriculture. La situation est similaire en Indonésie, où d'importantes subventions en faveur des biocarburants produits dans le pays, principalement à partir d'huile de palme, encouragent l'expansion des plantations, accroissant de ce fait les pressions sur les écosystèmes naturels (Mcfarland, Whitley et Kissinger, 2015[114]). En Indonésie, la politique des biocarburants peut même avoir des effets encore plus négatifs sur le climat si l'on tient compte des émissions sur l'ensemble du cycle de production, en particulier si elle encourage l'agrandissement des palmeraies à huile sur des sols à forte teneur en carbone tels que les tourbières (Tilman et al., 2009[155]).

En Irlande, une taxe au titre de l'obligation de service public (*Public Service Obligation* – PSO) est due par tous les consommateurs d'électricité et elle constitue tout à la fois un élément d'alignement et de décalage. Cette taxe a deux conséquences importantes sur la sphère de l'utilisation des terres. Premièrement, elle soutient le développement de la production d'électricité à partir de la biomasse, principalement issue de forêts de production en Irlande. Deuxièmement, elle subventionne la production d'électricité à partir de la tourbe (103.4 millions EUR en 2017/18), l'un des combustibles solides les plus intensifs en carbone de la planète, ce qui a des répercussions négatives non seulement sur le climat, mais aussi sur la biodiversité (CER, 2017[156]).

Dans certains cas, les subventions à l'origine de discordances dans la sphère de l'utilisation des terres ont été mises en œuvre pour des raisons totalement étrangères aux préoccupations dans ces domaines. Par exemple, les subventions aux biocarburants en Indonésie sont destinées à réduire la dépendance à l'égard des importations de pétrole (Mcfarland, Whitley et Kissinger, 2015[114]) et les subventions en faveur de l'exploitation des tourbières sont utilisées en Irlande depuis les années 50 pour soutenir des populations rurales isolées (DAHG, 2015[50]). Cependant, quel que soit leur objectif initial, si leurs conséquences sur l'utilisation des terres ne sont pas prises en compte, la sphère de l'utilisation des terres risque d'en pâtir. Certains hiatus sont sans doute inévitables, mais les pays devraient s'efforcer d'y remédier en évaluant les systèmes de subvention sous l'angle du climat, de l'utilisation des terres, des écosystèmes et de l'alimentation, et en éliminant les problèmes les plus pressants.

Outre les subventions qui encouragent directement les changements d'affectation des terres, le soutien dispensé aux biocarburants dans tous les pays étudiés peut avoir d'importants effets sur la sphère de l'utilisation des terres. Il est probable que le subventionnement de la production de biocarburants à partir d'huile de palme en Indonésie et de soja au Brésil se traduise par une augmentation des émissions, par la dégradation des écosystèmes du fait de l'agrandissement des surfaces agricoles, et par le remplacement des cultures vivrières (Mcfarland, Whitley et Kissinger, 2015[114] ; Tilman et al., 2009[155]). Il en va de même dans les autres pays où les subventions en faveur des biocarburants ou de la biomasse pourraient conduire à une augmentation de la demande, satisfaite par des importations. Les hiatus entre les différents objectifs de la sphère de l'utilisation des terres sont inévitables, et les analyser dans le contexte national peut aider à éviter de créer des incitations pernicieuses en faveur de la déforestation (comme c'est le cas en Indonésie). La suppression ou la réforme des réformes préjudiciables de ce type contribuerait grandement à remédier aux discordances au sein de la sphère de l'utilisation des terres.

### *Réforme foncière*

Comme cela a été précédemment souligné, la sécurité du régime foncier est essentielle pour la mise en œuvre de politiques efficaces au sein de la sphère de l'utilisation des terres. En France, en Irlande et en Nouvelle-Zélande, le régime foncier est pour l'essentiel clair et sûr, mais en Indonésie et au Brésil, une réforme d'ampleur est nécessaire pour le clarifier et le sécuriser. La réforme foncière en Indonésie comporte deux grands éléments liés au secteur forestier : le premier a trait à la promotion et au développement de la gestion collective des forêts et le second à la réforme agraire. L'Indonésie vise à disposer au total de 12.7 millions ha de forêts gérées collectivement, dont 4.5 millions ha doivent être attribués avant la fin 2019 (Ministère de l'Environnement et de la Forêt, 2018[145]). Dans le cadre de ces programmes, les droits d'accès aux terres et celui d'en assurer la gestion sont transférés de l'État indonésien à une association locale. Le ministère indonésien de l'Environnement et des Forêts considère ces dispositifs comme un scénario d'évolution inclusif vers l'atténuation du changement climatique et la réduction de la pauvreté en offrant aux populations locales l'accès aux ressources forestières et la possibilité d'en tirer parti (Ministère de l'Environnement et de la Forêt, 2018[145]). Cependant, les surfaces effectivement transférées ont représenté au total 1.7 million ha en 2018, et malgré une accélération du processus de réforme foncière, de nouveaux efforts doivent être déployés pour le renforcer et le rationaliser (Ministère de l'Environnement et de la Forêt, 2018[145]). Plusieurs facteurs ont provoqué ce retard, notamment les réductions budgétaires subies par le ministère de l'Environnement et des Forêts, et ont compliqué le long processus de certification. Cependant, les programmes de foresterie sociale n'en représentent pas moins une voie pleine de promesses pour la réforme du régime foncier. Des efforts sont déployés actuellement pour rationaliser la procédure de dépôt des candidatures, et les délais ont été ramenés de 2-3 ans à 1 an environ. Mais la procédure demeure compliquée et un renforcement des capacités est nécessaire pour améliorer l'accès des populations au dispositif et les performances environnementales des programmes de foresterie sociale.

La réforme agraire constitue le second élément de la réforme foncière en Indonésie. Dans le cadre du programme de réforme agraire (connu sous le nom de TORA), 9 millions ha de terres à vocation agricole seront redistribuées aux populations rurales afin de réduire la pauvreté et les inégalités. Sur cette superficie globale, 4.1 millions ha proviendront du domaine forestier national (Ministère de l'Environnement et de la Forêt, 2018[145]). Bien qu'il vise à atteindre des objectifs sociaux, ce programme risque d'avoir des impacts négatifs sur la biodiversité et le climat, si les terres redistribuées contiennent des écosystèmes riches en biodiversité (forêts primaires, par exemple) ou se trouvent situées sur des zones de tourbières (Miettinen et al., 2017[49]).

Au Brésil, la réforme foncière en est à un stade plus avancé et l'approche a été différente. Le code forestier a privilégié la cartographie et l'identification des propriétés foncières individuelles situées au sein des espaces forestiers et leur enregistrement dans le système CAR (*Cadastro Ambiental Rural*) national. En août 2016, 3.7 millions de propriétés couvrant 387 millions ha, ont été enregistrées dans le système CAR (Azevedo et al., 2017[14]). Grâce à ce système, des efforts de répression des infractions à la réglementation, tels que la constitution d'une liste noire interdisant l'accès au crédit, sont déployés en vue de sanctionner les propriétaires fonciers qui se seraient livrés à une déforestation illégale. Bien que des problèmes pour assurer le respect effectif du code forestier se posent, à tel point que Azevedo *et al.* (2017[14]) ont constaté que 6 % seulement des propriétés enregistrées ont pris des mesures pour remettre en état les terres illégalement défrichées, l'enregistrement des propriétés a réduit à elle seule de 10 % la déforestation (Alix-Garcia et al., 2018[157]). La réforme foncière a donc été un facteur clé du succès des efforts déployés par le Brésil (jusqu'en 2015) pour réduire la déforestation de l'Amazonie[24].

Les approches actuelles de la réforme du régime foncier au Brésil et en Indonésie sont bien en phase avec les objectifs de la sphère de l'utilisation des terres. Les données en provenance du Brésil portent à croire que le seul fait d'enregistrer une propriété entraîne une baisse de la déforestation, ce qui va de pair avec des avantages sur le plan des écosystèmes et du climat (Alix-Garcia et al., 2018[157]). La situation en Indonésie est un peu plus compliquée en raison du chevauchement des compétences des diverses institutions et de cartes contradictoires qui aboutissent à une exploitation illégale des terres. Malgré les résultats contrastés enregistrés à ce jour dans le domaine de la gestion collective des forêts (Santika et al., 2017[158]), il est essentiel de poursuivre les efforts visant à l'étendre et ainsi remédier aux incohérences au sein de la sphère de l'utilisation des terres.

### *Transferts budgétaires interadministrations*

Tous les pays ont plusieurs administrations (si l'on fait abstraction des petites villes-État) et les transferts budgétaires interadministrations (TBI)[25] constituent le mécanisme par lequel ils procèdent à la décentralisation budgétaire. Aussi les TBI constituent-ils le principal moyen de financement à l'échelon infranational dans la plupart des pays. En général, les TBI visent à faire en sorte que les revenus dont disposent les administrations infranationales sont à la mesure des besoins de la population. Ils peuvent encourager et promouvoir la réalisation des objectifs nationaux, provinciaux ou communaux, par exemple dans le domaine de l'égalité, de la fourniture de services publics et de la réduction de la pauvreté. À ce titre, les TBI revêtent une grande importance pour la sphère de l'utilisation des terres, surtout dans le cas des grands pays décentralisés tels que le Brésil et l'Indonésie.

En Indonésie, les recettes partagées dont un district peut bénéficier sont directement proportionnelles au montant des recettes tirées de la foresterie, et aucune sanction n'est actuellement prévue en cas de surexploitation des espaces forestiers. Dans le cadre de la structure actuelle des TBI, environ 40 % des recettes tirées des activités forestières sont reversées au district producteur. Aussi les administrations des districts sont-elles incitées à maximiser les recettes forestières grâce à l'exploitation des forêts et à leur conversion en plantations de bois d'œuvre (Nurfatriani et al., 2015[147]). Les palmeraies à huile génèrent également des recettes qui sont reversées au district producteur, et bien que le pourcentage reversé soit bien plus faible, la rentabilité plus élevée du palmier à huile fait que le district producteur en tire des sommes plus élevées en termes réels (Irawan, Tacconi et Ring, 2013[159]). Ce transfert de recettes incite les administrations des districts à maximiser leurs revenus en favorisant la création de palmeraies dans les espaces forestiers.

Au Brésil, la « taxe sur la valeur ajoutée écologique » (ICMS-E) est un mécanisme par lequel les recettes fiscales d'un État fédéré ou d'une municipalité sont transférées à un autre État fédéré ou une autre municipalité, en contrepartie de quelque forme de protection de l'environnement. Depuis son instauration en 1991 dans le Paraná, l'ICMS-E avait été adoptée dans 17 des États du Brésil en 2018. L'ICMS-E a d'abord été mis en œuvre pour récompenser les municipalités acceptant d'accueillir des AP, et 16 de ces 17 États s'appuient à présent sur des indicateurs spécifiquement axés sur les aires protégées (Droste et al., 2017[160]). Le montant de l'ICMS-E diffère d'un État à un autre, mais il peut représenter jusqu'à to 8 % du produit de la taxe municipale sur la valeur-ajoutée. Il a de plus été démontré que cet instrument encourage la création d'AP, mais aucune analyse de ses impacts écologiques n'a été réalisée (Droste et al., 2017[160]).

La France met en œuvre un système de transferts budgétaires similaire à celui de l'Indonésie, la DGF, dans le cadre duquel les municipalités reçoivent des paiements en fonction de leur superficie et de la taille de leur population. Depuis 2007, la DGF inclut également une composante écologique qui alloue aux collectivités locales un montant complémentaire si elles se trouvent au cœur d'un parc naturel, de manière à compenser leurs moindres perspectives de développement (Borie et al., 2014[161]). Cependant, sur les 36 783 communes présentes sur le territoire français, seules 150 étaient susceptibles de bénéficier de l'allocation écologique (en 2014) ce qui représentait 0.02 % des 13.6 milliards EUR répartis par la DGF (Borie et al., 2014[161]).

En faisant dépendre le montant des recettes redistribuées des performances environnementales, les TBI pourraient fournir une puissante incitation à privilégier les objectifs de la sphère de l'utilisation des terres au niveau local, et être utilisés pour offrir aux autorités locales une compensation au titre de la fourniture de larges volumes de biens à l'échelle nationale, dans le domaine de la biodiversité ou de l'atténuation du changement climatique, par exemple. Cependant, en privilégiant l'agriculture, l'approche indonésienne crée une discordance entre les diverses composantes de la sphère de l'utilisation des terres. Le Brésil et la France s'appuient par contre sur certains critères environnementaux, mais la part des recettes allouées dans le cadre de ces mécanismes est relativement modeste, ce qui en limite l'impact. Une augmentation des recettes disponibles dans le cadre des TBI pour assurer un bon alignement entre les différents objectifs de la sphère de l'utilisation des terres encouragerait les autorités locales à gérer les composantes, parfois antagonistes, de cette sphère, tout en leur donnant la possibilité de mettre en œuvre des mesures appropriées au niveau local.

## Approches informationnelles, volontaires, etc.

L'inefficience des systèmes actuels d'utilisation des terres aura d'importants impacts pour la société au travers du changement climatique et de la diminution des services écosystémiques (voir chapitre 2), et elle aura des conséquences négatives pour de larges pans de l'économie (OCDE, 2019b[22]). Il est donc essentiel de permettre aux parties prenantes publiques et privées de prendre des décisions avantageuses d'un point de vue économique et durables à long terme pour concilier effectivement les différents objectifs de la sphère de l'utilisation des terres. La recherche scientifique, un meilleur accès aux données et une utilisation plus efficace de celles-ci, ainsi que l'intensification de la transmission de connaissances aux parties prenantes qui en ont le plus besoin, sont autant d'éléments essentiels pour améliorer les décisions d'utilisation des terres. Les administrations nationales et infranationales jouent un rôle essentiel en soutenant la recherche scientifique et en facilitant le flux d'informations à destination des parties prenantes, par exemple à destination des agriculteurs au travers des services de vulgarisation.

Plus largement, les gouvernements des pays étudiés ont commencé à recourir à des approches fondées sur des données massives et ouvertes en vue de renforcer la durabilité et la transparence de l'utilisation des terres. En Irlande, par exemple, le programme Origin Green (Encadré 5.3) donne lieu à un vaste effort de collecte de données, afin d'élaborer des plans de gestion évolutifs. Depuis 2013, le Mexique considère comme une priorité le libre accès aux données relatives à l'action publique, et il met désormais à la disposition du public un vaste éventail d'informations sur les mécanismes comme la compensation des atteintes à la biodiversité ou les PSE (OCDE, 2018[162]). Le rôle joué par les données spatiales librement accessibles dans la démocratisation de l'utilisation des terres est également reconnu dans les pays étudiés, avec des plateformes de données spéciales disponibles en ligne au travers du programme *One Map* en Indonésie, du ministère de la Préservation en Nouvelle-Zélande, et de la Commission nationale pour la connaissance et l'utilisation de la biodiversité (CONABIO) au Mexique.

Plusieurs nouvelles technologies jouent déjà un rôle clé dans l'amélioration de la durabilité de l'utilisation des terres. Les technologies de télédétection, par exemple, sont déjà largement utilisées pour surveiller la déforestation au Brésil (au moyen des systèmes PRODES et DETER), et l'Indonésie investit actuellement dans des systèmes similaires pour suivre les feux de forêt et les modifications de l'occupation des sols, afin de compléter les systèmes mondiaux existants. Il importe de poursuivre la mise au point de ces technologies pour améliorer la détection du non-respect des réglementations environnementales, de manière à encourager une utilisation durable des terres. La recherche génomique est actuellement utilisée pour accroître l'efficience de la production de lait et de viande bovine en Irlande et en Nouvelle-Zélande. Enfin, l'intelligence artificielle est de plus en plus utilisée pour accroître la précision et l'efficience de l'agriculture (CGIAR, 2018[163]) et la chaîne de blocs est considérée comme une approche prometteuse pour assurer de bout en bout une consommation durable (Deloitte, 2017[164]). Les gouvernements pourraient jouer un rôle essentiel en facilitant la recherche sur les nouvelles technologies et en assurant leur diffusion si elles s'avèrent efficaces. En particulier, lorsque les parties prenantes qui en ont besoin ne disposent pas de ressources suffisantes pour tirer pleinement parti de ces nouvelles possibilités (comme dans le cas des petits exploitants des pays en développement).

### *Approches fondées sur l'analyse du cycle de vie*

Les approches fondées sur l'analyse du cycle de vie (ACV) s'appuient sur des méthodes quantitatives destinées à évaluer les impacts sur l'environnement sur l'ensemble de la durée de vie d'un produit, depuis la production jusqu'à la consommation. Dans le cadre de l'ACV, tous les impacts associés à la production d'un bien (tels que les émissions de GES) sont considérés comme incorporés dans le produit final au stade de la consommation. Aussi les impacts pris en compte par l'ACV sont-ils indépendants de leur localisation et l'ACV pourrait aider à quantifier les fuites dues à des mécanismes de tarification tels que le SEDE. L'ACV peut également contribuer à quantifier de manière plus générale les impacts négatifs des échanges de produits de la terre sur la sphère de l'utilisation des terres. L'application, le déploiement et le perfectionnement des approches fondées sur l'ACV dans différents secteurs constituent une importante mesure du côté de la demande en vue d'éviter les impacts négatifs des échanges sur les diverses composantes de la sphère de l'utilisation des terres. Dans les pays étudiés, plusieurs initiatives différentes visent à promouvoir l'utilisation de l'ACV et d'autres approches en vue de quantifier et de limiter les impacts négatifs exercés en amont ou en aval par la production et la consommation intérieures de biens et services.

La Stratégie nationale de lutte contre la déforestation importée (SNDI), (Ministère de la Transition écologique et solidaire, 2018[165]), comporte diverses mesures du côté de la demande destinées à mieux évaluer et au bout du compte réduire la déforestation au sein de la chaîne d'approvisionnement des biens et services français. Elle propose par exemple l'instauration d'un axe « zéro déforestation » dans les rapports de RSE du secteur privé (mesure 11.1), ainsi que dans les rapports d'information non financière que sont tenus de soumettre les institutions financières et les investisseurs (mesure 12.1). La SNDI recommande en outre un éventuel élargissement du champ d'application d'une loi imposant un « devoir de vigilance » aux entreprises françaises en ce qui concerne les risques sociaux et environnementaux liés à leurs chaînes d'approvisionnement afin de tenir expressément compte des risques de déforestation (mesure 11.2).

Les critères de durabilité des biocarburants – tels qu'ils sont utilisés par la France et l'Irlande en vertu des règlements de l'UE – constituent un bon exemple d'application de l'ACV dans le cadre de l'action des pouvoirs publics. Conformément à la législation de l'UE, les bioénergies doivent respecter certains critères de durabilité exigeant une réduction de 35 % des émissions de GES sur l'ensemble du cycle de vie (culture, transformation, transport), par rapport à ceux d'origine fossile[26]. La mise en œuvre de l'ACV est en l'occurrence intervenue après l'adoption de la loi initiale, pour répondre aux craintes concernant les risques de changement indirect d'affectation des terres imputables à l'expansion de l'agriculture du fait de la demande croissante d'oléagineux (Frank et al., 2013[166]) . En décembre 2018, la directive Énergies renouvelables II[27] a introduit une nouvelle approche du « changement d'affectation des sols indirect » (CASI) en fixant une limite comptable décroissante à l'utilisation de biocarburants impliquant un risque de CASI. En février 2019, aucune définition des matières de base qui constituent une forme de biomasse présentant un risque élevé de CASI n'avait été adoptée.

Les critères de durabilité fixés dans les règlementations nationales (ou supranationales, telles que celle de UE) ont aussi un impact sur les problèmes de la sphère de l'utilisation des terres et sur la cohérence des politiques dans les pays d'origine des biocarburants ou des matières de base, comme l'Indonésie et le Brésil. L'Indonésie, par exemple, fournissait 49 % de l'huile de palme de l'UE en 2017 (Service européen pour l'action extérieure, 2018[167]), et environ 40 % des importations de l'UE sont utilisées pour produire des biocarburants (Deutsche Welle, 2018[168]). Le palmier à huile figure parmi les cultures d'oléagineux les plus performantes en termes de rendement. De ce fait, si les impacts négatifs locaux de la production et les émissions des transports sont efficacement réduits et gérés, les biocarburants à base d'huile de palme peuvent en théorie constituer un exemple d'interactions synergiques entre les échanges et l'utilisation des terres (Mekhilef, Siga et Saidur, 2011[169]). Cependant, pour l'instant, la gestion des impacts de la production d'huile de palme se révèle problématique (OCDE, 2019a[12]). Bien que l'efficacité de la gestion de ces hiatus puisse encore être notablement améliorée (Moreno-Peñaranda et al., 2018[170]) et qu'il soit possible de réduire sensiblement les impacts du système indonésien de production d'huile de palme dans son ensemble (OCDE, 2019a[12])[28], l'application des critères de durabilité de l'UE aux biocarburants a été à l'origine de modifications des réglementations et pratiques d'utilisation des terres en Indonésie (Hia et Kusumawardani, 2016[171]). C'est en partie pour se conformer à ces critères qu'il a été demandé en 2014 aux producteurs d'huile de palme indonésiens de se conformer à certaines normes de production récapitulées dans la réglementation « pour une huile de palme durable en Indonésie » (*Indonesian Sustainable Palm Oil* – ISPO) (Ministère de l'Agriculture, 2011[172]).

La participation de l'éventail le plus large possible d'acteurs du côté de l'offre et de la demande est importante si l'on veut que les approches fondées sur la chaîne de valeur et sur l'analyse du cycle de vie exercent une influence positive notable sur l'utilisation des terres. Par exemple, la rapide augmentation, depuis les années 2000, de la demande chinoise de plusieurs groupes de produits essentiels explique une part non négligeable des impacts des exportations sur la sphère de l'utilisation des terres dans les pays étudiés. En 2016, 82 % des exportations brésiliennes de soja étaient destinées à la Chine. Cette dernière est le premier importateur de produits forestiers provenant d'Indonésie et le deuxième importateur d'huile de palme et de caoutchouc de ce pays (Ministère de l'Agriculture, de l'Élevage et de l'Approvisionnement alimentaire, 2017[173] ; BPS Statistics Indonesia, 2017[174]). De même, la récente augmentation des exportations irlandaises de produits laitiers et françaises de bois ronds sont pour une large part attribuables à la demande chinoise (Department of Agriculture Food and the Marine, 2018[175] ; Fédération nationale du bois, 2018[176]). Par conséquent, l'adhésion de la Chine et des autres économies émergentes aux initiatives limitant les impacts sur l'utilisation des terres en dehors de leurs frontières revêt une importance essentielle.

### *Certification obligatoire ou volontaire*

Divers systèmes de certification, soit volontaires, soit obligatoires, s'appliquent aux domaines dont il est question ici dans les pays étudiés. L'un des plus courants a pour but de certifier les forêts elles-mêmes et leurs produits. Le Programme de reconnaissance des certifications forestières (PEFC) et le Forest Stewardship Council (FSC) sont les deux dispositifs les plus importants et les plus reconnus dans le monde. Tous les pays étudiés recourent à l'un et à l'autre à différents degrés (Graphique 5.3). Globalement, ils visent tous deux à assurer la durabilité de la filière bois, en faisant en sorte que la gestion des forêts obéisse à certains impératifs (comme la préservation de la biodiversité et la fourniture de services écosystémiques), et la légalité du bois utilisé pour fabriquer d'autres produits (PEFC, 2010[177]).

Graphique 5.3. Pourcentage de la superficie forestière certifié par le PEFC et le FSC en 2014

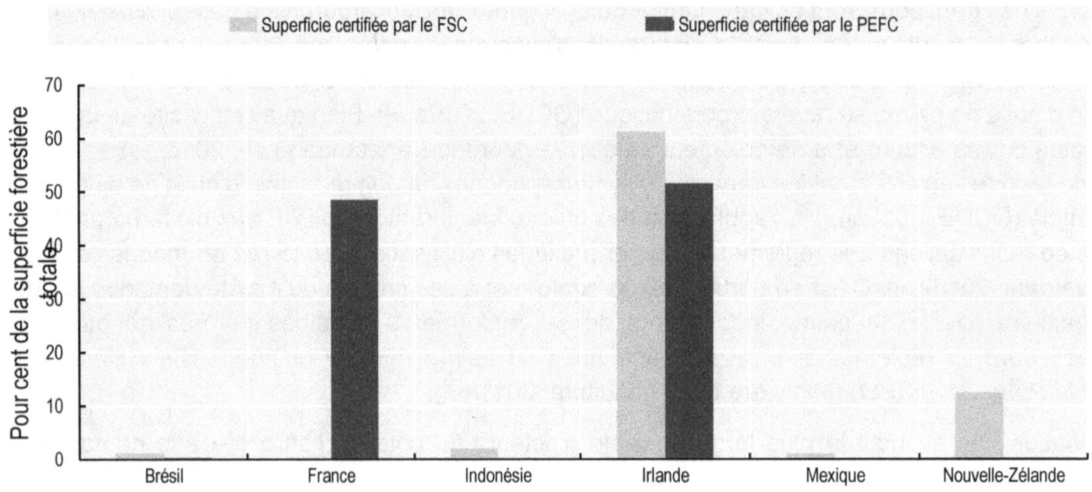


Note : en Indonésie et en Nouvelle-Zélande, les normes nationales ont été officiellement validées par le PEFC en 2014 et 2015, respectivement, de sorte qu'il n'y avait pas de forêts certifiées en 2014.
Il convient de noter que la superficie des forêts est beaucoup plus grande en Indonésie et au Brésil, et que, par conséquent, même si la superficie certifiée y est limitée en pourcentage, elle est nettement plus vaste, en valeur absolue, qu'en Irlande ou en France.
Il n'existe pas de norme nationale du PEFC au Mexique.
Source : FAO (2015[178]), Évaluation des ressources forestières mondiales 2015, http://www.fao.org/3/a-i4808e.pdf.

Les grands systèmes internationaux comme le FSC et le PEFC appliquent en général de nombreux critères de certification. En conséquence, y postuler n'est pas une option commerciale viable pour les petits exploitants ou les exploitations forestières gérées en commun, lesquels possèdent rarement le capital et les capacités techniques nécessaires (McDermott, Irland et Pacheco, 2015[179]). Bien qu'il existe un programme spécialement conçu pour les cas de ce type (programme pour les forêts de petite taille et exploitée de façon peu intensive), seuls 4 % des superficies certifiées par le FSC sont gérés par des petits exploitants. Ces dispositifs se révèlent donc inadaptés aux espaces forestiers des pays tropicaux, où prédominent généralement les forêts gérées par de petits exploitants ou en commun. Par exemple, au Mexique, les *Ejidos* et les *Comunidades* (deux formes de régime foncier collectif) s'occupent de 70 % au moins de l'ensemble des forêts et fournissent à peu près 85 % de la totalité du bois rond commercialisé (García-Montiel et al., 2017[180]). Le manque de pénétration des systèmes de certification dans ces segments limite leur capacité à influencer la situation dans la sphère de l'utilisation des terres sous les tropiques, ce qu'il ne faut surtout pas négliger étant donné que les petites exploitations forestières ont brassé 1 290 milliards USD en 2017 (Verdone, 2018[181]).

Ne fonctionnant pas tout à fait comme le FSC, le PEFC valide des dispositifs de certification nationaux qui répondent à certains critères de durabilité. Il existe un mécanisme national dans tous les pays étudiés, mais le Mexique est le seul qui ne possède pas de norme reconnue par le PEFC[29]. L'État a conçu le système Mexico Forest Certification (MFC), assis sur des règles moins nombreuses et moins rigoureuses, ce qui le rend plus attractif pour les petits exploitants et les exploitations gérées en commun. Ainsi, les petits exploitants sont plus nombreux à postuler au MFC, tandis que les grandes exploitations privilégient le FSC, plus strict (García-Montiel et al., 2017[180]).

Outre la gestion du bois, il existe tout un éventail de normes nationales et internationales, publiques ou privées, applicables à des filières agricoles très diverses. Cinq-cent quarante-quatre systèmes d'éco-étiquetage sont analysés dans Gruère (2013[182]) et il en ressort que 63 % d'entre eux portent sur des points en rapport avec la sphère de l'utilisation des terres (lutte contre les produits chimiques, préservation de la biodiversité, gestion des ressources naturelles et changement climatique). De plus, le recours à la certification et aux labels augmente rapidement, et le nombre de systèmes a été multiplié par cinq entre 1988 et 2007 (Gruère, 2013[182]).

En théorie au moins, les normes de certification peuvent être employées pour concilier les objectifs, mais dans certains cas, elles peuvent être en contradiction avec la législation nationale. La Table-ronde pour une huile de palme durable (RSPO) en est un bon exemple. Dans ce dispositif, les entreprises doivent en effet estimer la valeur des concessions du point de vue de leur biodiversité et s'abstenir de mettre en production, autrement dit, de convertir, les superficies qu'il est important de préserver. Elles sont tenues de faire de même par la loi indonésienne[30], mais la valeur écologique est définie de manière très différente dans un cas et dans l'autre. Par conséquent, des terres non exploitées en raison de leur valeur écologique élevée peuvent être et sont retranchées des concessions et réattribuées à des entreprises non soumises aux règles de la RSPO pour être converties en plantations, ce qui fait obstacle à l'application des règles en question (Colchester et al., 2009[183]). Surtout, les grands marchés sont loin de s'être approprié la norme RSPO : seule une très petite partie des 10.6 Mt d'huile de palme importées par l'Inde et seulement 50 000 des 4.8 Mt importées par la Chine sont certifiées RSPO (Schleifer et Sun, 2018[184]). Il faudrait que cette norme soit adoptée plus largement pour que la situation s'améliore dans le secteur conformément aux objectifs.

Le deuxième obstacle à l'efficacité de la certification, eu égard aux objectifs visés dans la sphère de l'utilisation des terres, tient au laxisme ou aux carences du contrôle de la conformité. Si le respect des règles n'est pas contrôlé comme il se doit, la certification risque de ne pas porter ses fruits, sur le plan environnemental, ou pire, d'être utilisée pour légitimer des activités illégales. En Indonésie, les produits exportés vers l'UE font l'objet d'un système de garantie de la légalité du bois (« SVLK ») mis en place en 2008 et des permis FLEGT (Forest Law Enforcement Governance and Trade) sont délivrés aux fournisseurs certifiés. Toutefois, étant donné que le respect de la loi n'est pas contrôlé avec rigueur et de façon cohérente dans le pays, des entreprises certifiées blanchissent désormais du bois illégal (EIA et JPIK, 2017[185]). Le manque de contrôle du respect des normes de certification porte atteinte à la crédibilité du dispositif, notamment s'il est de notoriété publique. Pour le consommateur final, les conditions de production sociales et environnementales de beaucoup de produits agricoles et forestiers ne sont pas visibles. Les systèmes de certification ont beau offrir une solution à l'asymétrie d'information entre producteurs et consommateurs, si ces derniers ne leur font pas confiance (et si, par conséquent, les surprix sont plus bas), leur efficacité s'en trouve encore plus limitée.

La certification aide, aujourd'hui, à atteindre les objectifs dans certains domaines de la sphère de l'utilisation des terres, mais son efficacité est sapée par le manque de cohérence des surprix, un déficit de capacités (notamment chez les petits exploitants), des décalages avec le contexte national et les lacunes du contrôle. Pour inverser cette tendance, il est essentiel de renforcer les capacités, en particulier autour des gestionnaires des petites exploitations et des exploitations communes, étant donné la place qu'ils occupent dans les systèmes agricoles tropicaux (Verdone, 2018[181]). Enfin, améliorer les capacités de vérification et de police, une fois encore en mettant l'accent sur les systèmes tropicaux où la gouvernance pose des problèmes plus délicats, contribuerait à renforcer l'efficacité et la fiabilité des dispositifs de certification.

### Encadré 5.2. Mesures promouvant la conduite responsable des entreprises (CRE)

Les mesures publiques qui encouragent la conduite responsable des entreprises (CRE) peuvent atténuer les pressions foncières engendrées à la fois par l'offre et par la demande, notamment lorsqu'elles ciblent les chaînes de valeur mondiales.

La CRE peut largement contribuer à infléchir l'impact des échanges internationaux sur la sphère de l'utilisation des terres en faisant reculer la déforestation liée à la production de produits de base. En juin 2018, on dénombrait au niveau mondial au moins 785 engagements publics, pris par 471 producteurs, négociants, fabricants et détaillants, de ne pas acheter ou vendre des produits de base associés à la destruction de forêts (Haupt et al., 2018[186])[31]. Le degré auquel un tel engagement débouche sur une baisse mesurable de la déforestation dépend toutefois de toute une série de facteurs, parmi lesquels la motivation de l'entreprise et son pouvoir relatif au sein de la chaîne d'approvisionnement sont particulièrement importants (Gasparri et de Waroux, 2015[187] ; le Polain de Waroux et al., 2016[188]). Les politiques publiques d'accompagnement (et d'autres formes d'interaction public-privé) favorisent l'efficacité des engagements de CRE en termes de réduction de la déforestation. C'est le cas notamment des mesures prises par les pouvoirs publics pour renforcer et valider officiellement les normes et codes de conduite privés en matière de CRE, faciliter le partage des informations dans l'optique de la transparence des chaînes d'approvisionnement, prendre en charge les coûts de mise en conformité des petits producteurs ou inciter les industriels à s'autoréguler en laissant planer la menace d'un durcissement de la réglementation (Lambin et al., 2018[189]).

Pour un exemple de pratiques exemplaires pouvant conduire les filières agricoles, moyennant la coopération public-privé, à ne pas porter atteinte à la sphère de l'utilisation des terres, on pourra se reporter au Guide publié par l'OCDE et la FAO (OCDE/FAO, 2016[190]). Cet ouvrage présente un modèle de politique d'entreprise pour des filières agricoles responsables et un cadre de vérifications préalables basé sur les risques, qui intègre la protection de l'environnement et l'utilisation durable des ressources foncières avec les autres principes de CRE. Les entreprises peuvent s'en servir pour identifier des mesures qui améliorent concrètement les performances environnementales et sociales des filières agricoles, et les pouvoirs publics, pour promouvoir ces mesures et mettre en phase leurs politiques. Un projet pilote de mise en œuvre des orientations est en cours. Il fait intervenir des initiatives et des entreprises qui mènent d'importantes activités dans les pays étudiés, mais les résultats de la mise en œuvre ne sont pas encore connus et devront être évalués (OCDE/FAO, 2018[191]).

### *Systèmes d'information et de transmission des connaissances dans l'agriculture*

Les décisions de tout responsable de la gestion de terres ont une grande influence sur la situation dans la sphère de l'utilisation des terres, mais malgré des progrès dans l'agriculture et la foresterie, les performances varient considérablement d'une exploitation à l'autre. Combler les écarts de rendement et d'efficience fera diminuer la pression exercée sur les zones incultes, car il sera moins nécessaire de défricher de nouvelles parcelles en vue d'atteindre les objectifs de production, et réduira l'intensité des émissions de la production en favorisant l'adoption de techniques agricoles respectueuses du climat.

Il faut cependant rester très prudent, car les stratégies faisant appel à la transmission de connaissances et à l'information pour obtenir des gains d'efficience et réduire les écarts de rendement n'auront les effets recherchés que si elles s'inscrivent dans un cadre législatif solide, notamment en ce qui concerne les changements d'affectation des terres. Si les autres mécanismes destinés à maîtriser ces changements sont inefficaces, combler les écarts de rendement et accroître l'efficience des agriculteurs produira l'effet inverse, entraînant une aggravation des atteintes à la biodiversité et un accroissement des émissions. L'augmentation de la rentabilité de la production pourrait ainsi engendrer un effet rebond par lequel le niveau des investissements dans le secteur, en s'élevant, provoquerait une hausse de la production dans des zones auparavant non exploitées. Ce phénomène revêt une importance particulière dans les pays où les superficies agricoles pourraient être nettement agrandies (Indonésie, Brésil et Mexique) et, en l'absence d'autres mesures efficaces, il risque de réduire les effets potentiels d'une amélioration de la productivité (Martha, Alves et Contini, 2012[192]).

Outre les gains d'efficience et la réduction des écarts de rendement, les actions fondées sur l'information et la transmission de connaissances peuvent aussi viser à promouvoir des pratiques agricoles et forestières plus durables. Généralement, ces actions consistent à dispenser des services de conseil et de vulgarisation, qui ont pour but de faciliter et d'encourager l'adoption de pratiques de gestion des terres bénéfiques à l'environnement, en mettant en relief les avantages qu'elles présentent pour les acteurs de cette gestion et en apportant les connaissances et les compétences nécessaires. Les services de conseil et de vulgarisation sont assurés par un large éventail de prestataires et d'institutions dans les pays étudiés. Ainsi, ils constituent un élément clé des programmes de soutien à l'agriculture en Irlande (GLAS, par exemple) et en Nouvelle-Zélande (Sustainable Farming Fund, par exemple). Il n'existe pas d'évaluations chiffrées de ces services, mais il semble qu'ils jouent un rôle fondamental dans l'adoption de pratiques de gestion favorables à l'environnement (OCDE, 2015[193]).

Les six pays étudiés recourent à des méthodes variées pour transmettre les connaissances. En Irlande, cette activité est une partie intégrante des programmes de soutien à agriculture (comme le GLAS) et à la foresterie (programmes NeighbourWood et Native Woodland Conservation, par exemple). De plus, il existe plusieurs dispositifs particuliers directement axés sur la transmission de connaissances dans les secteurs tant agricole que forestier (Forest Knowledge Transfer Group Scheme, par exemple). Ainsi, le programme irlandais sur la génétique bovine (Beef Data and Genomics Programme - BDGP) permet de suivre les qualités maternelles des vaches allaitantes dans les élevages commerciaux, pour créer un indice où l'efficience de chaque animal est notée sur une échelle allant de un à cinq. L'indice est ensuite utilisé par les éleveurs pour étayer leurs décisions concernant le renouvellement de leurs animaux, l'objectif à long terme étant d'améliorer l'efficience de l'ensemble du cheptel bovin irlandais. Ces progrès se traduiront par une atténuation des émissions et une amélioration de la production. Les agriculteurs qui participent au BDGP sont également tenus de soumettre leur exploitation à une évaluation des émissions de carbone dans le cadre d'un programme spécifique (appelé Carbon Navigator), ce qui vient encore renforcer l'effet d'atténuation. Les activités des différents dispositifs irlandais de transmission des connaissances tels que le BDGP sont coordonnées dans le cadre d'un programme appelé Origin Green[32] (Encadré 5.3).

Dans les pays étudiés, le niveau du financement de la transmission de connaissances et de l'innovation est très variable. En 2015, le Brésil a consacré 25.4 % de la totalité de son soutien à l'agriculture à ces postes (soit 1.8 milliard USD) et l'Indonésie 0.5 % (soit 209 millions USD) (OCDE, 2019[111])[33]. Pour obtenir les effets bénéfiques connexes nécessaires à une gestion efficace des hiatus dans la sphère de l'utilisation des terres et faire en sorte que la demande de produits agricoles soit satisfaite à l'avenir, de gros investissements doivent impérativement être faits dans les programmes de transmission des connaissances et d'innovation.

**Encadré 5.3. Le programme irlandais Origin Green**

Lancé en 2012, Origin Green (OG) est un programme national administré par Bord Bía et tourné vers la durabilité de l'ensemble de la chaîne d'approvisionnement du secteur irlandais de l'alimentation et des boissons. Son but est de fournir à ce secteur une infrastructure qui mesure la durabilité et donne des orientations pour l'assurer, et de faire en sorte que le secteur dans son ensemble soit en phase avec les ODD.

OG regroupe des agriculteurs, des fabricants de produits alimentaires et de boissons, des détaillants et le secteur de la restauration. Les agriculteurs y sont automatiquement affiliés lorsqu'ils adhèrent au programme de garantie de la durabilité de Bord Bía (obligatoire pour les producteurs laitiers), dans le cadre duquel leurs installations de production et bâtiments d'exploitation font l'objet d'un audit tous les 18 mois. Compte tenu des producteurs d'aliments et de boissons et de ses autres membres, Origin Green concerne aujourd'hui 90 % des produits alimentaires et des boissons en Irlande et compte parmi ses adhérents plusieurs distributeurs de premier plan (Tesco, Lidl et Aldi). Les entreprises adhérentes sont tenues de présenter des plans de durabilité ciblant certains aspects (emballage, transport, réfrigération...), qui sont ensuite soumis à des audits indépendants.

OG est à l'origine de 1 600 objectifs chiffrés de durabilité et 92 objectifs chiffrés de biodiversité, et a plusieurs réussites à son actif depuis sa création. Il a ainsi évité la mise en décharge de 4 600 tonnes de déchets, permis des économies d'eau de 1.1 million de mètres cubes et fait baisser les émissions d'équivalent $CO_2$ par kilogramme de lait produit (de 1.21 en 2014 à 1.14 en 2016) et par kilogramme de bœuf produit (de 11.79 en 2014 à 11.58 en 2016) (Bord Bía, 2017[194]). OG dirige aussi un très important effort national de collecte de données à tous les niveaux de la chaîne d'approvisionnement. Les informations ainsi obtenues sont ensuite mises à profit pour établir des plans de gestion adaptatifs, et permettent de personnaliser les programmes de durabilité des différents membres et de faire circuler les connaissances au sujet des pratiques optimales à l'intérieur des filières et entre elles (Bord Bía, 2017[194]).

Enfin, le vaste mandat d'OG a permis une importante coordination entre différents niveaux de la chaîne d'approvisionnement, de même qu'entre différents aspects de l'action publique à l'égard de la sphère de l'utilisation des terres et entre les institutions qui en sont chargées. OG a ainsi aidé à coordonner le transfert de connaissances concernant les PAE et le BDGP, facilité la mise au point d'une télésurveillance des habitats avec Teagasc et contribué à l'élaboration du plan national sur les pollinisateurs avec le Centre national de données sur la biodiversité (*National Biodiversity Data Centre*).

Parmi les pays étudiés, le Brésil est celui où les investissements publics dans le système de connaissances et d'innovation agricoles sont les plus élevés (tant en valeur relative qu'en valeur absolue). Il a réussi à accroître notablement les rendements de produits agricoles importants, dont le soja (le rendement est passé d'un peu plus de 1 000 kg/ha en 1970 à 3 200 kg/ha en 2012) (Figueiredo, 2016[117]) et la viande bovine (40.13 kg ec./tête en 2006 contre 17.61 en 1975) (Martha, Alves et Contini, 2012[192]). Par ailleurs, les émissions directes de l'agriculture ont baissé (Mello, 2015[133]). L'approche brésilienne est très décentralisée, le gouvernement national jouant le rôle de coordinateur par l'intermédiaire du ministère de l'Agriculture, de l'Élevage et de l'Approvisionnement alimentaire, mais les activités de recherche et de transmission des connaissances proprement dites étant menées par des organismes intervenant au niveau des États ou des communes tels EMATER (Empresa de Assistência Técnica e Extensão Rural - société d'assistance technique et de vulgarisation rurale) et EMBRAPA (Empresa Brasileira de Pesquisa Agropecuária – société brésilienne de recherche agricole). Toutefois, malgré les succès de ces dispositifs, indiqués plus haut, la poursuite des changements d'affectation des terres dans le Cerrado (Strassburg et al., 2017[55]) et en Amazonie (Hansen, Stehman et Potapov, 2010[195]) vient rappeler qu'il est important de disposer de systèmes solides pour maîtriser l'utilisation des terres et faire en sorte que les gains d'efficience dans la production n'entraînent pas un surcroît de conversions.

## Réduction des pertes et des gaspillages alimentaires (PGA)

La production d'environ 30 % des terres agricoles (1.4 milliard d'hectares) est gaspillée ou perdue chaque année (FAO, 2013[196]). Réduire les PGA pourrait donc limiter la demande de foncier agricole et atténuer les pressions qui poussent à convertir des écosystèmes naturels en terres exploitables. Cette tâche sera de plus en plus importante à l'avenir, car la demande de produits agricoles augmente à mesure que la population s'accroît et que le niveau de développement s'élève. En fait, la superficie utilisée pour produire les aliments qui, chaque année, ne seront pas consommés en définitive, est près de deux fois plus grande que celle des nouvelles terres cultivables qu'il faudrait, d'après les prévisions, pour répondre à la demande d'ici 2060 (710 millions d'hectares) (FAO, 2013[196] ; Tilman et al., 2017[197])[34]. Produire des aliments qui se perdent ou sont gaspillés provoque en outre d'importantes émissions de GES (4.4 Gt éq. $CO_2$) et une forte consommation d'eau (240 km$^3$), ce qui a des répercussions sensibles sur les écosystèmes. Faire diminuer les PGA pourrait grandement favoriser la réduction des impacts de la production alimentaire sur d'autres composantes de la sphère de l'utilisation des terres, beaucoup d'acteurs différents ayant un rôle important à jouer en l'occurrence au sein des pouvoirs publics, de la société civile et du secteur privé.

### *Approches générales*

La capacité des mesures de réduction des PGA à remédier à des problématiques d'utilisation des terres varie beaucoup selon les endroits et selon les produits. Ainsi, les impacts des PGA sur l'utilisation des terres, le climat et les écosystèmes sont très liés au type d'aliment perdu ou gaspillé. Si le lait et la viande ne constituent que 11 % de la masse des aliments perdus ou gaspillés, ils représentent 78 % des superficies où sont produits ces aliments (FAO, 2013[196])[35]. A l'inverse, malgré des pertes importantes, les superficies nécessaires à la culture des légumes qui ne sont finalement pas consommés sont beaucoup moins grandes, car les rendements sont comparativement élevés. Pour ce qui est des émissions de carbone, ce sont les cultures céréalières qui y concourent le plus (34 %), en grande partie du fait de la forte consommation d'engrais et des systèmes rizicoles d'Asie, dans lesquels la décomposition de la matière végétale est à l'origine d'importantes émissions de méthane (FAO, 2013[196]). La contribution des céréales aux émissions de carbone n'est pas surprenante, étant donné que cette famille de plantes représente à peu près 63 % de la production alimentaire mondiale et quelque 57 % de la totalité des végétaux qui ne sont pas consommés (Kummu et al., 2012[198]). Les produits animaux, pour leur part, représentent seulement 15 % du gaspillage alimentaire dans son ensemble, mais 33 % de l'empreinte carbone des PGA (FAO, 2013[196]). En conséquence, axer les politiques publiques sur les produits animaux à fort impact et sur la modification des habitudes alimentaires pour réduire la consommation de viande et de produits laitiers serait peut-être plus susceptible de réduire la demande de terres agricoles que les actions visant le gaspillage alimentaire au sens large, mais il est probable que les deux démarches seront nécessaires (Willett et al., 2019[199]).

Le système alimentaire mondial est complexe et, de ce fait, les causes des PGA sont elles aussi compliquées et protéiformes. Des PGA se produisent à tous les stades de la production alimentaire[36], les niveaux les plus élevés (en volume) étant imputables à l'amont de la filière (production agricole et manutention après récolte et entreposage) (FAO, 2013[196] ; Kummu et al., 2012[198]). Cependant, il n'en va pas de même dans toutes les régions et, en général, les PGA en aval (transformation, distribution et consommation) sont plus importants dans les pays à revenu élevé que dans les pays à faible revenu (FAO, 2013[196]). Dans la mesure où les impacts sur l'environnement s'accumulent le long de la chaîne d'approvisionnement, plus tard le produit se perd ou est gaspillé, plus les conséquences écologiques sont lourdes. Néanmoins, la plus grande partie de ces conséquences est due en premier lieu à la production des aliments (FAO, 2013[196]). Il importe en outre de noter que supprimer totalement les PGA n'est sans doute pas possible ni souhaitable, car cela pourrait entraîner une hausse des prix dans certains scénarios et, par voie de conséquence, une diminution de la sécurité alimentaire (OCDE, s.d.[200]).

Le Tableau 5.7 présente brièvement certaines des causes les plus importantes des PGA dans les pays industrialisés. Les actions envisageables pour lutter contre sont variables, mais il est possible d'établir une hiérarchie généralisable, comme l'illustre le Graphique 5.4. Dans cette hiérarchie, la priorité est donnée aux mesures de prévention, car elles évitent les impacts environnementaux et économiques qui se manifestent tout au long de la chaîne d'approvisionnement alimentaire (FAO, 2017b[201] ; Tonini, Brogaard et Astrup, 2017[202]). La gestion des déchets vient en dernière position, compte tenu des effets sensibles de la production, la transformation et le transport des produits alimentaires avant ce stade (FAO, 2017b[201]). D'après Jørgen et al. (2016[203]), il faudrait surtout viser les produits dont les pertes et le gaspillage portent le plus atteinte à l'environnement, comme les produits animaux et céréaliers, et moins ceux dont les impacts sont relativement modestes comme certains légumes racines. Dans EIU (2018[204]), il est recommandé d'inscrire cette hiérarchie dans la définition officielle des missions des autorités chargées de la lutte contre les PGA.

### Graphique 5.4. Hiérarchie des actions visant le gaspillage alimentaire selon les avantages environnementaux, économiques et sociaux généralement associés à chaque catégorie

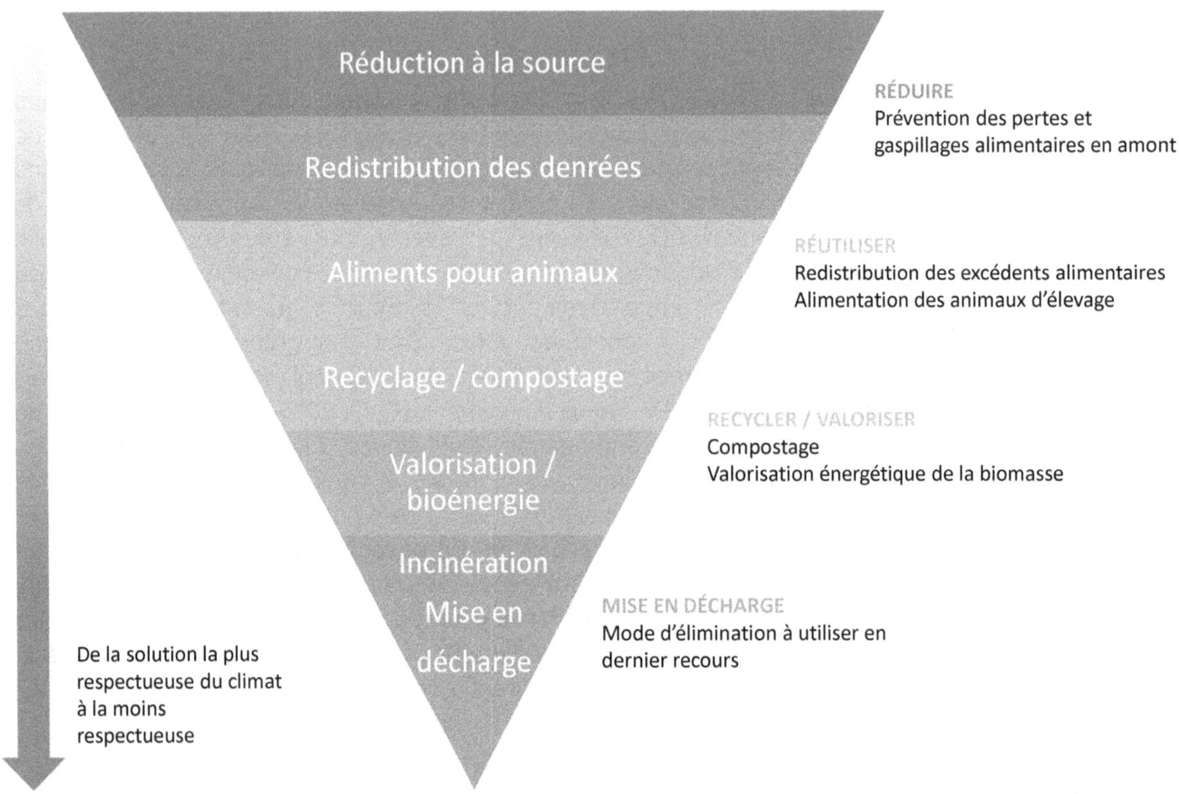


Source: FAO (2017b[201]) *Save Food for a Better Climate: Converting the food loss and waste challenge into climate action*, http://www.fao.org/3/a-i8000e.pdf.

### *Exemples fournis par les études de cas*

A l'heure actuelle, il n'existe pas d'indicateurs cohérents, à l'échelle mondiale, qui permettraient de comparer entre pays le volume réel des PGA aux différents stades des filières d'approvisionnement alimentaires (chapitre 2). Il est donc difficile de définir les actions qui conviendraient et de déterminer à quelles composantes de la filière il faudrait les appliquer, et il est probable que la réponse soit fonction des contextes nationaux et infranationaux. Il est possible de réduire les PGA à tous les stades et comme les pertes sont plus importantes en aval (transformation, distribution et consommation) dans les pays développés, il est préférable d'intervenir sur cette portion de la filière. Les pertes en amont sont pour leur part relativement plus importantes dans les pays en développement, de sorte qu'il est essentiel de les cibler en améliorant les systèmes agroalimentaires (Kummu et al., 2012[198]).

La France est en avance, à l'échelle mondiale, dans la lutte contre les PGA. Son action va très au-delà des obligations fixées par l'Union européenne, même si, à ce jour, il existe peu de données permettant d'en mesurer les résultats. Elle s'inscrit dans une démarche globale, qui porte y compris sur l'éducation et les pratiques des entreprises. En conséquence, la France a été classée première sur 35 pays selon l'indice EIU des pertes et gaspillages alimentaires (2018[204]), qui prend en compte le niveau du gaspillage et l'action menée par les pouvoirs publics. L'adoption de dispositions légales visant la réduction des PGA en France peut être portée au crédit d'un large débat public et à la pression exercée par la société civile.

En 2016, la France a pris plusieurs mesures ambitieuses spécifiquement axées sur la lutte contre les PGA. Elles comprennent des avantages fiscaux accordés aux agriculteurs qui donnent des aliments qui, sinon, seraient perdus ; l'obligation faite aux grandes surfaces de signer des accords avec des associations caritatives locales en vue de leur faire don des invendus qui peuvent encore être consommés ; et la possibilité de condamner les grandes surfaces qui jettent de la nourriture à verser une amende pouvant atteindre 75 000 EUR (Henz et Porpino, 2017[205] ; EIU, 2018[204]). Toutefois, la proportion de produits alimentaires qui doit être donnée n'est pas précisée dans la loi, et il est donc probable que seule est redistribuée une petite fraction de la nourriture autrement vouée au rebut. Par ailleurs, la France a supprimé des dates limites inscrites sur les produits alimentaires qui ne présentent pas de risques sanitaires liés à leur durée de conservation, lancé des campagnes d'information destinées à sensibiliser les consommateurs à la prévention du gaspillage alimentaire et inscrit cette prévention dans les programmes scolaires (EIU, 2018[204]). Du fait de l'absence de suivi au niveau national, il est difficile d'évaluer les résultats de ces mesures, mais il ressort d'une étude menée en 2017 que 24 % environ des produits alimentaires qui pouvaient être jetés ont été distribués à des associations caritatives dans le département de l'Isère (Gore-Langton, 2017[206]).

Au Mexique, le niveau du gaspillage alimentaire est relativement bas par rapport à celui d'autres pays étudiés, mais il est probable que des problèmes dans les évaluations ne soient pas étrangers au résultat avantageux de cette comparaison. Ces problèmes mis à part, il existe depuis longtemps au Mexique un programme très élaboré de prévention et de gestion intégrée des déchets. Celui-ci définit la hiérarchie des actions à mener contre les PGA (Graphique 5.4) et concentre donc les efforts sur la prévention. Il importe de noter qu'il prescrit de mesurer le gaspillage alimentaire, ce qui place le Mexique dans un petit groupe de pays (pour la plupart très développés) qui font de même (Champions 12.3, 2018[207]). En outre, dans le cadre de la Commission de coopération environnementale (2018[208]), le Mexique s'est associé aux États-Unis et au Canada pour former un Groupe de spécialistes sur la mesure de la perte et du gaspillage d'aliments, en vue d'améliorer les évaluations tout au long de la chaîne d'approvisionnement en Amérique du Nord. Étant donné que les systèmes alimentaires sont internationalisés, les approches transnationales de cette nature sont en l'occurrence particulièrement importantes.

A l'image de la France, le Mexique a inscrit la lutte contre les PGA dans sa politique et ses programmes agricoles. Plus précisément, dans le cadre du programme sectoriel sur l'agriculture, les objectifs de la stratégie 1.6 comprennent l'amélioration des réseaux de transport et des installations de stockage, des investissements dans la chaîne du froid et le renforcement des capacités de manutention des produits alimentaires périssables – une approche aussi appliquée en Indonésie (González, 2017[209] ; Ministère de l'Agriculture, 2015[210]). De surcroît, la stratégie 1.6.8 du programme sectoriel agricole encourage l'utilisation des excédents au profit des populations victimes d'insécurité alimentaire (González, 2017[209]), ce qui montre que les actions de réduction des PGA peuvent contribuer, plus généralement, à la réalisation des objectifs de sécurité alimentaire et des ODD[37].

La redistribution des excédents aux membres de la société en proie à l'insécurité alimentaire est un instrument employé couramment pour lutter contre les PGA et des programmes lui sont consacrés en Nouvelle-Zélande, en France, au Mexique, au Brésil et en Indonésie. Cette démarche est particulièrement utile dans les pays comme l'Indonésie et le Brésil, où le gaspillage alimentaire est relativement important et où environ un tiers et un quart de la population, respectivement, est touchée par l'insécurité alimentaire. Au Brésil, on gaspille chaque année plus de nourriture qu'il n'en faudrait pour assurer la sécurité alimentaire de toute la population – en vertu de quoi les PGA sont un enjeu aussi bien moral qu'environnemental dans ce pays (Henz et Porpino, 2017[205] ; Embrapa, 2018[211]).

Comme d'autres aspects de la problématique de l'utilisation des terres, les PGA présentent une complexité qui rend difficiles les approches globales, notamment dans les pays où les situations socio-économiques sont très diversifiés et les systèmes alimentaires variés. Dans ces cas, il se peut que des actions décentralisées soient plus adaptées à la situation. La ville de Palembang, en Indonésie, a ainsi conçu un programme qui vise à réduire les 116 000 tonnes d'aliments gaspillés chaque année, d'après les estimations, au moyen d'activités éducatives et du compostage et de la méthanisation de la biomasse (Ministère de l'Agriculture et Agence d'évaluation et d'application des technologies, s.d.[212]). Au Brésil, en 2016, le District fédéral a adopté une loi qui impose aux grandes surfaces de faire don des invendus alimentaires au lieu de les détruire. Les infractions peuvent donner lieu à des sanctions pécuniaires allant jusqu'à 3 000 USD, mais en décembre 2017, aucune amende n'avait été perçue à ce titre (Henz et Porpino, 2017[205]).

Il existe dans tous les pays étudiés des programmes de lutte contre les PGA sous une forme ou une autre, mais leur portée et leur champ est extrêmement variable[38]. Il existe donc une marge de progression considérable. L'absence d'objectifs chiffrés au niveau national, hormis en France, est surprenant compte tenu des arguments économiques et environnementaux qui plaident en faveur d'une action, et des synergies potentielles avec d'autres problématiques nationales essentielles comme le changement climatique, la biodiversité et la sécurité alimentaire. Dans bien des cas, cette absence s'explique en partie du fait que les PGA ne font pas l'objet d'un suivi cohérent aux niveaux national et infranational. Les efforts déployés récemment par l'UE pour définir des normes d'évaluation (Directive (EU) 2018/851)[39] marquent à cet égard une étape importante. Néanmoins, une plus grande coopération internationale aiderait à mieux cerner ce problème complexe et à mettre en évidence les principaux leviers que la politique publique pourrait actionner. Si les stratégies suivies au niveau national peuvent se révéler trop générales dans certains cas pour réduire efficacement les PGA, il est essentiel de disposer de directives nationales sur la définition des objectifs, des systèmes de suivi et des normes élémentaires de gestion du gaspillage alimentaire, afin de pouvoir déterminer le champ où pourraient s'inscrire les actions infranationales plus précises. Les plans agricoles prévoient des mesures de réduction du gaspillage alimentaire au Mexique, en France et en Indonésie (et dans une certaine mesure en Irlande, moyennant son programme « Origin Green »), mais les PGA sont souvent assez mal pris compte dans les ministères qui pourraient jouer un rôle déterminant (agriculture, transport, commerce extérieur, par exemple). Leur réduction devrait être une composante fondamentale des stratégies destinées à concilier les objectifs à l'intérieur de la sphère de l'utilisation des terres, dans la mesure où il en résulterait aussi une diminution de la demande et des émissions de GES.

## Tableau 5.7. Causes de gaspillage alimentaire aux différents stades du cycle de production dans les pays industrialisés

| Production agricole | Transformation | Distribution, vente de gros et de détail | Hôtellerie et restauration | Particuliers |
|---|---|---|---|---|
| Tri des produits à la sortie des exploitation : ceux qui ne respectent pas les normes qualitatives rigoureuses fixées par la grande distribution (poids, diamètre, forme, apparence) sont rejetés | Parage ou rejet pur et simple des produits irréguliers | Absence de lieux d'entreposage réfrigérés / rupture de la chaîne du froid | Portions trop généreuses | Manque d'organisation / de connaissances concernant l'achat et l'entreposage des produits alimentaires |
| Prix du marché ne justifiant pas que l'on engage des dépenses pour récolter les produits | Produits endommagés ou n'ayant pas la forme requise en raison de défauts dans les procédés de fabrication | Produits endommagés du fait de défauts d'emballage | Buffets à volonté encourageant les clients à se servir de trop grandes quantités | Achats impulsifs (de produits dont le consommateur n'a pas besoin à ce moment-là) |
| Surproduction découlant d'accords d'approvisionnement passés avec des chaînes de magasins | Perte de qualité pour cause de contamination durant le processus de production | Stocks excédentaires dus à un manque de précision dans les commandes et la prévision de la demande | Utilisation de produits en portions individuelles (confiture, céréales, jus, lait, etc.) qui ne répondent pas aux besoins des clients | Achat de produits nouveaux qui se révèlent ne pas être du goût du consommateur |
| Produits endommagés lors de la récolte | Gaspillage de denrées alimentaires en raison de problèmes d'emballage | Détaillants obligés de commander une large gamme de produits et de marques du même producteur pour bénéficier de prix avantageux | Difficultés d'évaluation de la demande (nombre de clients) | Conditionnement inadapté (plats prêts à consommer en portions trop généreuses) |
| | Surproduction de produits de marque de distributeur, non vendables dans d'autres enseignes | Non-conformité aux normes minimales de sécurité des aliments (contamination microbienne, résidus de pesticides…) | Règles d'hygiène de l'UE, par exemple délai de conservation de deux heures pour les denrées non réfrigérées | Mauvaises pratiques d'entreposage (par exemple, denrées mal emballées) |
| | Stocks excédentaires liés aux mécanismes de reprise et annulations de commandes | Stratégies de commercialisation du type « un produit acheté = un produit gratuit » | | Confusion entre les dates limités (à consommer « avant le » et « de préférence avant le ») |
| | | | | Manque de savoir-faire pour préparer les aliments |
| | | | | Manque d'expérience en matière de planification des repas |
| | | | | Préparation de plats en trop grandes quantités |
| | | | | Manque de savoir-faire pour accommoder les restes |

Source : Priefer et al. (2016[213]), *Food waste prevention in Europe – A cause-driven approach to identify the most relevant leverage points for action*, http://dx.doi.org/10.1016/J.RESCONREC.2016.03.004.

## Références


Abram, N. et al. (2017), « Oil palm–community conflict mapping in Indonesia: A case for better community liaison in planning for development initiatives », *Applied Geography*, vol. 78, pp. 33-44, http://dx.doi.org/10.1016/j.apgeog.2016.10.005. [28]

ADAS (2014), *Ireland's Forestry Programme 2014-2020: Appropriate Assessment (AA), Natura Impact Statement*, ADAS UK ltd, Abingdon, R.-U. [141]

Aguilar, S. et al. (2011), *Environmental Assessment of NAFTA by the Commission for Environmental Cooperation: An Assessment of the Practice and Results to Date*, Institut international du développement durable (IIDD), Winnipeg, Canada, http://www3.cec.org/islandora/en/item/11047-environmental-assessment-nafta-commission-environmental-cooperation-en.pdf (consulté le 12 juin 2019). [66]

Alix-Garcia, J. et al. (2018), « Avoided Deforestation Linked to Environmental Registration of Properties in the Brazilian Amazon », *Conservation Letters*, vol. 11/3, p. e12414, http://dx.doi.org/10.1111/conl.12414. [157]

Alves-Pinto, H. et al. (2018), « Economic Impacts of Payments for Environmental Services on Livelihoods of Agro-extractivist Communities in the Brazilian Amazon », *Ecological Economics*, vol. 152, pp. 378-388, http://dx.doi.org/10.1016/J.ECOLECON.2018.05.016. [104]

Azevedo, A. et al. (2017), « Limits of Brazil's Forest Code as a means to end illegal deforestation », *Proceedings of the National Academy of Sciences of the United States of America*, vol. 114/29, pp. 7653-7658, http://dx.doi.org/10.1073/pnas.1604768114. [14]

Barr, C. et al. (2010), *Financial governance and Indonesia's Reforestation Fund during the Soeharto and post-Soeharto periods, 1989-2009: A political economic analysis of lessons for REDD+*, CIFOR, Bogor, Indonésie, http://www.cifor.org/publications/pdf_files/OccPapers/OP-52.pdf (consulté le 12 mars 2018). [146]

BBOP (2009), *Biodiversity Offset Cost-Benefit Handbook*, Business and Biodiversity Offsets Programme (BBOP) , Washington, D.C., http://www.forest-trends.org/biodiversityoffsetprogram/guidelines/. (consulté le 28 août 2018). [93]

Blanco, G. et al. (2014), « Drivers, Trends and Mitigation », dans *Climate Change 2014 : Mitigation of Climate Change*, Groupe d'experts intergouvernemental sur l'évolution du climat, Cambridge, R.-U. [3]

BNDES (2018), *Amazon Fund*, http://www.amazonfund.gov.br/en/home/ (consulté le 29 août 2018). [109]

Böcker, T. et R. Finger (2017), « A Meta-Analysis on the Elasticity of Demand for Pesticides », *Journal of Agricultural Economics*, vol. 68/2, pp. 518-533, http://dx.doi.org/10.1111/1477-9552.12198. [80]

Böcker, T. et R. Finger (2016), « European Pesticide Tax Schemes in Comparison: An Analysis of Experiences and Developments », *Sustainability*, vol. 8/4, p. 378, http://dx.doi.org/10.3390/su8040378. [79]

Bord Bía (2017), *Origin Green: sustainability report 2016*, Bord Bía, https://www.origingreen.com/globalassets/publications/origin-green-sustainability-report-2016.pdf. [194]

Borie, M. et al. (2014), « Exploring the Contribution of Fiscal Transfers to Protected Area Policy », *Ecology and Society*, vol. 19/1, p. art9, http://dx.doi.org/10.5751/ES-05716-190109. [161]

Börner, J. et al. (2013), *Promoting Forest Stewardship in the Bolsa Floresta Programme: Local Livelihood Strategies and Preliminary Impacts*, Rio de Janeiro, Brésil: Centre de recherche forestière internationale (CIFOR), Manaus, Brésil: Fundação Amazonas Sustentável (FAS), Bonn, Allemagne: Zentrum für Entwicklungsforschung (ZEF), University of Bonn, http://www.cifor.org/publications/pdf_files/Books/BBorner1301.pdf (consulté le 21 août 2018). [103]

BPS Statistics Indonesia (2017), *Statistical Yearbook of Indonesia 2017*, BPS, Jakarta, Indonesia, https://www.bps.go.id/publication/2017/07/26/b598fa587f5112432533a656/statistik-indonesia-2017.html. [174]

Bren d'Amour, C. et al. (2016), « Future urban land expansion and implications for global croplands », *Proceedings of the National Academy of Sciences*, p. 201606036, http://dx.doi.org/10.1073/pnas.1606036114. [32]

Brower, A. et al. (2017), « Compliance with biodiversity compensation on New Zealand's public conservation lands », http://dx.doi.org/10.20417/nzjecol.42.4. [96]

Buscardo, E. et al. (2008), « The early effects of afforestation on biodiversity of grasslands in Ireland », *Biodiversity and Conservation*, vol. 17/5, pp. 1057-1072, http://dx.doi.org/10.1007/s10531-007-9275-2. [152]

Busch, J. et al. (2014), « Reductions in emissions from deforestation from Indonesia ' s moratorium on new oil palm , timber , and logging concessions », pp. 1-6, http://dx.doi.org/10.1073/pnas.1412514112. [54]

CARB (2018), *California Tropical Forest Standard*, California Air Resources Board, https://www.arb.ca.gov/cc/ghgsectors/tropicalforests.htm (consulté le 13 juin 2019). [91]

Carlson, K. et al. (2012), « Carbon emissions from forest conversion by Kalimantan oil palm plantations », *Nature Climate Change*, vol. 3/3, pp. 283-287, http://dx.doi.org/10.1038/nclimate1702. [29]

Central Statistics Office (2019), *Central Statistics Office*, https://www.cso.ie/en/ (consulté le 12 juillet 2019). [56]

CER (2017), *Public Service Obligation Levy 2017/18*, Commission for Energy Regulation, Dublin, Irlande. [156]

CGIAR (2018), *Pest and disease monitoring by using artificial intelligence, Platform for Big Data in Agriculture*, https://bigdata.cgiar.org/pest-and-disease-monitoring-by-using-artificial-intelligence/ (consulté le 23 octobre 2018). [163]

Champions 12.3 (2018), *2018 Progress Report: An annual update on behalf of Champions 12.3*, http://www.champions123.org. [207]

Chapela y Mendoza, G. (2018), « Los bosques de México: Crisis del sector forestal y propuesta de política », dans Leticia Merino Pérez et Alejandro Velázquez Montes (dir. pub.), *Agenda Ambiental : Diagnóstico y propuestas*, SUSMAI, Mexico, Mexique. [18]

Chitra, J. et K. Cetera (2018), *Indonesia Has a Carrot to End Illegal Logging; Now It Needs a Stick, World Resources Institute*, https://www.wri.org/blog/2018/01/indonesia-has-carrot-end-illegal-logging-now-it-needs-stick (consulté le 7 mars 2019). [10]

Colchester, M. et al. (2009), « HCV and RSPO: results of an investigation HCV and the RSPO Report of an independent investigation into the effectiveness of the application of High Conservation Value zoning in palm oil development in Indonesia », http://www.forestpeoples.org/sites/default/files/publication/2010/08/rspoindonesiahcvstudyreportoct09eng.pdf (consulté le 30 mars 2018). [183]

Collins, M. et E. Mitchard (2017), « A small subset of protected areas are a highly significant source of carbon emissions », *Scientific Reports*, vol. 7/January 2016, p. 41902, http://dx.doi.org/10.1038/srep41902. [46]

Commission de coopération environnementale (2018), *La CCE met sur pied un groupe d'experts afin de mesurer plus efficacement la perte et le gaspillage d'aliments en Amérique du Nord*, http://www.cec.org/fr/nouvelles-et-evenements/communiques/la-cce-met-sur-pied-un-groupe-dexperts-afin-de-mesurer-plus-efficacement-la-perte-et-le-gaspillage-daliments-en-am%C3%A9rique-du-nord (consulté le 2 novembre 2018). [208]

Commission de coopération environnementale (CCE) (2018), *Agreement on Environmental Cooperation among the Governments of the United States of America, the United Mexican States, and Canada*, CCE, Washington, D.C., https://www.epa.gov/sites/production/files/2018-11/documents/us-mxca_eca_-_final_english.2.pdf (consulté le 15 février 2019). [68]

Commission européenne (2018), *Budget de l'UE: la PAC après 2020*, http://dx.doi.org/10.2762/11307. [124]

Commission européenne (2017), *The Small Farmers Scheme*, Commission européenne, http://ec.europa.eu/agriculture/direct-support/direct-payments/docs/small-farmers-scheme_en.pdf (consulté le 28 septembre 2018). [120]

Commission européenne (2016), *Nature Protection and Environmental Impact Assessment*, http://ec.europa.eu/environment/legal/law/2/module_3_2.htm (consulté le 15 mai 2019). [75]

Commission européenne (2008), *Proposition de directive du Parlement européen et du Conseil modifiant la directive 2003/87/CE afin d'améliorer et d'étendre le système communautaire d'échange de quotas d'émission de gaz à effet de serre*, Commission des Communautés européennes, Bruxelles, https://eur-lex.europa.eu/legal-content/FR/TXT/?uri=COM%3A2008%3A0016%3AFIN (consulté le 28 août 2018). [86]

Corruption Eradication Comission (KPK) (2015), *Preventing State Losses in Indonesia's Forestry Sector: An Analysis of Non-tax Forest Revenue Collection and Timber Production Administration*, Gouvernement indonésien, Jakarta, Indonésie, https://acch.kpk.go.id/images/tema/litbang/pengkajian/pdf/Preventing-State-Losses-in-Indonesia-Forestry-Sector-KPK.pdf (consulté le 7 mars 2019). [11]

DAFM (2019), *Public Consultation 2019 Nitrates Derogation Review*, Department of Agriculture Food and the Marine, https://www.agriculture.gov.ie/media/migration/ruralenvironment/environment/nitrates/2019/PublicConsultation2019NitratesDerogationReview290319.pdf (consulté le 18 juin 2019). [57]

DAFM (2018), *Review of Expenditure under the Rural Development Programme (RDP) 2014-2020*, Department of Agriculture, Food and the Marine, https://www.agriculture.gov.ie/media/migration/ruralenvironment/ruraldevelopment/ruraldevelopmentprogramme2014-2020/ReviewRDPExpenditureJune050718.pdf (consulté le 26 juillet 2018). [127]

DAFM (2017), *The 2017 Evaluation on the Implementation of Ireland's Rural Development Programme 2014-2020*, Department of Agriculture, Food and the Marine, https://www.agriculture.gov.ie/media/migration/ruralenvironment/ruraldevelopment/ruraldevelopmentprogramme2014-2020/2017EvaluationofIrelandsRDP180917.pdf (consulté le 31 juillet 2018). [128]

DAFM (2015a), *Food Wise 2025*, Department of Agriculture, Food and the Marine. [126]

DAFM (2015b), *Forestry Programme 2014-2020: Ireland*, Department of Agriculture, Food and the Marine, https://www.agriculture.gov.ie/media/migration/forestry/forestryprogramme2014-2020/IRELANDForestryProgramme20142020230215.pdf (consulté le 3 août 2018). [140]

DAFM et DAHG (2014), *Burren Farming for Conservation Programme, Annual Report No. 5*, http://www.burrenprogramme.com/wp-content/uploads/2015/05/BFCP-Annual-Report-2014.pdf (consulté le 1 août 2018). [131]

DAHG (2015), *Managing Ireland's Peatlands: A national peatlands strategy 2015*, Department of Arts, Heritage and the Gaeltacht. [50]

DCCAE (2017), *National Mitigation Plan*, Department of Communications, Climate Action and Environment. [136]

de Marques, A., M. Schneider et C. Peres (2016), « Human population and socioeconomic modulators of conservation performance in 788 Amazonian and Atlantic Forest reserves », *PeerJ*, vol. 4, p. e2206, http://dx.doi.org/10.7717/peerj.2206. [48]

Deloitte (2017), *Continuous interconnected supply chain Using Blockchain and Internet-of-Things in supply chain traceability*, https://www2.deloitte.com/content/dam/Deloitte/lu/Documents/technology/lu-blockchain-internet-things-supply-chain-traceability.pdf (consulté le 19 juin 2019). [164]

Department of Agriculture Food and the Marine (2018), *Annual Review and Outlook for Agriculture, Food and the Marine 2018*, Gouvernement irlandais, Dublin, https://www.agriculture.gov.ie/media/migration/publications/2018/AnnualReviewandOutlook2018310818.pdf (consulté le 4 février 2019). [175]

Deutsche Welle (2018), *Can Europe defeat a palm oil 'monster' of its own making?*, https://www.dw.com/en/can-europe-defeat-a-palm-oil-monster-of-its-own-making/a-45171111 (consulté le 8 mars 2019). [168]

Droste, N. et al. (2017), « Municipal Responses to Ecological Fiscal Transfers in Brazil: A microeconometric panel data approach », *Environmental Policy and Governance*, vol. 27/4, pp. 378-393, http://dx.doi.org/10.1002/eet.1760. [160]

Duchelle, A. et al. (2014), « Acre's State System of Incentives for Environmental Services (SISA), Brazil », dans E.O. Sills, S. Atmadja, Sassi, C. de A.E. Duchelle, D. Kweka, I.A.P. Resosudarmo, W. (dir. pub.), *REDD+ on the ground : A case book of subnational initiatives across the globe*, Centre de recherche forestière internationale (CIFOR), Bogor, Indonésie, https://www.cifor.org/library/5262/ (consulté le 13 juin 2019). [90]

EIA et JPIK (2017), *Still Permitting Crime*, Environmental Investigation Agency, http://jpik.or.id/info/wp-content/uploads/2017/06/Still-Permitting-Crime.pdf (consulté le 18 juin 2018). [185]

EIU (2018), *Food Sustainability Index, Country Index and Data*, http://foodsustainability.eiu.com/ (consulté le 18 octobre 2018). [204]

Embrapa (2018), *Food loss and food waste*, https://www.embrapa.br/en/tema-perdas-e-desperdicio-de-alimentos/sobre-o-tema (consulté le 1 novembre 2018). [211]

Enrici, A. et K. Hubacek (2018), « Challenges for REDD+ in Indonesia: a case study of three project sites », *Ecology and Society*, vol. 23/2, p. art7, http://dx.doi.org/10.5751/ES-09805-230207. [107]

Environmental Protection Agency (2018), *Ireland's Final Greenhouse Gas Emissions 1990-2016*, Environmental Protection Agency, Dublin, Irlande, http://www.epa.ie/pubs/reports/air/airemissions/ghgemissions2016/Report_GHG%201990-2016%20April_for%20Website-v3.pdf (consulté le 11 juin 2019). [2]

EPA (2018), *Water Quality in 2017: An Indicators Report*, Environmental Protection Agency, http://www.epa.ie/pubs/reports/water/waterqua/Water%20Quality%20in%202017%20-%20an%20indicators%20report.pdf (consulté le 18 juin 2019). [58]

EPA (2017), *Guidelines on the Information to be Contained in Environmental Impact Assessment Reports*, Environmental Protections Agency, Irlande, http://www.epa.ie/pubs/advice/ea/EPA%20EIAR%20Guidelines.pdf (consulté le 31 juillet 2018). [72]

Eurostat (2018), *Agriculture, Forestry and Fisheries Statistics: 2018 edition*, Union européenne. [148]

FAO (2015), *Évaluation des ressources forestières mondiales 2015*, Organisation des Nations Unies pour l'alimentation et l'agriculture, Rome, http://www.fao.org/publications (consulté le 2 octobre 2018). [178]

FAO (2013), *Food wastage footprint: Impacts on natural resources - Summary report*, Organisation des Nations Unies pour l'alimentation et l'agriculture, Rome, http://www.fao.org/docrep/018/i3347e/i3347e.pdf. [196]

FAO (2017a), *Country Factsheet on Food and Agriculture Policy Trends: Indonesia*, Organisation des Nations Unies pour l'alimentation et l'agriculture, Rome, Italie, http://www.fao.org/3/a-i7696e.pdf. [71]

FAO (2017b), *Save Food for a Better Climate. Converting the Food loss and waste challenge into climate action*, Organisation des Nations Unies pour l'alimentation et l'agriculture, Rome, http://www.fao.org/3/a-i8000e.pdf (consulté le 28 février 2018). [201]

Farrelly, N. et G. Gallagher (2015), « The potential availability of land for afforestation in the Republic of Ireland », *Irish Forestry*, vol. 72, pp. 120-138. [150]

Fearnside, P. (2015), « Amazon dams and waterways: Brazil's Tapajós Basin plans », *Ambio*, vol. 44/5, pp. 426-39, http://dx.doi.org/10.1007/s13280-015-0642-z. [31]

Fédération nationale du bois (2018), *Crise : l'exportation croissante de chêne brut ruine la filière française de la transformation qui en appelle au président de la république*, http://www.fnbois.com/wp-content/uploads/2018/03/DP_FNB_BoisFran%C3%A7aisEnDanger_draft9_050218.pdf (consulté le 11 février 2019). [176]

Feehan, J., D. Gillmor et N. Culleton (2005), « Effects of an agri-environment scheme on farmland biodiversity in Ireland », *Agriculture, Ecosystems & Environment*, vol. 107/2-3, pp. 275-286, http://dx.doi.org/10.1016/J.AGEE.2004.10.024. [129]

Figueiredo, P. (2016), « New challenges for public research organisations in agricultural innovation in developing economies: Evidence from Embrapa in Brazil's soybean industry », *The Quarterly Review of Economics and Finance*, vol. 62, pp. 21-32, http://dx.doi.org/10.1016/J.QREF.2016.07.011. [117]

Finger, R. et al. (2017), « Revisiting Pesticide Taxation Schemes », *Ecological Economics*, vol. 134, pp. 263-266, http://dx.doi.org/10.1016/J.ECOLECON.2016.12.001. [78]

Frank, S. et al. (2013), « How effective are the sustainability criteria accompanying the European Union 2020 biofuel targets? », *GCB Bioenergy*, vol. 5/3, pp. 306-314, http://dx.doi.org/10.1111/j.1757-1707.2012.01188.x. [166]

Frank, S. et al. (2017), « Reducing greenhouse gas emissions in agriculture without compromising food security? », *Environmental Research Letters*, vol. 12/10, p. 105004, http://dx.doi.org/10.1088/1748-9326/aa8c83. [85]

Freitas, F. et al. (2018), « Potential increase of legal deforestation in Brazilian Amazon after Forest Act revision », *Nature Sustainability*, vol. 1/11, pp. 665-670, http://dx.doi.org/10.1038/s41893-018-0171-4. [61]

García-Montiel, E. et al. (2017), « An Analysis of Non-State and State Approaches for Forest Certification in Mexico », http://dx.doi.org/10.3390/f8080290. [180]

Gasparri, N. et Y. de Waroux (2015), « The Coupling of South American Soybean and Cattle Production Frontiers: New Challenges for Conservation Policy and Land Change Science », *Conservation Letters*, vol. 8/4, pp. 290-298, http://dx.doi.org/10.1111/conl.12121. [187]

Gaveau, D. et al. (2012), « Examining protected area effectiveness in Sumatra: importance of regulations governing unprotected lands », *Conservation Letters*, vol. 5/2, pp. 142-148, http://dx.doi.org/10.1111/j.1755-263X.2011.00220.x. [43]

Gaveau, D. et al. (2017), « Overlapping Land Claims Limit the Use of Satellites to Monitor No-Deforestation Commitments and No-Burning Compliance », *Conservation Letters*, vol. 10/2, pp. 257-264, http://dx.doi.org/10.1111/conl.12256. [7]

Gaveau, D., H. Wandono et F. Setiabudi (2007), « Three decades of deforestation in southwest Sumatra: Have protected areas halted forest loss and logging, and promoted re-growth? », *Biological Conservation*, vol. 134/8, pp. 495-504, http://dx.doi.org/10.1016/j.biocon.2006.08.035. [42]

Gawith, D. et I. Hodge (2018), « Moving beyond description to explore the empirics of adaptation constraints », *Ecological Indicators*, vol. 95, pp. 907-916, http://dx.doi.org/10.1016/J.ECOLIND.2018.08.022. [151]

George, C. et S. Yamaguchi (2018), « Assessing Implementation of Environmental Provisions in Regional Trade Agreements », *Documents de travail de l'OCDE sur les échanges et l'environnement*, n° 2018/01, Éditions OCDE, Paris, https://dx.doi.org/10.1787/91aacfea-en. [69]

Gibbs, H. et al. (2015), « Brazil's Soy Moratorium », *Science*, vol. 347/6220, pp. 377-378, http://dx.doi.org/10.1126/science.aaa0181. [51]

González, A. (2017), *Políticas públicas para la alimentación en México*, https://fr.slideshare.net/FAOoftheUN/polticas-pblicas-para-la-alimentacin-en-mxico (consulté le 2 novembre 2018). [209]

Gore-Langton, L. (2017), *France's food waste ban: One year on*, https://www.foodnavigator.com/Article/2017/03/24/France-s-food-waste-ban-One-year-on (consulté le 10 janvier 2019). [206]

Gouvernement indonésien et Association européenne de libre-échange (2018), *Comprehensive economic partnership agreement between the Republic of Indonesia and the EFTA states*, https://www.efta.int/sites/default/files/documents/legal-texts/free-trade-relations/indonesia/efta-indonesia-main-agreement.pdf (consulté le 28 février 2019). [64]

Gouvernement irlandais (2018), *Project Ireland 2040*, Gouvernement irlandais. [34]

Gouvernements du Canada, des États-Unis et du Mexique (2018), *ACEUM, chapitre 24 - Environnement*, https://www.international.gc.ca/trade-commerce/assets/pdfs/agreements-accords/cusma-aceum/r-aceum-24.pdf (consulté le 15 février 2019). [67]

Grosjean, G. et al. (2018), « Options to overcome the barriers to pricing European agricultural emissions », *Climate Policy*, vol. 18/2, pp. 151-169, http://dx.doi.org/10.1080/14693062.2016.1258630. [87]

Gruère, G. (2013), *A Characterisation of Environmental Labelling and Information Schemes*, Documents de travail de l'OCDE sur l'environnement, n° 62, Éditions OCDE, Paris, https://doi.org/10.1787/5k3z11hpdgq2-en (consulté le 28 septembre 2018). [182]

Guedes, F. et S. Seehusen (2012), *Pagamentos por Serviços Ambientais na Mata Atlântica: lições aprendidas e desafios (paiements pour services environnementaux dans la forêt atlantique)*, Série Biodiversidade, 42, Ministério do Meio Ambiente, http://www.terrabrasilis.org.br/ecotecadigital/index.php/estantes/gestao/2109-serie-biodiversidade-42-pagamentos-por-servicos-ambientais-na-mata-atlantica (consulté le 28 août 2018). [102]

Hansen, M. et al. (2013), « High-resolution global maps of 21st-century forest cover change », *Science (New York, N.Y.)*, vol. 342/6160, pp. 850-3, http://dx.doi.org/10.1126/science.1244693. [53]

Hansen, M., S. Stehman et P. Potapov (2010), « Quantification of global gross forest cover loss », *Proceedings of the National Academy of Sciences of the United States of America*, vol. 107/19, pp. 8650-5, http://dx.doi.org/10.1073/pnas.0912668107. [195]

Hansen, O. (2018), « Deforestation Caused by Illegal Avocado Farming: A Case Study on the Effectiveness of Mexico' s Payment for Ecosystem Services Program », *University of Miami Inter-American Law Review*, vol. 89, https://repository.law.miami.edu/umialr/vol49/iss1/6 (consulté le 29 août 2018). [16]

Hardelin, J. et J. Lankoski (2018), « Land use and ecosystem services », *Documents de l'OCDE sur l'alimentation, l'agriculture et les pêcheries*, n° 114, Éditions OCDE, Paris, https://dx.doi.org/10.1787/c7ec938e-en. [76]

Haupt, F. et al. (2018), *Progress on Corporate Commitments and their Implementation*, https://www.tfa2020.org/wp-content/uploads/2018/06/Progress-on-Corporate-Commitments-and-their-Implementation.pdf (consulté le 20 mars 2019). [186]

Henderson, B. et J. Lankoski (2019), « Evaluating the environmental impact of agricultural policies », *Documents de l'OCDE sur l'alimentation, l'agriculture et les pêcheries*, n° 130, Éditions OCDE, Paris, https://dx.doi.org/10.1787/add0f27c-en. [113]

Henz, G. et G. Porpino (2017), « Food losses and waste: how Brazil is facing this global challenge? », *Horticultura Brasileira*, http://dx.doi.org/10.1590/s0102-053620170402. [205]

Herrera, D. et al. (2017), « Upstream watershed condition predicts rural children's health across 35 developing countries », *Nature Communications*, vol. 8/1, p. 811, http://dx.doi.org/10.1038/s41467-017-00775-2. [23]

Hia, A. et N. Kusumawardani (2016), « Indonesian Sustainable Palm Oil (ISPO), A Way to Reach The European Union Renewable Energy Directive (EU RED) 2009 and Boosting Indonesian Palm Oil Market to European Union (EU) 2009-2014 », *AEGIS: Journal of International Relations*, vol. 1/1, http://e-journal.president.ac.id/presunivojs/index.php/AEGIS/article/view/83. [171]

INRA et IGN (2017), *Quel rôle pour les forêts et la filière forêt-bois françaises dans l'atténuation du changement climatique ? Une étude des freins et leviers forestiers à l'horizon 2050. Résumé de l'étude pour le Ministère de l'agriculture et de l'alimentation – juin 2017*, INRA et IGN, https://inra-dam-front-resources-cdn.wedia-group.com/ressources/afile/407483-dd06c-resource-etude-forets-bois-et-changement-climatique-resume.pdf (consulté le 30 août 2018). [142]

Irawan, S., L. Tacconi et I. Ring (2013), « Stakeholders' incentives for land-use change and REDD+: The case of Indonesia », *Ecological Economics*, vol. 87, pp. 75-83, http://dx.doi.org/10.1016/j.ecolecon.2012.12.018. [159]

Jørgen, R. et al. (2016), *Food losses and food waste Extent, underlying drivers and impact assessment of prevention approaches*, http://ifro.ku.dk/publikationer/ifro_serier/rapporter/FindotherIFROCommissionedWork. [203]

Koch, N. et al. (2019), « Agricultural Productivity and Forest Conservation: Evidence from the Brazilian Amazon », *American Journal of Agricultural Economics*, vol. 101/3, pp. 919-940, http://dx.doi.org/10.1093/ajae/aay110. [118]

Kummu, M. et al. (2012), « Lost food, wasted resources: Global food supply chain losses and their impacts on freshwater, cropland, and fertiliser use », *Science of The Total Environment*, vol. 438, pp. 477-489, http://dx.doi.org/10.1016/J.SCITOTENV.2012.08.092. [198]

Lambin, E. et al. (2018), « The role of supply-chain initiatives in reducing deforestation », *Nature Climate Change*, vol. 8/2, pp. 109-116, http://dx.doi.org/10.1038/s41558-017-0061-1. [189]

Lambin, E. et P. Meyfroidt (2011), « Global land use change, economic globalization, and the looming land scarcity », *Proceedings of the National Academy of Sciences of the United States of America*, vol. 108/9, pp. 3465-72, http://dx.doi.org/10.1073/pnas.1100480108. [5]

Lankoski, J. et al. (2015), « Environmental Co-benefits and Stacking in Environmental Markets », *Documents de l'OCDE sur l'alimentation, l'agriculture et les pêcheries*, n° 72, Éditions OCDE, Paris, https://dx.doi.org/10.1787/5js6g5khdvhj-en. [132]

le Polain de Waroux, Y. et al. (2016), « Land-use policies and corporate investments in agriculture in the Gran Chaco and Chiquitano », *Proceedings of the National Academy of Sciences*, vol. 113/15, pp. 4021-4026, http://dx.doi.org/10.1073/pnas.1602646113. [188]

Le Tourneau, F. (2015), « The sustainability challenges of indigenous territories in Brazil's Amazonia », *Current Opinion in Environmental Sustainability*, vol. 14, pp. 213-220, http://dx.doi.org/10.1016/J.COSUST.2015.07.017. [47]

Leining, C. et S. Kerr (2016), « Lessons Learned from the New Zealand Emissions Trading Scheme ». [89]

Leverkus, A. et al. (2017), « Mexico's logging threatens butterflies », *Science (New York, N.Y.)*, vol. 358/6366, p. 1008, http://dx.doi.org/10.1126/science.aar3826. [17]

Ling, M. et al. (2018), *A review of ecosystem service valuation progress and approaches by the Member States of the European Union*, PNUE-WCMC, Cambridge, R.-U. [25]

MAA (2016), *Programme national de la forêt et du bois 2016-2026*, Ministère de l'Agriculture et de l'Alimentation, Paris, https://agriculture.gouv.fr/le-programme-national-de-la-foret-et-du-bois-2016-2026 (consulté le 6 juin 2019). [138]

Maestre Andrés, S. et al. (2012), « Ineffective biodiversity policy due to five rebound effects », *Ecosystem Services*, http://dx.doi.org/10.1016/j.ecoser.2012.07.003. [4]

Martha, G., E. Alves et E. Contini (2012), « Land-saving approaches and beef production growth in Brazil », *Agricultural Systems*, vol. 110, pp. 173-177, http://dx.doi.org/10.1016/J.AGSY.2012.03.001. [192]

May, P. et al. (2016), *The context of REDD+ in Brazil: drivers, agents, and institutions - 3rd edition*, Centre de recherche forestière internationale (CIFOR), http://dx.doi.org/10.17528/cifor/006338. [108]

Mayrand, K., M. Paquin et S. Gagnon-Turcotte (2008), « Environmental Assessment of NAFTA: Lessons Learned from CEC's Trade and Environment Symposia », *Background Paper for the Experts Roundtable JPAC Public Session, Phoenix, Arizona, April 2008*, http://www.cec.org (consulté le 12 juin 2019). [65]

McDermott, C., L. Irland et P. Pacheco (2015), « Forest certification and legality initiatives in the Brazilian Amazon: Lessons for effective and equitable forest governance », *Forest Policy and Economics*, vol. 50, pp. 134-142, http://dx.doi.org/10.1016/J.FORPOL.2014.05.011. [179]

Mcfarland, W., S. Whitley et G. Kissinger (2015), *Subsidies to key commodities driving forest loss Implications for private climate finance*, Overseas Development Institute, Londres, http://www.odi.org. [114]

McMahon, B. et al. (2010), « Interactions between livestock systems and biodiversity in South-East Ireland », *Agriculture, Ecosystems & Environment*, vol. 139/1-2, pp. 232-238, http://dx.doi.org/10.1016/J.AGEE.2010.08.008. [130]

Mekhilef, S., S. Siga et R. Saidur (2011), « A review on palm oil biodiesel as a source of renewable fuel », *Renewable and Sustainable Energy Reviews*, vol. 15/4, pp. 1937-1949, http://dx.doi.org/10.1016/J.RSER.2010.12.012. [169]

Mello, F. (2015), *ABC- National Plan for Low Carbon Emissions in Agriculture - Brazilian Experience*, http://www.ag4climate.org/programme/ag4climate-session-3-5-mello.pdf (consulté le 29 août 2018). [133]

Metternicht, G. (2017), *Global Land Outlook Working Paper: Land Use Planning*, Organisation des Nations Unies, Convention sur la lutte contre la désertification, https://knowledge.unccd.int/sites/default/files/2018-06/6.%20Land%2BUse%2BPlanning%2B__G_Metternicht.pdf (consulté le 31 août 2018). [27]

MfE (2013), *New Zealand's Sixth National Communication under the United Nations Framework Convention on Climate Change and Kyoto Protocol*. [143]

Miettinen, J. et al. (2017), « From carbon sink to carbon source: extensive peat oxidation in insular Southeast Asia since 1990 », *Environmental Research Letters*, vol. 12/2, p. 024014, http://dx.doi.org/10.1088/1748-9326/aa5b6f. [49]

Ministère de l'Agriculture (2015), *Rencana Strategis Kementerian Pertanian Tahun 2015-2019*, Ministère de l'Agriculture, Jakarta, Indonésie. [210]

Ministère de l'Agriculture (2011), *Pedoman Perkebunan Kelapa Sawit Berkelanjutan Indonesia (Indonesian Sustainable Palm Oil/ ISPO)*, Gouvernement indonésien, Jakarta, http://perundangan.pertanian.go.id/admin/file/Permentan%2011-2015%20ISPO.pdf. [172]

Ministère de l'Agriculture et Agence d'évaluation et d'application des technologies (s.d.), *Biomass Town Plan, Palembang City, Indonésie*, http://www.scielo.org.co/pdf/esju/v17n1/v17n1a01.pdf. [212]

Ministère de l'Agriculture, de l'Élevage et de l'Approvisionnement alimentaire (2017), *Intercâmbio comercial do agronegócio - Principais mercados de destino*, Gouvernement brésilien, Brasilia, http://www.agricultura.gov.br/assuntos/relacoes-internacionais/documentos/intercambio-comercial-do-agronegocio-10a-edicao/IntercambioComercial2017_web.pdf/view. [173]

Ministère de l'Environnement (2010), *The New Zealand Waste Strategy: Reducing harm, improving efficiency*, http://www.mfe.govt.nz/publications/waste/new-zealand-waste-strategy-reducing-harm-improving-efficiency (consulté le 24 octobre 2018). [214]

Ministère de l'Environnement et de la Forêt (2018), *The State of Indonesia's Forests 2018*, Ministère de l'Environnement et de la Forêt, République d'Indonésie. [145]

Ministère de la Transition écologique et solidaire (2018), *Stratégie nationale de lutte contre la déforestation importée 2018-2030*, Gouvernement français, Paris, https://www.ecologique-solidaire.gouv.fr/sites/default/files/2018.11.14_SNDI_0.pdf (consulté le 4 février 2019). [165]

Ministère des Affaires économiques (2011), *Master Plan: Acceleration and Expansion of Indonesia Economic Development 2011-2025*, République d'Indonésie, Jakarta, Indonésie. [119]

Ministère des Finances (2018), *Amendment to the regulation of the Minister of Finance number 81 / PMK.05 / 2018 concerning the tariff service agency's general service to the palm plantation funding management agency at the Ministry of Finance*, http://www.bpdp.or.id/wp-content/uploads/2018/12/PMK-15-2018-Pungutan-Ekspor-Sawit.pdf. [70]

Ministério da Agricultura, Pecuária e abastecimento (2018), *Adoção e mitigação de Gases de Efeitos Estufa pelas tecnologias do Plano Setorial de Mitigação e Adaptação às Mudanças Climáticas (Plano ABC)*, Gouvernement brésilien, Brasilia, http://www.agricultura.gov.br/assuntos/sustentabilidade/plano-abc/plano-abc-em-numeros/arquivos/ResumodaadooemitigaodegasesdeefeitosestufapelastecnologiasdoPlanoABCPerodo2010a2018nov.pdf (consulté le 3 juin 2019). [135]

Monteiro, J. (2016), « Typology of Environment-related Provisions in Regional Trade Agreements », *Documents de travail de l'OMC*, n° ERSD-2016-13, Organisation mondiale du commerce, Genève, Suisse, https://www.wto.org/english/res_e/reser_e/ersd201613_e.pdf (consulté le 11 juin 2019). [63]

Moreno-Peñaranda, R. et al. (2018), « Stakeholder Perceptions of the Ecosystem Services and Human Well-Being Impacts of Palm Oil Biofuels in Indonesia and Malaysia », Springer, Tokyo, http://dx.doi.org/10.1007/978-4-431-54895-9_10. [170]

MPI (2018), *Planting one billion trees | MPI - Ministry for Primary Industries. A New Zealand Government Department*, https://www.mpi.govt.nz/funding-and-programmes/forestry/planting-one-billion-trees/ (consulté le 9 novembre 2018). [137]

Muller, C. et M. Neal (2018), « The impact of nutrient regulations on dairy farm land values in Southland », *New Zealand Journal of Agricultural Research*, pp. 1-19, http://dx.doi.org/10.1080/00288233.2018.1509876. [83]

Nepstad, D. et al. (2014), « Slowing Amazon deforestation through public policy and interventions in beef and soy supply chains », *Science (New York, N.Y.)*, vol. 344/6188, pp. 1118-23, http://dx.doi.org/10.1126/science.1248525. [52]

Newell, R. et W. Pizer (2003), « Regulating stock externalities under uncertainty », *Journal of Environmental Economics and Management*, vol. 45/2, pp. 416-432, http://dx.doi.org/10.1016/S0095-0696(02)00016-5. [1]

Newton, P. et al. (2016), « Overcoming barriers to low carbon agriculture and forest restoration in Brazil: The Rural Sustentável project », http://dx.doi.org/10.1016/j.wdp.2016.11.011. [134]

Nolte, C. et al. (2013), « Governance regime and location influence avoided deforestation success of protected areas in the Brazilian Amazon », *Proceedings of the National Academy of Sciences of the United States of America*, vol. 110/13, pp. 4956-4961, http://dx.doi.org/10.1073/pnas.1214786110. [40]

Nugraha, I. (2015), *Faulty impact assessments plague Indonesian mines: Komnas HAM*, Mongabay, https://news.mongabay.com/2015/04/faulty-impact-assessments-plague-indonesian-mines-komnas-ham/ (consulté le 26 juillet 2018). [73]

Nurfatriani, F. et al. (2015), « Redesigning Indonesian forest fiscal policy to support forest conservation », *Forest Policy and Economics*, http://dx.doi.org/10.1016/j.forpol.2015.07.006. [147]

NZIER (2017), *Plantation Forestry Statistics: Contribution of forestry to New Zealand*, New Zealand Institute of Economic Research, https://nzier.org.nz/static/media/filer_public/c6/a5/c6a55bbf-8f36-484e-82a0-91bb59211880/plantation_forestry_statistics.pdf. [149]

Observatoire de l'OCDE sur l'innovation dans le secteur public (OPSI) (2013), *The Indonesian Timber Legality Assurance System (SVLK)*, https://oecd-opsi.org/innovations/the-indonesian-timber-legality-assurance-system-svlk/ (consulté le 6 mars 2019). [9]

OCDE (2019), « Biodiversité : Zones protégées », *Statistiques de l'OCDE sur l'environnement* (base de données), https://dx.doi.org/10.1787/4ce04f45-fr (consulté le 21 octobre 2019). [39]

OCDE (2019), *Politiques agricoles : suivi et évaluation 2019*, Éditions OCDE, Paris, https://dx.doi.org/10.1787/f8360614-fr. [121]

OCDE (2019), *Soutien à l'agriculture* (indicateur), https://dx.doi.org/10.1787/c04db7df-fr (consulté le 21 octobre 2019). [111]

OCDE (2018), *Open Government Data in Mexico : The Way Forward*, OECD Digital Government Studies, Éditions OCDE, Paris, https://dx.doi.org/10.1787/9789264297944-en. [162]

OCDE (2018), *Politiques agricoles : suivi et évaluation 2018*, Éditions OCDE, Paris, https://dx.doi.org/10.1787/agr_pol-2018-fr. [115]

OCDE (2018), *Rethinking Urban Sprawl : Moving Towards Sustainable Cities*, Éditions OCDE, Paris, https://dx.doi.org/10.1787/9789264189881-en. [33]

OCDE (2017), *Environmental Performance Reviews Mid-term progress report: Mexico*, https://one.oecd.org/document/ENV/EPOC/WPEP(2018)5/en/pdf (consulté le 13 mars 2018). [82]

OCDE (2017), *OECD Environmental Performance Reviews: New Zealand 2017*, Examens environnementaux de l'OCDE, Éditions OCDE, Paris, https://doi.org/10.1787/9789264268203-en. [88]

OCDE (2017), *Politiques agricoles : suivi et évaluation 2017*, Éditions OCDE, Paris, https://dx.doi.org/10.1787/agr_pol-2017-fr. [123]

OCDE (2017), *The Political Economy of Biodiversity Policy Reform*, Éditions OCDE, Paris, https://dx.doi.org/10.1787/9789264269545-en. [81]

OCDE (2016), *Biodiversity Offsets : Effective Design and Implementation*, Éditions OCDE, Paris, https://dx.doi.org/10.1787/9789264222519-en. [94]

OCDE (2016), *Effective Carbon Rates : Pricing CO2 through Taxes and Emissions Trading Systems*, Éditions OCDE, Paris, https://dx.doi.org/10.1787/9789264260115-en. [84]

OCDE (2016), *Examens environnementaux de l'OCDE : Brésil 2015*, Éditions OCDE. [101]

OCDE (2016), *Examens environnementaux de l'OCDE : Brésil 2015*, Examens environnementaux de l'OCDE, Éditions OCDE, Paris, https://dx.doi.org/10.1787/9789264255913-fr. [13]

OCDE (2016), *Examens environnementaux de l'OCDE : France 2016*, Examens environnementaux de l'OCDE, Éditions OCDE, Paris, https://dx.doi.org/10.1787/9789264252592-fr. [37]

OCDE (2016), « Mexican Environmental Compensation Scheme for Land-Use Change in Forested Areas », dans *Biodiversity Offsets : Effective Design and Implementation*, Éditions OCDE, Paris, https://dx.doi.org/10.1787/9789264222519-10-en. [95]

OCDE (2015), *Promouvoir la croissance verte en agriculture : Rôle de la formation, du conseil et de la vulgarisation*, Études de l'OCDE sur la croissance verte, Éditions OCDE, Paris, https://dx.doi.org/10.1787/9789264235168-fr. [193]

OCDE (2014), *Renforcer les mécanismes de financement de la biodiversité*, Éditions OCDE, Paris, https://doi.org/10.1787/9789264195547-fr. [20]

OCDE (2013), *Examens environnementaux de l'OCDE : Mexique 2013*, Examens environnementaux de l'OCDE, Éditions OCDE, Paris, https://dx.doi.org/10.1787/9789264185128-fr. [99]

OCDE (2011), *Alimentation et agriculture*, Études de l'OCDE sur la croissance verte, Éditions OCDE, Paris, https://dx.doi.org/10.1787/9789264107892-fr. [21]

OCDE (2006), « Decoupling: A Conceptual Overview », *OECD Papers*, vol. 5/11, https://dx.doi.org/10.1787/oecd_papers-v5-art37-en. [215]

OCDE (2018c), *Deepening the Sustainable Productivity Framework*, Organisation de coopération et de développement économiques, Paris. [125]

OCDE (à paraître), *Economic and Environmental Sustainability Performance of Environmental Policies in Agriculture: A Literature Review*, Organisation de coopération et de développement économiques. [122]

OCDE (2019b), *Financer la biodiversité, agir pour l'économie et les entreprises*, http://www.oecd.org/environment/resources/biodiversity/Rapport-G7-financer-la-biodiversite-agir-pour-l'economie-et%20les-entreprises.pdf (consulté le 22 mai 2019). [22]

OCDE (2019a), *Green Growth Policy Review of Indonesia*, Organisation de coopération et de développement économiques. [12]

OCDE (2018d), *OECD Companion to the Inventory of Support Measures for Fossil Fuels 2018*, Éditions OCDE, https://doi.org/10.1787/9789264286061-en (consulté le 29 août 2018). [153]

OCDE (s.d.), *Options for climate change mitigation in the agricultural sector: A partial equilibrium analysis*, Organisation de coopération et de développement économiques, Paris. [200]

OCDE/FAO (2018), *OECD-FAO Pilot project on the implementation of the OECD-FAO Guidance for Responsible Agricultural Supply Chains : Baseline Report*, https://www.oecd.org/fr/daf/inv/politiques-investissement/rbc-agriculture-supply-chains.htm (consulté le 20 mars 2019). [191]

OCDE/FAO (2016), *Guide OCDE-FAO pour des filières agricoles responsables*, Éditions OCDE, Paris, https://dx.doi.org/10.1787/9789264264038-fr. [190]

OECD (2016), *The PSE Manual*, OECD Publishing, Paris, http://www.oecd.org/agriculture/topics/agricultural-policy-monitoring-and-evaluation/documents/producer-support-estimates-manual.pdf. [112]

Ortiz Tapia, E. (2018), *The black hole in Mexico's Forestry Law - Investigación*, OjoPúblico.com, https://ojo-publico.com/902/black-hole-mexicos-forestry-law (consulté le 7 mars 2019). [62]

PEFC (2010), *PEFC International Standard: Requirements for certification schemes*, PEFC Council, Genève, https://www.scribd.com/document/44967214/Sustainable-Forest-Management-PEFC-ST-1003-2010#download&from_embed (consulté le 18 septembre 2018). [177]

Pfaff, A., F. Santiago-Ávila et L. Joppa (2016), « Evolving Protected-Area Impacts in Mexico: Political Shifts as Suggested by Impact Evaluations », *Forests*, vol. 8/1, p. 17, http://dx.doi.org/10.3390/f8010017. [41]

Priefer, C., J. Jörissen et K. Bräutigam (2016), « Food waste prevention in Europe – A cause-driven approach to identify the most relevant leverage points for action », *Resources, Conservation and Recycling*, vol. 109, pp. 155-165, http://dx.doi.org/10.1016/J.RESCONREC.2016.03.004. [213]

QEII National Trust (2018), *FAQs: About Covenanting*, http://www.openspace.org.nz/Site/About_covenanting/FAQs.aspx. [38]

Quétier, F., B. Regnery et H. Levrel (2014), « No net loss of biodiversity or paper offsets? A critical review of the French no net loss policy », *Environmental Science and Policy*, vol. 38, pp. 120-131, http://dx.doi.org/10.1016/j.envsci.2013.11.009. [98]

Ramirez-Reyes, C. et al. (2018), « Payments for ecosystem services in Mexico reduce forest fragmentation », *Ecological Applications*, http://dx.doi.org/10.1002/eap.1753. [100]

République d'Indonésie (2017), *Third National Communication Under the United Nations Framework Convention on Climate Change*, CCNUCC. [106]

République d'Indonésie (2016), « First Nationally Determined Contribution », http://www4.unfccc.int/ndcregistry/PublishedDocuments/Indonesia%20First/First%20NDC%20Indonesia_submitted%20to%20UNFCCC%20Set_November%20%202016.pdf (consulté le 12 juin 2018). [139]

Robinson, B., M. Holland et L. Naughton-Treves (2013), « Does secure land tenure save forests? A meta-analysis of the relationship between land tenure and tropical deforestation », *Global Environmental Change*, http://dx.doi.org/10.1016/j.gloenvcha.2013.05.012. [6]

Rochedo, P. et al. (2018), « The threat of political bargaining to climate mitigation in Brazil », *Nature Climate Change*, p. 1, http://dx.doi.org/10.1038/s41558-018-0213-y. [15]

Sahide, M. et L. Giessen (2015), « The fragmented land use administration in Indonesia - Analysing bureaucratic responsibilities influencing tropical rainforest transformation systems », *Land Use Policy*, http://dx.doi.org/10.1016/j.landusepol.2014.11.005. [8]

Sainteny, G. et al. (2011), *Les aides publiques dommageables à la biodiversité*, Centre d'analyse stratégique, http://archives.gouvernement.fr/fillon_version2/sites/default/files/fichiers_joints/Aides_dommageables_a_la_biodiversite_Rapport_CAS_Octobre2011.pdf (consulté le 3 juin 2019). [116]

Santika, T. et al. (2017), « Community forest management in Indonesia: Avoided deforestation in the context of anthropogenic and climate complexities », *Global Environmental Change*, vol. 46/août, pp. 60-71, http://dx.doi.org/10.1016/j.gloenvcha.2017.08.002. [158]

Schleifer, P. et Y. Sun (2018), « Emerging markets and private governance: the political economy of sustainable palm oil in China and India », *Review of International Political Economy*, pp. 1-25, http://dx.doi.org/10.1080/09692290.2017.1418759. [184]

SEEG (2018), *Emissions By Sector - Mudança de Uso da Terra e Florestas*, http://plataforma.seeg.eco.br/sectors/mudanca-de-uso-da-terra-e-floresta (consulté le 12 novembre 2018). [44]

Service européen pour l'action extérieure (2018), *Palm Oil Facts on Figures on Trade and Sustainability*, Commission européenne, Bruxelles, https://eeas.europa.eu/sites/eeas/files/20180920_palm_oil_fact_sheet_en.pdf (consulté le 1 mars 2019). [167]

Shahab, N. (2016), *Indonesia: One Map Policy*, Partenariat pour un gouvernement ouvert, https://www.opengovpartnership.org/sites/default/files/case-study_Indonesia_One-Map-Policy.pdf (consulté le 26 mars 2018). [30]

Simonet, G. et al. (2018), « Effectiveness of a REDD+ Project in Reducing Deforestation in the Brazilian Amazon », *American Journal of Agricultural Economics*, http://dx.doi.org/10.1093/ajae/aay028. [110]

Soares-Filho, B. et al. (2010), « Role of Brazilian Amazon protected areas in climate change mitigation », *Proceedings of the National Academy of Sciences of the United States of America*, vol. 107/24, pp. 10821-6, http://dx.doi.org/10.1073/pnas.0913048107. [45]

Souza, B. et L. Sánchez (2018), « Biodiversity offsets in limestone quarries: Investigation of practices in Brazil », *Resources Policy*, vol. 57, pp. 213-223, http://dx.doi.org/10.1016/J.RESOURPOL.2018.03.007. [97]

State Governments of Acre, Chiapas and California (2010), *Memorandum of Understanding on Environmental Cooperation Between the State of Acre of the Federative Republic of Brazil, the State of Chiapas of the United Mexican States, and the State of California of the United States of America*, https://www.arb.ca.gov/cc/capandtrade/sectorbasedoffsets/2010%20MOU%20Acre-California-Chiapas.pdf (consulté le 13 juin 2019). [92]

Strassburg, B. et al. (2017), « Moment of truth for the Cerrado hotspot », *Nature Ecology & Evolution*, vol. 1/4, p. 0099, http://dx.doi.org/10.1038/s41559-017-0099. [55]

Suich, H. et al. (2017), « Payments for ecosystem services in Indonesia », *Oryx*, vol. 51/3, pp. 489-497, http://dx.doi.org/10.1017/s0030605316000259. [105]

Sutton, M. et al. (2011), *The European nitrogen assessment : sources, effects, and policy perspectives*, Cambridge University Press, Cambridge (R.-U.), https://inis.iaea.org/search/search.aspx?orig_q=RN:42079361 (consulté le 28 août 2018). [77]

Te Uru Rākau (2018), *One Billion Trees Fund: Report on Policy and Design Recommendations*, Forestry New Zealand, https://www.mpi.govt.nz/dmsdocument/32908-3-appendix1-report-on-policy-and-design-recommendations-oia (consulté le 17 mai 2019). [144]

The Tax Working Group (2019), *Future of Tax: Final Report Volume I - Recommendations*, https://taxworkinggroup.govt.nz/resources/future-tax-final-report-vol-i-html (consulté le 22 mai 2019). [59]

Tilman, D. et al. (2017), « Future threats to biodiversity and pathways to their prevention », *Nature*, vol. 546/7656, pp. 73-81, http://dx.doi.org/10.1038/nature22900. [197]

Tilman, D. et al. (2009), « Beneficial Biofuels—The Food, Energy, and Environment Trilemma », *Science*, vol. 325/5938, pp. 4-5, http://dx.doi.org/10.1126/science.1177970. [155]

Tonini, D., K. Brogaard et T. Astrup (2017), *Food waste prevention in Denmark: Identification of hotspots and potentials with Life Cycle Assessment*. [202]

Urrunaga, J., A. Johnson et I. Orbegozo Sánchez (2018), *Moment of Truth: promise or peril for the Amazon as Peru confronts its illegal timber trade*, Environmental Investigation Agency, Washington, D.C., http://www.eia-global.org/momentoftruth (consulté le 7 mars 2019). [19]

USDA (2017), *Brazil Biofuels Annual*, Ministère de l'Agriculture des États-Unis, https://gain.fas.usda.gov/Recent%20GAIN%20Publications/Biofuels%20Annual_Sao%20Paulo%20ATO_Brazil_9-15-2017.pdf (consulté le 29 août 2018). [154]

Van Der Sluys, C. (2018), *The Evolution of Strategic Environmental Assessment in Indonesia*, Environmental Support Programme, Jakarta, Indonésie, http://www.esp3.org/images/Library/PapersReports/SEA-Review-Eng.pdf (consulté le 26 juillet 2018). [74]

Verdone, M. (2018), *The world's largest private sector? Recognising the cumulative economic value of small-scale forest and farm producers*, UICN, Union internationale pour la conservation de la nature et de ses ressources, http://dx.doi.org/10.2305/IUCN.CH.2018.13.en. [181]

Visser, M. et al. (2007), « The Irish agri-environment: How turlough users and non-users view converging EU agendas of Natura 2000 and CAP », *Land Use Policy*, vol. 24/2, pp. 362-373, http://dx.doi.org/10.1016/J.LANDUSEPOL.2006.04.004. [36]

WAVES (2017), *Indonesia Country Report 2017*, Wealth Accounting and Valuation of Ecosystem Services, http://www.wavespartnership.org (consulté le 22 octobre 2018). [26]

Willett, W. et al. (2019), « Food in the Anthropocene: the EAT-Lancet Commission on healthy diets from », *The Lancet*, vol. 393/10170, pp. 447-492, http://dx.doi.org/10.1016/S0140-6736(18)31788-4. [199]

Wolff, N. et al. (2018), « Impacts of tropical deforestation on local temperature and human well-being perceptions », *Global Environmental Change*, vol. 52, pp. 181-189, http://dx.doi.org/10.1016/J.GLOENVCHA.2018.07.004. [24]

Woodworth, P. (2018), *The farmer and the ecologist should be friends*, Irish Times, https://www.irishtimes.com/opinion/the-farmer-and-the-ecologist-should-be-friends-1.2143105 (consulté le 25 juillet 2018). [35]

Wright, T., A. Rahmanulloh et A. Abdi (2017), *Indonesia Biofuels Annual Report 2017 Biofuels Annual Indonesia*, USDA, Foreign Agricultural Service, https://gain.fas.usda.gov/Recent%20GAIN%20Publications/Biofuels%20Annual_Jakarta_Indonesia_6-20-2017.pdf (consulté le 18 juin 2018). [60]

## Notes

[1] i) Écosystèmes forestiers ; ii) Milieux marins et littoraux ; iii) Écosystèmes urbains ; iv) Écosystèmes rocheux et de haute montagne ; v) Écosystèmes agricoles ; vi) Milieux humides et aquatiques continentaux.

2 Loi no 32/2009 sur la protection et la gestion de l'environnement.

3 Telles que définies par l'UICN : une aire protégée est un espace géographique clairement défini, reconnu, spécifique et géré, par des moyens juridiques ou d'autres moyens efficaces, de manière à assurer la préservation à long terme de la nature et des services écosystémiques et valeurs culturelles qui lui sont liées (https://www.iucn.org/theme/protected-areas/about).

4 Calculs des auteurs sur la base de données complémentaires tirées de Collins et Mitchard (2017[46]).

5 Prorogé récemment par le règlement présidentiel 6/2017.

[6] Le règlement gouvernemental 57/2016 interdit le défrichage des tourbières pour une durée pouvant atteindre 2 ans si le gouvernement n'a pas encore mené à son terme un processus de zonage. Le processus de zonage répartit pour l'essentiel les tourbières en 2 catégories selon les critères établis dans ce règlement.

[7] À moins que la superficie en question ait été officiellement classée en forêt de protection (*Hutan Lindung*).

[8] Loi 39/2014.

[9] La Convention sur le commerce international des espèces de faune et de flore sauvages menacées d'extinction (CITES), qui encourage les mesures visant à endiguer l'offre et la demande d'animaux ou de végétaux faisant l'objet d'un commerce illégal, offre un exemple d'accord multilatéral limitant les échanges illégaux d'autres produits présentant une importance pour au moins certaines dimensions de la problématique de l'utilisation des terres (notamment celle de la biodiversité).

[10] Règlement (UE) n° 995/2010 du Parlement européen et du Conseil du 20 octobre 2010.

[11] Ley General de Desarrollo Forestal Sustentable, 05/06/2018.

[12] (1) Restructuration des propriétés foncières rurales, (2) début d'exploitation de terres non cultivées ou seminaturelles pour les besoins de l'agriculture intensive et (3) travaux de drainage sur des terres utilisées à des fins agricoles (à l'exclusion du drainage ou de la mise en culture de zones humides).

[13] Ces secteurs sont : (i) l'agriculture ; (ii) la foresterie ; (iii) la pêche ; (iv) l'énergie ; (v) l'industrie ; (vi) les transports ; (vii) la gestion des déchets ; (viii) la gestion de l'eau ; (ix) les télécommunications ; (x) le tourisme, la ville ; et (xi) l'aménagement de l'espace ou l'utilisation des terres.

[14] Règlement du gouvernement de la République d'Indonésie n° 46 de 2016 sur les procédures de mise en œuvre de l'évaluation environnementale stratégique (Peraturan Pemerintah Republik Indonesia No.46 Tahun 2016 Tentang tata Cara Penyylenggaraan Kajian Lingkungan Hidup Strategis).

[15] Ce n'est là qu'un chiffre approximatif fondé sur la base de données des ESP de l'OCDE pour le Brésil, l'Indonésie, le Mexique et la Nouvelle-Zélande, et sur les chiffres relatifs aux dépenses de l'UE au titre de la PAC dans le cas de la France et de l'Irlande.

[16] https://www.waikatoregion.govt.nz/council/policy-and-plans/plans-under-development/healthy-rivers-plan-for-change/infosheets/nitrogen-reference-points/.

[17] Pour plus de précisions, voir OCDE (2016[94]) *Compensation des atteintes à la biodiversité : Conception et mise en œuvre efficaces*.

[18] Certains types de projets d'aménagement sont légalement tenus dans certains pays d'acquérir des compensations des atteintes à l'environnement qui ne peuvent être évitées (voir le tableau 5.2).

[19] Le partenariat européen d'innovation « Productivité et développement durable de l'agriculture », par exemple, soutient un vaste éventail de projets en Irlande. Ces projets sont dans une certaine mesure similaires aux PSE, comme dans le cas du projet en faveur des agriculteurs des hautes-terres de la péninsule d'Inishowen (*Inishowen Upland Farmers Project*), entre autres projets ne constituant pas des PSE. Pour plus de précisions, voir https://www.nationalruralnetwork.ie/eip-agri/.

[20] Souvent appelé « programme de transferts conditionnels ».

[21] Pour qu'une mesure soit considérée comme découplée, le volume de la production (ou celui des échanges) ne doit pas s'écarter de celui qui aurait été observé en l'absence de cette mesure. Pour plus de précisions, voir (OCDE, 2006[215]).

[22] Souvent appelé « programme agroenvironnemental et climatique ».

[23] Fondé sur les performances signifie que le programme vise à réduire les pressions agricoles sur l'environnement. Fondé sur les résultats signifie que le programme considéré vise à atteindre un ou plusieurs objectifs bien particuliers dans le domaine de l'environnement.

[24] Depuis 2015, l'affaiblissement de la gouvernance environnementale, les coupes budgétaires et l'instabilité politique ont abouti à une augmentation de la déforestation de l'Amazonie brésilienne.

[25] Les transferts budgétaires interadministrations consistent en un transfert de ressources entre diverses administrations au sein d'un même pays, par exemple d'une administration étatique ou régionale à une autre.

[26] Elle impose entre autres que la biomasse utilisée pour la production de biocarburants ne soit pas issue de forêts primaires, de zones protégées ou de prairies abritant une grande biodiversité. Les zones humides, les tourbières et les autres sols recélant un stock de carbone élevé peuvent toutefois être utilisées sous certaines conditions à des fins de production de biomasse.

[27] Directive (UE) 2018/2001.

[28] (OCDE, 2019a[12]), par exemple, indique que compte tenu des tendances actuelles, il sera répondu à la demande croissante d'huile de palme indonésienne pour la production de biocarburants par une expansion des surfaces exploitées. Bien que le gouvernement indonésien prévoie d'accroître la productivité des superficies déjà en exploitation, ces options impliquent probablement toutes deux des impacts négatifs sur au moins certaines des dimensions de la sphère de l'utilisation des terres.

[29] En 2018, les normes validées par le PEFC étaient les suivantes : le programme brésilien de certification des forêts (CERFLOR), PEFC France, l'Indonesia Forestry Certification Cooperation (IFCC), PEFC Ireland et New Zealand Forest Certification Association Inc. (NZFCA).

[30] Loi 39/2014.

[31] Les produits de base visés par ces engagements sont à l'origine de la majorité des impacts sur la sphère de l'utilisation des terres qui sont associés aux échanges internationaux dans les pays étudiés : huile de palme, soja, bois d'œuvre et pâte à papier, bétail.

[32] https://www.origingreen.ie.

[33] Dépenses des différents pays consacrées aux systèmes de connaissances et d'innovation agricoles en pourcentage de l'estimation du soutien total en 2015 : Brésil, 25.4 % (1.8 milliard USD) ; Union européenne (les chiffres sur la France ou l'Irlande seules ne sont pas disponibles), 5.77 % (6.2 milliards USD) ; Indonésie, 0.5 % (209 millions USD) ; Mexique, 5.19 % (394 millions USD) ; Nouvelle-Zélande, 36.5 % (182.8 millions USD).

[34] Les surfaces nécessaires en 2060 et celles sur lesquelles sont produits les aliments gaspillés ne sont pas localisées dans les mêmes endroits, de sorte qu'elles ne sont pas directement interchangeables.

[35] Les superficies dont il est question ici sont celles qui servent à produire ces produits et aussi, dans le cas de l'élevage, les aliments du bétail.

[36] Production agricole, manutention après récolte, entreposage, transformation, distribution, consommation, fin de vie.

[37] ODD 2 : faim « zéro ».

[38] En Nouvelle-Zélande, par exemple, il n'existe pas de mesures visant le gaspillage alimentaire au niveau national et il n'est pas fait mention de ce problème ni de plans spécifiques pour réduire les déchets organiques dans la Stratégie sur les déchets du pays (Ministère de l'Environnement, 2010[214]).

[39] Cette directive charge la Commission d'adopter des dispositions sur l'évaluation du gaspillage au plus tard fin mars 2019.

www.ingramcontent.com/pod-product-compliance
Lightning Source LLC
LaVergne TN
LVHW080655011026
849160LV00014B/1437